浙江省普通高校"十三五"新形态教材

浙江省一流专业人力资源管理专业建设成果
浙江省重点专业人力资源管理专业建设成果
浙江省新兴特色专业人力资源管理专业建设成果
高等院校企业人力资源管理实训（实验）系列新形态教材

企业人力资源管理本土化案例实战训练

主　编　◎　朱海萍　　孔　冬

上海财经大学出版社

图书在版编目(CIP)数据

企业人力资源管理本土化案例实战训练 / 朱海萍,孔冬主编. —上海:上海财经大学出版社,2023.8
高等院校企业人力资源管理实训(实验)系列新形态教材
ISBN 978-7-5642-4019-6/F•4019

Ⅰ.①企⋯ Ⅱ.①朱⋯②孔⋯ Ⅲ.①企业管理-人力资源管理-高等学校-教材 Ⅳ.①F272.92

中国版本图书馆 CIP 数据核字(2022)第 137688 号

企业人力资源管理本土化案例实战训练

著 作 者:朱海萍　孔　冬　主编
责任编辑:李成军
封面设计:贺加贝
出版发行:上海财经大学出版社有限公司
地　　址:上海市中山北一路 369 号(邮编 200083)
网　　址:http://www.sufep.com
经　　销:全国新华书店
印刷装订:上海华教印务有限公司
开　　本:787mm×1092mm　1/16
印　　张:15
字　　数:293 千字
版　　次:2023 年 8 月第 1 版
印　　次:2023 年 8 月第 1 次印刷
定　　价:59.00 元

编委会名单

❖

编委会主任

孔 冬
（嘉兴学院、嘉兴南湖学院教授）

编委会副主任

陈 野
（嘉兴学院副教授）

蒋定福
（浙江精创教育科技有限公司总经理、嘉兴学院教授）

编委会成员（按拼音排序）

陈 野　郭如平　蒋定福　孔 冬
叶晟婷　赵欢君　朱海萍　周文琪

总序

2000年,嘉兴学院成为浙江省唯一的人力资源管理本、专科自学考试主考院校;嘉兴学院人力资源管理专业是2000年经浙江省教育厅批准设置的本科专业;2002年确定为嘉兴学院重点建设专业;2003年确定为浙江省重点建设专业,2007年以优秀的成绩通过教育厅重点建设专业验收,成为浙江省重点专业;2013年成为浙江省"十二五"新兴特色建设专业;2019年成为浙江省一流专业建设专业。20多年来,人力资源管理专业围绕学校培养"应用型高级专门人才"的办学定位,致力于自编教材工作,形成了独特的专业建设模式和专业优势,先后自编出版了《工作分析和岗位评价》《薪酬管理》《团队管理》《管理思想史》《现代人力资源管理》等专业系列理论教材,对专业理论课教学效果提升起到了积极作用。近年来,在理论课教材编写取得实效的基础上,本专业教师又继续加强对实训(实验)课教材的自编工作,先后出版了《人力资源管理本土化案例集》《企业人力资源管理操作实务》《人力资源管理综合实训教程》《招聘与甄选实训教程》等人力资源管理实训(实验)系列教材。在此基础上,本专业教师融合现代教材编写技术,2020年成功申报立项浙江省"十三五"新形态教材"企业人力资源管理实训(实验)系列教材"(共6本),实现了自编教材由理论到实践、由传统到新形态的质的飞跃。

"企业人力资源管理实训(实验)系列教材"是目前较为完整的人力资源管理实训(实验)系列新形态教材,本系列教材既包括《企业人力资源管理操作实务》《企业人力资源管理本土化案例集》《企业人力资源管理综合技能训练》等满足企业人力资源管理专业技能提升总体要求的实训(实验)教材;也包括《企业人员招聘与选拔技能训练》《企业绩效管理技能训练》等企业人力资源管理专业技能中各工作模块提升的实训(实验)教材。本系列教材的编写,实现了人力资源管理实训(实验)课程教材的系列化和整体性,有效提升了学生企业人力资源管理实际操作能力。

"企业人力资源管理实训(实验)系列教材"作为新形态实训(实验)系列教材通过移动端和PC端的结合和配套使用,综合运用移动互联网技术,以二维码为载体,嵌入视频、音频、作业、试卷、拓展资源、主题讨论等数字资源，将教材、课堂、教学资源三者融合，将纸质资源和数字资源有机融合，两者紧密配合，可以增强学生的学习兴趣，提高学生学习的主动性、积极性。

在本丛书的编写过程中，编者参阅了国内外专家、学者、企业家的著作、教材和文献，也参考了相关网站的案例等资料，在此向这些专家、学者和企业家表示诚挚的谢意。由于时间仓促，编者水平有限，特别是本书作为首次编写的"企业人力资源管理实训（实验）系列新形态教材"，在编写过程中难免会出现较多问题。但作为一种大胆的尝试，编者迈出这一步实属不易，不足之处敬请广大专家、同仁、读者批评指正。

孔 冬

2023年2月18日

于越秀园

序言

  党的二十大报告指出,要加快建设教育强国,发展素质教育。案例教学通过模拟或重现现实生活中的一些场景,让学生把自己纳入案例场景,用独立研究和相互讨论的方式,提高学生分析问题和解决问题的能力。多年来,本专业在理论及实践教学中一直推行案例化教学,在多年的教学实践中我们深深感觉到,选择一本适合的案例集是比较困难的。一本好的或者说适合的案例集,应该让学生能够真正领悟到自己身边知名企业人力资源管理现状及经验,用身边的真实企业说话,从而增加人力资源管理案例教学的真实性和可信性,激发学生学习人力资源管理专业的热情。为此,本专业专任教师历时3年多,在充分调研本土知名企业人力资源管理实践的基础上,将调研成果编制成教学案例运用到理论和实践教学中,不断润色修改,最终形成了这本地道的人力资源管理本土化案例集。

  《企业人力资源管理本土化案例实战训练》是一本地道的人力资源管理本土化案例集,这听起来似乎有些夸张,但确名副其实。其一,本书共有17个案例,全部案例均是嘉兴本地知名企业人力资源管理实践的经验总结,体现了地道的本土化;其二,本书内容涵盖了人力资源规划、招聘与配置、培训与开发、绩效管理、薪酬管理、劳动关系管理及企业文化等方面,体现了地道的人力资源管理;其三,本书案例的编写,除了案例本身的介绍之外,每个案例都附有案例使用说明,充分体现了本案例集的实用性和可操作性,体现了地道的案例教学功能。《企业人力资源管理本土化案例实战训练》是"企业人力资源管理实训(实验)系列新形态教材"之一,教材通过引入二维码,加入大量音频、视频、课件、习题库、案例、延伸阅读、外部链接等数字资料,将纸质资源和数字资源有机融合,主要向学生介绍人力资源管理理论在企业人力资源管理中的实际运用,从而解决企业人力资源管理中所遇到的问题。

本教材由嘉兴学院朱海萍负责全书框架设计及新形态部分的编著工作。各章是由嘉兴学院人力资源管理专业孔冬、顾惊雷、陈野、陈至发、赵欢君、郭如平、杨婷华、任国元、蒋懿、陈艾华、龚尚猛等老师共同撰写或指导完成的,全书的编写工作由朱海萍、孔冬、顾惊雷、陈野具体组织,朱海萍负责全书的统稿定稿工作。

由于我们水平有限,《企业人力资源管理本土化案例实战训练》的编写难免会出现较多问题。可喜的是,我们已经在进行真正意义上的人力资源管理本土化案例集编写,并运用到日常的理论和实践教学中。我们有理由相信,人力资源管理本土化案例集的编写进程在开启之后,我们一定会编写出越来越多、越来越好的人力资源管理本土化案例。

最后,我们要感谢在案例集编写过程中为我们提供调研资料及案例修改的企业及其人力资源管理人员,没有他们的辛勤付出和大力支持,此案例集的编写绝对不可能如此顺利完成,在此表示衷心感谢!

朱海萍

2023 年 5 月

目 录

第 1 章　中国巨石的人力资源规划 / 1

第 2 章　浙江科博达工业有限公司的人力资源规划 / 21

第 3 章　慕容集团(原蒙努集团)第一次工作分析 / 37

第 4 章　雅莹集团的校园招聘 / 42

第 5 章　天通公司的员工流动管理 / 49

第 6 章　加西贝拉公司的员工培训与开发 / 58

第 7 章　民丰特纸的员工培训 / 69

第 8 章　浙江鼎美的绩效管理体系 / 81

第 9 章　嘉兴市五芳斋集团的绩效管理 / 99

第 10 章　中国巨石的薪酬福利 / 114

第 11 章　雅莹集团的员工福利 / 125

第 12 章　雅莹集团的员工激励 / 136

第 13 章　卫星石化的员工激励 / 153

第 14 章　民丰特纸的员工关系管理 / 174

第 15 章　禾欣实业的员工关系管理 / 183

第 16 章　卫星石化的企业文化 / 211

第 17 章　五芳斋和赢天下的企业文化 / 218

第 1 章　中国巨石的人力资源规划

概念导读

人力资源规划也叫人力资源计划,是指在企业发展战略和经营规划的指导下,预测企业在某个时期内的人员供给和人员需求,并根据预测的结果采取相应的措施平衡人力资源的供需,以满足企业对人员的需求(为企业的发展提供符合数量和质量要求的人力资源,为实现企业的战略目标和长期利益提供人力资源支持)。

音频

人力资源
规划的概念

导入案例

摘　要:本案例首先描述中国巨石股份有限公司人力资源部职能及组织结构,回顾总结其人力资源战略形成的培训投入增大、人均培训课时加大等情况;其次介绍公司总体战略、目标及对人力资源职能的要求;再次详细分析公司组织内、外部环境;最后提出了人力资源职能战略及关键指标体系,在此基础上阐述公司人力资源战略实施策略。

关键词:人力资源　人力资源战略　人力资源管理

> 1. 本案例由嘉兴学院赵欢君老师撰写,未经允许,本案例的所有部分都不能以任何方式与手段擅自复制或传播。
> 2. 由于企业保密的要求,在本案例中对有关名称、数据等做了必要的掩饰性处理。
> 3. 本案例只供课堂讨论之用,并无意暗示或说明某种管理行为是否有效。
> 4. 本案例资料由案例企业提供。

一、前言

(一)企业概况

中国巨石股份有限公司(以下简称中国巨石)是中国建材股份有限公司

(3323.HK,以下简称"中国建材")玻璃纤维(简称玻纤)业务的核心企业,以玻璃纤维及制品的生产与销售为主营业务。1999年,中国巨石在上海证券交易所上市(股票简称:中国巨石,股票代码:600176)。

经过多年的努力,中国巨石已成为治理完善、战略清晰、资产优良、文化优秀、管理精细、技术先进、营销网络完整的行业龙头企业。公司拥有浙江桐乡、江西九江、四川成都、埃及苏伊士、美国南卡5个生产基地,已建成玻璃纤维大型池窑拉丝生产线20多条,玻纤纱年产能达200万吨;公司玻纤产品品种广泛、品类齐全,有100多个大类近1 000个规格品种,主要包括无碱玻璃纤维无捻粗纱、短切原丝、短切毡、方格布、电子布等玻纤产品。巨石玻纤的用途非常广泛。增强型玻纤产品作为功能性、结构性材料,可广泛用于制造各类型材、管道、压力容器、化工贮罐、卫生洁具、电气、环保设施、风电设备、船体、汽车、运动器具等方面;电子级玻纤产品可用于印刷线路板生产,是各类信息处理设备的基础材料。

公司拥有具有自主知识产权的大型无碱池窑、环保池窑的设计和建造技术;研发了国际首创的纯氧燃烧技术并进行了工业化应用,大幅降低单位产能能耗。公司建有玻纤研发实验基地,包括国家认定企业技术中心、省级重点实验室及博士后科研工作站等研发机构,所属检测中心通过了国家实验室认可委员会认可,并获得德国船级社GL认证。"巨石"牌玻璃纤维无捻粗纱和短切原丝毡产品荣获"中国名牌"产品称号,主要产品获得挪威船级社(DNV)、英国劳氏船级社(LR)、德国船级社(GL)和美国FDA等认证。"巨石JUSHI"商标为中国驰名商标。公司设立了巨石美国、加拿大、南非、法国、意大利、西班牙、日本、韩国、印度等14家海外销售公司,已建立起布局合理的全球销售网络,并与包括北美、中东、欧洲、东南亚、非洲在内的100多个国家/地区的客户建立了长期稳定的合作关系,客户中有不少世界500强企业及行业龙头企业。

中国巨石始终遵循"追求和谐、稳健经营、规范运作、精细管理、创新发展"的管理理念,为将公司打造成"主业突出、治理完善、运作规范、业绩优良"的上市公司和具有国际竞争力的世界一流建材企业不断努力。巨石人坚持"品行、创新、责任、学习、激情"的企业核心理念,致力于成为规模领先、技术先进、队伍优秀、管理一流、执行有力、业绩优良的国际性企业集团。

(二)人力资源部职能及组织结构

1. 部门职能

(1)负责定岗定员管理工作。负责各单位定岗定员新增、修改、审核和管理,负责建立定岗定员管理标准,参与公司岗位工作效率评价小组工作,参与中层干部岗位编制管理和竞争上岗有关工作,监督和指导各分厂人力资源管理科室/子公司人力资源管理部门做好员工内部调动的手续办理。

（2）负责人力资源管理工作标准。组织开展各岗位工作标准的新增、修改和完善工作，上报批准后落实执行，并按标准化体系要求做好工作标准的制/修订和评审工作。

（3）负责人力资源招聘工作。组织开展人力资源需求调查，编制公司本部年度人才引进计划，批准后落实面试、选拔和录用工作；编制工程招工计划，批准后组织相关单位配合办理招用手续；负责建立招聘管理标准，监督和指导各分厂人力资源管理科室/子公司人力资源管理部门在权限范围内开展人力资源招聘工作。

（4）负责员工培训管理工作。负责公司级培训需求的调查和收集，并根据需求编制年度培训计划，上报批准后落实执行；负责计划外培训需求的审核，按规定上报批准后组织实施；负责建立培训管理标准，监督和指导各分厂人力资源管理科室/子公司人力资源管理部门在权限范围内开展培训招聘工作。

（5）负责薪酬体系管理工作。组织开展薪酬体系的改革、提高和完善工作，建立和执行薪酬管理标准，做好内外部薪酬情况的调查，根据调查结果提出每年薪酬调整方案，上报批准后执行；参与公司与工会的工资集体协商工作；监督和指导各分厂人力资源管理科室/子公司人力资源管理部门在权限范围做好薪酬政策的执行，确保发薪日按时发放员工工资。

（6）负责员工绩效管理工作。组织建立员工绩效管理体系，建立和执行员工绩效管理标准，开展员工绩效考核、评估、反馈和改进工作，组织年度考评和人员优化；组织各单位按规定考核员工经济责任，做好奖金的核算发放；监督和指导各单位在权限范围内开展员工绩效管理工作。

（7）负责福利体系管理工作。负责社会保险、住房公积金和补充医疗保险的申报、结算、记录和调整工作；负责公司福利政策的调研、设计、优化、完善和执行。

（8）负责劳动关系管理工作。负责劳动合同的起草、签订、解除、终止等管理工作，做好人员入职和离职的手续办理；负责建立和执行劳动合同管理标准，监督和指导各分厂人力资源管理科室/子公司人力资源管理部门在权限范围内开展劳动关系管理工作；负责根据规定组织保守商业秘密协议和竞业限制协议的签订和执行。

（9）负责员工关系管理工作。负责员工沟通平台的管理，做好员工热线和员工信箱的意见和建议收集、落实、处理、反馈和整理；负责员工与高管对话交流会的组织；负责建立和执行员工关系管理标准，监督和指导各分厂人力资源管理科室/子公司人力资源管理部门在权限范围内开展员工关系管理工作。

（10）负责 HER 系统管理工作。负责人力资源管理系统的建立、完善，并根据各项日常人事管理工作的变动实际，及时更新、维护和管理系统各模块工作，确保系统运行正常,数据报表准确。

(11)其他职能。负责组织各单位员工进行职称资格考试、申报评审和待遇落实,参与公司专业技术职称/职务评审委员会工作;负责组织本部重点岗位在岗人员、新到岗和离岗员工的职业健康风险体检,并做好有关档案管理。按规定组织员工一般性体检,中层干部、集团高管保健服务;负责公司本部各单位劳保用品的管理和发放;协助公司开展计划生育工作,负责分管范围内的计划生育管理工作等。

2. 人力资源部门组织结构

公司人力资源部为部级单位,并监督和指导各分厂人力资源管理科室(管理人事科/综合管理科)和子公司人力资源部门的工作(见图1—1)。

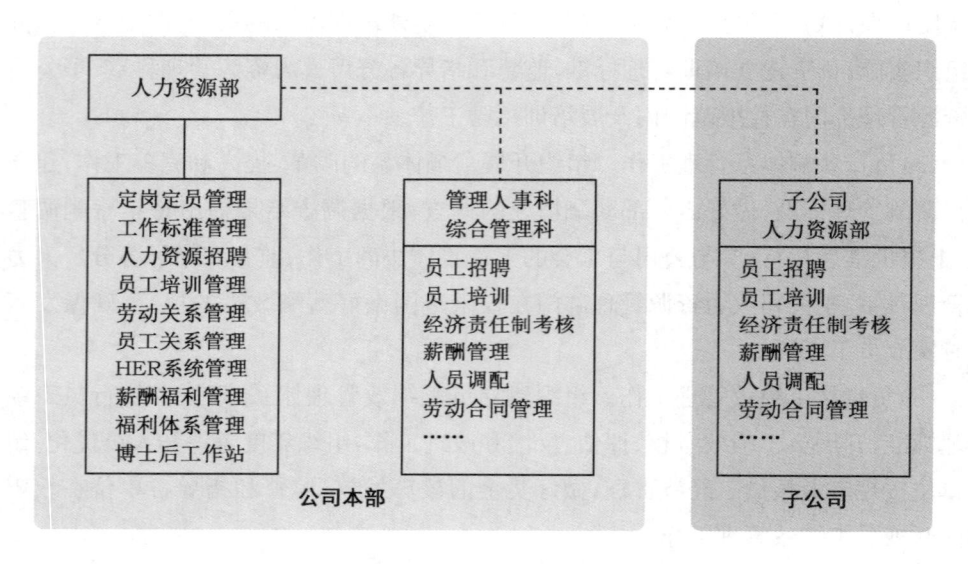

图 1—1 人力资源部职能及组织结构

(三)人力资源战略回顾

1. 培训投入增大

公司对员工的培训投入由2006年的25万元增加到2010年的317.6万元,增长12.7倍,投入绝对值增加292.6万元(见图1—2)。

2. 人均培训课时加大

公司增加了员工的培训时数,2008年成立了巨石大学,员工人均接受培训时数由2006年的10小时/年,增加到2010年的19.6小时/年(见图1—3)。

3. 人均薪酬增长

公司人均薪酬由2006年的约2 000元增长到2010年的约3 000元(因涉及企业商业机密,具体薪酬数据做模糊处理),员工人均薪酬净增加近1 000元,年均复合增

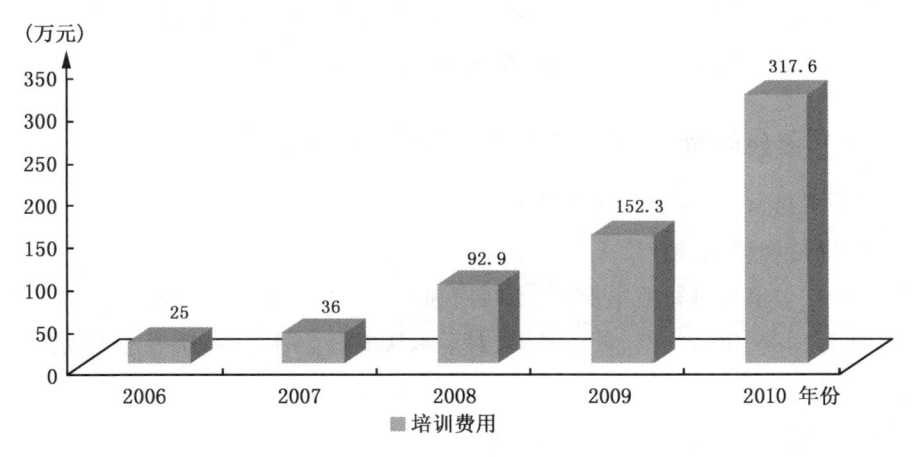

图 1-2 2006—2010 年培训投入情况

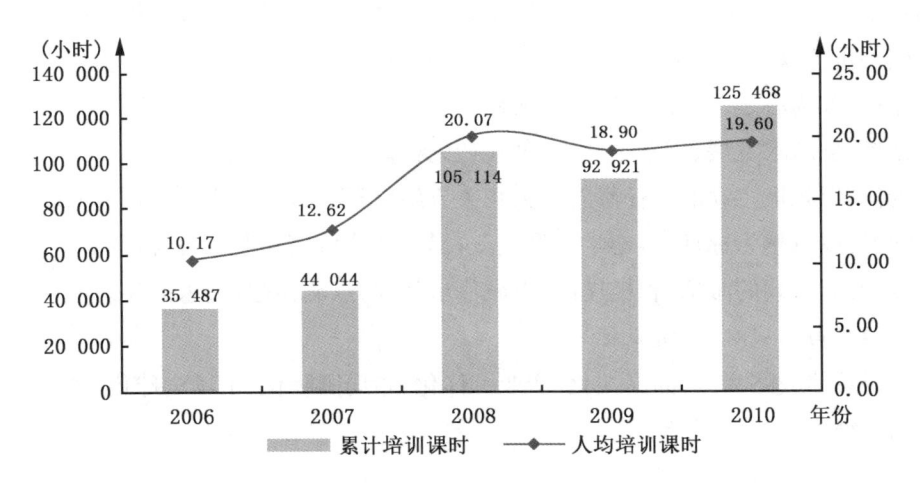

图 1-3 2006—2010 年培训课时情况

长 7.42%。其中 2009 年人均薪酬与 2008 年相比略低，是由全球性金融危机严重影响公司产品的出口量和价格，从而使利润大幅下滑所致。

4. 员工满意度提高

为了解员工对公司的满意度，利于管理者发现公司管理漏洞，体现企业对员工的人性化关怀，充分调动员工积极性，激励员工努力工作，公司从 2007 年开始每年进行员工满意度调查。调查显示，员工满意度的李克特五等级分值均值每年都保持在 4 分以上，且呈逐年提升趋势，即使是在 2009 年全球性金融危机严重影响公司产品的出口量和价格进而影响员工人均薪酬的情况下，员工满意度还是保持在较高水平。

5. 高层次人才数量增长

采取积极措施吸引高层次人才是发展壮大企业的通行做法，也是在较短时间内突破技术瓶颈，提升科研水平的一条宝贵经验。公司特别重视高层次人才的引进，近几年高学历人才引进数量每年复合增长率为19.76%，累计引进72人。

二、公司总体战略、目标及对人力资源职能的要求

（一）公司愿景、使命和核心价值观

愿景：保持全球玻璃纤维工业的领导者地位！

始终走在玻璃纤维行业最前沿，不断增强和提升核心竞争力，成为受员工认同、股东信赖、顾客赞美、供方支持、社会推崇、对手承认的行业领导者，实现由大到强大的转变，由强大到伟大的跨越。

使命：材料创新为高质量发展做贡献。

以创新为本，推动行业变革，以智能制造和数字智造为契机，推动产业升级，带领玻璃纤维工业高质量发展，为复合材料工业以及社会绿色可持续发展做贡献。

核心价值观：品行、创新、责任、学习、激情。

品行：德为心之首、诚实做人、踏实做事。

创新：创新求发展、创新增活力、创新造先机。

责任：以积极主动的责任感对五大相关方施以积极有益作用，实现共同成长。

学习：以卓越为标杆，构建学习型企业，提升企业价值和职工自身价值。

激情：以持续的激情，积极进取；以诚信求认同，点滴做起，追求完美。

（二）公司的战略、战略目标

公司总体战略为：产品高端化、产业一体化、布局国际化、市场全球化，继续巩固全球玻璃纤维工业的领军者地位。

1. 产品高端化

公司通过国际一流全球性研发中心的建设，掌握玻纤与复合材料行业的前沿核心技术，建立自主知识产权体系，实现具有全球行业先进水平的高端产品占比60%以上，转变盈利模式。

2. 产业一体化

以玻纤为主业，向原料、装备等领域延伸，实现后向一体化；寻找适当时机向复合材料领域拓展，尝试前向一体化，实现可持续发展。

3. 布局国际化

优化国内生产布局；通过管理、技术输出和本土化运作，充分利用全球资源，实现国外重点区域的生产基地布局。

4. 市场全球化

以资本为纽带，通过收购、整合、拓展全球营销网络，转变渠道管理模式，扩大市场

覆盖面,提高全球市场占有率。

(三)总体战略对人力资源职能的要求

1. 产品高端化对人力资源职能的要求

公司通过国际一流全球性研发中心的建设,掌握玻纤与复合材料行业的前沿核心技术,建立自主知识产权体系,实现具有全球行业先进水平的高端产品占比60%以上,转变盈利模式。国际一流全球性研发中心的建设和掌握玻纤与复合材料行业的前沿核心技术,需要在玻纤行业掌握具有全球前沿核心技术的研发人才,研发人才不仅要具备玻纤专业方面的核心技术,还要具有开发新型产品的创新能力。现今的玻璃纤维产品功能越来越全,国际市场竞争加剧,产品应用领域层出不穷,公司想要保持世界领先地位,就必须在传统产品上不断创新,这对研发人才无论在技术知识层面还是在研发创新上都要求极高。

2. 产业一体化对人力资源职能的要求

以玻纤为主业,向原料、装备等领域延伸,实现后向一体化;寻找适当时机向复合材料领域拓展,尝试前向一体化,实现可持续发展。公司未来5年向产业上下游拓展,对人才的需求已不仅仅是玻纤方面的专业技术人才,而且需要上下游产业方面的技术和管理人才,需要原料采冶、设备装备以及非玻璃纤维的复合材料领域的人才,这是对人力资源招聘工作的更大挑战。

3. 布局国际化对人力资源职能的要求

优化国内生产布局;通过管理、技术输出和本土化运作,充分利用全球资源,实现国外重点区域的生产基地布局。公司在国外布局生产基地,一方面,需要从国际上引进相当数量的国际化人才,尤其在公司的高层管理人员中,要引进一些能够管理海外子公司的其他国籍人员。另外,由于海外子公司要实施本土化管理,还需要使用当地国籍的中高层管理人员和员工。这就需要人力资源具有全球配置人力资源的能力,广泛招募全球一流的科技人才和高层管理人才。另一方面,布局国际化也对公司员工综合素质在传统的基础要求上又提出新的要求,要有长远的国际化眼光,要对世界玻纤的需求、各生产基地国家的经济情况以及文化背景有充足的认识,要有国际贸易知识,还要具备良好的外语专业水平等。

4. 市场全球化对人力资源职能的要求

以资本为纽带,通过收购、整合、拓展全球营销网络,转变渠道管理模式,扩大市场覆盖面,提高全球市场占有率。首先要有掌握资本运作的金融人才和拓展全球营销网络的营销人才,其次收购和整合海内外企业后,公司人力资本的数量和质量将发生巨大的变化,拥有不同企业文化背景的人才会走到一起,面对不同的经营机制和管理体制等,这些都是人力资源职能需要面对的挑战。人力资源要决定收购、整合后宜采用的文化模式,重建员工的向心力与工作热情,提出更高的业绩要求激励员工。

三、环境分析

(一)外部环境分析

1. PEST 分析——政治

(1)国家西部开发和农民工返乡创业的政策影响。随着西部开发的深入,西部地区对于劳动力的需求不断增加,工资水平不断提升,有些地区甚至已经接近东部地区水平。再加上国家鼓励农民工返乡创业,许多回乡农民工不再外出打工,这样就导致外出打工的劳动者数量持续减少,整体人力资源供给不足,公司招工产生困难。

(2)国家促进中小型企业发展政策的影响。国家促进中小型企业发展的政策,加快了民营企业的发展,增加了对劳动力的需求,从而对大公司招工产生一定冲击。

(3)国家促进就业和提倡自主创业政策的影响。国家从全局层面考虑促进就业问题,虽然重点放在第三产业就业扩大和消化上,但这也对制造业的用工带来一定影响。同时国家提倡大学生创业,并给予优惠政策,会使人力资源市场上大学生供给量减少,同时也会吸走一些在岗的大学生去创业,从而使制造业流失一部分优质人力资源。

(4)国家工资增长与 GDP 增长保持同步和"十三五"规划最低工资增长不低于年均 13% 政策的影响。国家一直在研究和完善工资合理增长机制,保持工资增长与 GDP 增长同步,同时准备通过五年的时间,实现最低工资的翻番,这样会引导和提升劳动者对工资的期望,也对公司薪酬增长提出了指导性的要求。这需要公司综合考量,既要提高员工满意度,又要控制总体生产成本。

2. PEST 分析——经济

(1)经济持续增长,劳动者就业途径更广。良好的经济环境使得劳动力市场的需求量增加,让劳动者有了更加广阔的就业空间,给企业招用人员带来一定难度;同时劳动者的就业观念也发生重大变化,稳定性相对上一代劳动者降低许多。要稳定员工队伍,需要公司从薪酬、激励和职业发展等方面进行全方位的完善。

(2)通货膨胀加剧,人工成本不断上升。近年来通货膨胀持续,物价不断攀升,直接推动员工工资的上涨,导致公司人工成本上升,如何合理配置人力资源,提高人力资源使用效率,是在通货膨胀背景下必须面对和解决的客观问题。

3. PEST 分析——社会

(1)从劳动供给来看,中国目前已经出现了人口负增长,2022 年年末人口比 2021 年年末减少 85 万人,人口自然增长率为 -0.60%。人口增速放缓是社会经济发展的必然规律,中国人口变化与欧、美、日、韩等人口增长的轨迹相符合。但人口总量减少,并不意味着人口红利就消失了。目前,中国正从人力资源大国向人力资本大国转型。

低素质、低成本的劳动力决定了创造力也相对较低。因此,企业要维持正常发展,必须加强对劳动力的培训,提高劳动力素质。

(2)社会劳动力资源结构不平衡。国内就业总体水平还处于数量过剩、结构不平衡的状态。随着高等教育的普及,大学本科生以上的"高级劳动力"在增加,但质量并不乐观,大学生就业困难。而与此同时,以技师、技工为代表的"中级劳动力"数量却越来越不足,结构性的缺陷加剧了企业未来发展的风险。

(3)中国高等教育机构的治学理念、教育水平以及职业教育还与企业的实际需求存在一定距离。知识的实用性以及毕业生的动手能力不能完全满足企业要求。

4. PEST 分析——技术

(1)企业自动化程度的不断提高。企业不断推进生产自动化,增加了劳动力市场对高技能人才的需求;劳动强度的降低,优质、舒适的工作环境对于员工满意度的提高和员工稳定性的增加起到了良好的作用。

(2)信息化技术应用的推动。随着社会信息化技术的提高和办公软件系统的实施,企业对于员工信息化能力的要求也相应提升,员工岗位胜任能力要求发生变化,同时人力资源管理的技术手段也需要改变。

(二)内部环境分析

1. SWOT 分析——优势

(1)良好的品牌优势和业务高速发展带来的机会,能吸引人才,保留人才。公司是全球玻纤行业的领军企业,在同行业享有较高知名度,并且处于发展成熟阶段,能够吸引全球的同行业有识之士加入,同时较大的发展空间也有利于留住在职员工。

(2)良好的企业文化。中国巨石良好的企业文化对广大员工产生潜移默化的影响。员工的价值观统一,忠诚度高,凝聚力强,愿积极投身工作,参与公司战略的实施。

(3)成熟的管理体制。中国巨石在发展过程中,不断总结和提炼好的管理经验,不断自我加压,形成了较为完善的管理体系,并建立了内部的交流共享机制,为战略目标的实施打下了坚实的基础。

(4)经验丰富的专业技术队伍。公司拥有国内玻纤行业的专家级团队,该团队对于玻纤行业有着极其敏锐的判断力。公司领导果断、专业的决策使公司保持生产经营稳定、健康。

(5)高执行力的中层干部队伍。公开、公平、公正的竞争上岗平台,为公司筛选出了一支执行力高的中层干部队伍,工作效率不断提高,队伍不断优化,中层干部队伍战斗力不断提升。

(6)较为完善的薪酬福利体系。公司薪酬福利体系每年都会优化和完善。公司注重关心关爱员工,倾听员工意见,并切合员工需求调整设计薪酬。此外,公司遵循领先市场薪酬的定位原则,对人力资源管理产生有利影响。

(7)高层关心关爱员工的指导思想。从高层开始,公司提倡和践行关心关爱员工的措施,建立交流平台,开展高管与员工的对话交流会,员工从中享受到了很大的实惠。

(8)数十家海外公司的成立对培养国际化人才起到积极作用。公司可以通过外练机制,安排员工到海外公司受训,到国际"战场"上摸爬滚打。

2. SWOT 分析——劣势

(1)人才队伍国际化程度亟须加强。公司近年来引进了一定数量的高层次人才,但国际化人才的储备落后于公司国际化的实施进程。要在招聘和培养机制上跟上国际化的步伐,储备必要的能到国外工作的人才。

(2)中层干部管理能力良莠不齐,个别干部能力有待提升。公司规模快速扩张,干部队伍快速壮大,个别新提拔的干部缺乏管理技能,需要通过培训和实践来提高。

(3)研发队伍需要加强。截至 2010 年年底,公司研发团队引进博士、硕士 34 人,相对于公司自主创新和专利工作的要求,目前研发队伍的数量和素质尚需加强。应引进和培养并重,辅以有效的激励措施,激发研发队伍进行自我提高。

(4)基层员工素质有待提高。自动化程度的提高对基层员工的素质提出了更高的要求,高素质的基层员工队伍对推动技术更新、成本降低和管理完善都会产生积极的促进作用。目前公司基层员工还是以外来务工的农民工为主,需要逐步培训和优化。

四、人力资源职能战略及关键指标体系

(一)人力资源职能战略

一是创新人才引进机制,从全球范围大量引进玻纤研发、上下游技术管理、资本运作、全球营销等专业人才。

二是加强人才培养,构建核心能力。

三是完善薪酬激励制度,建立适应未来海外多公司运营管理模式的多元、灵活的薪酬激励制度。

四是建立和完善人才队伍的职业发展管理体系,多通道培养人才梯队。

(二)人力资源职能关键指标体系

人力资源职能关键指标体系见表 1—1。

表 1—1　　　　　　　　中国巨石人力资源职能关键指标体系

指　标	战略目标
高层次人才数	加大高层次人才引进力度,目标达到 400 人

续表

指 标	战略目标
高层次人才比例(%)	逐年递增,高层次人才比例目标达到4%
培训费用	逐年增加培训投入,目标达到600万元/年
培训课时	合理安排培训课时,目标达到30课时/年
人均薪酬增长率	人均薪酬逐年递增,目标在原有基础上翻一番,人均薪酬增长率达到13%
员工满意度	逐步递增,达到均值4.50分,至少保持在4.3分
关键人才流失率	逐步递减,关键人才流失率控制在4.6%以下
职工健康体检率	职工健康体检率达100%

计算公式见表1—2。

表1—2　　　　　　　　人力资源职能关键指标计算公式

指 标	战略目标	计算公式
累计国际化人才数	400人	固定时限内的国际化人才累计数量
高层次人才比例(%)	4%	年末高层人才在职人数/年末在职人数 高层次人才定义:硕士及以上学历或获得公司高级技术职称人员
培训费用	600万元	固定时限内用于员工培训的费用
员工满意度	4.3分	固定时限内的员工满意度(满分5分)
人均薪酬增长率	13%	(固定时限内的员工总薪酬—上一期员工总薪酬)/上一期员工总薪酬×100%
关键人才流失率	4.6%	聘任职称和中技以上人员固定时限内主动辞职人数/聘任职称和中技以上人员×100%
培训课时	30	固定时限内培训总课时/在岗人数
招聘及时率	95%	当月按计划招聘到的实际人数/当月计划招聘人数×100%
职工健康体检率	100%	实际体检人员/计划应检人数×100%

五、人力资源战略实施

(一)创新人才引进机制,从全球范围大量引进玻纤研发、上下游技术管理、资本运作、全球营销等专业人才

1. 策略建议

拓宽和优化人才招聘渠道,分析、识别和选择出适用于不同人才的高效招聘渠道,与专业猎头、管理咨询公司、人才交流中心以及专业招聘网站建立合作关系,并通过校园选拔招聘优秀的储备人才。

健全面试和测评体系,依据公司发展战略和发展要求,制定针对中高层管理者和高级技术人员的招聘策略,加快高级人才的引进。

2. 策略目标

到2011年年底,公司累计引进高层次人才95人,全球性研发中心人才90人,玻纤上下游产业管理技术人才21人,其他国籍管理人才2人,投资战略和国际市场开发人才19人。

3. 行动计划

(1)在人才储备方面,主要引进校园和社会人才,招聘高学历人才和有行业经验的社会人才;与职业技术院校合作,招聘大量大中专毕业生从事基层工作。

(2)从国内外引进掌握玻纤前沿技术的高级研发人才;引进具有国际化企业管理实际经验的其他国籍管理人才和全球营销人才,重点以高薪聘用的方式解决,必要时通过猎头公司"猎取"。

(3)引进上下游产业的特殊行业专家,具备矿山、玻纤加工企业经验的高级管理人才和技术人才,必要时通过猎头公司"猎取"。

(4)当前紧缺人才,如具备风险管控、海外布局和资本运作经验的高级专家和管理人才,可主要通过市场招聘手段,从金融行业和咨询行业内获取。

(二)加强人才培养,构建核心能力

1. 策略建议

实施岗位技能升级和国际化知识、技能的培训,培养内部人才,提升全体员工素质。

针对各级管理者、专家队伍等稀缺人才,采取差异化、针对性的培养方式,为人才成长创造条件,给人才提供施展才华的平台和机会。

2. 策略目标

到2015年人均培训不少于30小时/年,培训费用投入700万元。

3. 行动计划

(1)强化干部的人才培养意识。公司通过各种培训,提升各级管理者技能。强化管理者人才培养的意识,建立人才培养责任制,把人才培养纳入各级管理者的考核指标。加强管理人员管理理念、管理技巧和国际视野方面的培训,提高管理理论和技能水平,提升领导力。

(2)推动上挂、下派、外练、互动人才培养模式,实现公司内行政职能、分厂、子公司、海外子公司的全方位互动学习,强化专业技术人才的培养;通过选派人员到海外公司的国际"战场"上实地历练,打造国际性人才队伍。

(3)实施岗位技能升级培训,提高员工专业技能,并进行国际化知识的培训。对员工进行岗位技能升级培训,增加对员工的外语培训,尤其强化基层员工"一专多能",提升基层员工业务素质。提升班组长管理能力,开展班组长培训,重点培养工作教导、生产管理和处理复杂问题的技能。对相关派遣人员进行生产基地国家的文化背景和国际贸易知识等培训。

(4)继续挖掘内部课程和推动巨石大学课程,建立配套的内部培训师资队伍,形成从入职培训、工作技能、工作规范、业务技巧到综合素质、管理理念、技巧、激励方法等一系列门类齐全、层次分明、各具特色的培训教材体系,最终大幅提升人才资源,形成自主的特色培训体系。

(三)完善薪酬激励制度,建立适应未来海外多公司运营管理模式特点的多元化、灵活的薪酬激励制度

1. 策略建议

详细做好薪酬福利调查,掌握国家、地区、同规模企业的薪酬福利政策,科学合理地制订薪酬增长方案,实现人均薪酬增加和综合成本降低的平衡。

2. 策略目标

未来5年人均薪酬增长不低于13%。

3. 行动计划

(1)每年度薪酬水平的总体调整除重点考虑公司经营成果、市场行业薪酬的变化、国家物价指数调整因素外,员工个人薪酬调整要考虑岗位变动、工作业绩、能力的提升等因素。

(2)根据公司在海外公司布局的战略规划,人力资源部要详细调查生产基地国家和地区的薪酬福利,制订子公司的薪酬制度,同时完善公司的薪酬激励制度,使之能够适应海外多公司运营管理模式的特点。2012年公司制定埃及子公司薪酬制度。2014年和2015年根据海外生产线投资,人力资源部制定相应的子公司薪酬管理制度。

(四)建立和完善人才队伍的职业生涯管理体系,多通道建立后备人才梯队

1. 策略建议

制定员工职业发展管理标准并执行,完善中层干部的继任制度,建立后备人才库,通过考核选拔和充实后备人员队伍,并制定相应的后备人才培养措施。

2. 策略目标

到2015年年底,关键人才流失业率降低至4.6%。

3. 行动计划

(1)2012年完善新进大学生培养制度,将新进大学生放到生产一线进行为期1年的锻炼、培养,做好人才储备。制定并执行员工职业发展规划管理标准,从而激发员工工作热情和潜能,提升员工能力素质,促进员工与组织的共同发展。

(2) 完善中层干部的继任制度。公司通过考核选拔和充实后备人员队伍,并制定相应的后备人才培养措施,建立管理干部后备人才库。

案例使用说明:

一、教学目的与用途

1. 本案例主要适用于人力资源管理等课程。
2. 本案例是一篇描述中国巨石人力资源规划的教学案例,其教学目的在于使学生对企业战略、人力资源环境分析等人力资源规划问题具有感性的认识及深入的思考,掌握制定人力资源职能战略及关键指标体系、实施人力资源战略的策略。

二、启发思考题

1. 中国巨石的人力资源规划战略为什么要考虑公司总体战略、目标?
2. 中国巨石的内外部环境对其人力资源规划有何影响?
3. 人力资源规划的制定过程和步骤有哪些?

三、分析思路

教师可以根据自己的教学目标(目的)灵活使用本案例。这里提出本案例的分析思路,仅供参考。

四、理论依据及分析

人力资源规划(Human Resource Planning,HRP)是一项系统的战略工程,它以企业发展战略为指导,以全面核查现有人力资源、分析企业内外部条件为基础,以预测组织对人员的未来供需为切入点,内容包括晋升规划、补充规划、培训开发规划、人员调配规划、工资规划等,基本涵盖了人力资源的各项管理工作。人力资源规划还通过人事政策的制定对人力资源管理活动产生持续和重要的影响。

人力资源规划包括两个层次,即总体规划及各项业务计划。人力资源的总体计划是有关计划期内人力资源开发利用的总目标、总政策、实施步骤及总的预算安排。各项业务计划包括:配备计划、退休解聘计划、补充计划、使用计划、培训开发计划、职业计划、绩效与薪酬福利计划、劳动关系计划。

(一)人力资源规划目标

1. 得到和保持一定数量具备特定技能、知识结构和能力的人员;

2. 充分利用现有人力资源；

3. 能够预测企业组织中潜在的人员过剩或人力不足；

4. 建设一支训练有素、运作灵活的劳动力队伍，增强企业适应未知环境的能力；

5. 减少企业在关键技术环节对外部招聘的依赖性。

(二) 人力资源规划步骤

1. 环境分析

分析企业所处的外部环境及行业背景，提炼对于企业未来人力资源的影响和要求；澄清和评估企业未来发展目标以及目标达成所采取的措施和计划，提炼对企业人力资源的需求和影响。

人力资源部正式制定人力资源规划前，必须向各职能部门索要公司整体战略规划数据、企业组织结构数据、财务规划数据、市场营销规划数据、生产规划数据、新项目规划数据、各部门年度规划数据信息。整理企业人力资源政策数据、企业文化特征数据、企业行为模型特征数据、薪酬福利水平数据、培训开发水平数据、绩效考核数据、人力资源人事信息数据、人力资源部职能开发数据。人力资源规划专职人员负责从以上数据中提炼出所有与人力资源规划有关的数据信息，并且整理编报，为有效的人力资源规划提供基本数据。

2. 人力资源现状分析

人力资源现状分析主要包括员工数量、质量、结构等静态分析，员工流动性等动态分析，以及人力资源管理关键职能的效能分析。

具体包括：企业现有员工的基本状况、员工具有的知识与经验、员工具备的能力与潜力开发、员工的普遍兴趣与爱好、员工的个人目标与发展需求、员工的绩效与成果、企业近几年人力资源流动情况、企业人力资源结构与现行的人力资源政策等。

3. 人力资源需求预测

人力资源部通过对组织、运作模式的分析，以及各类指标与人员需求关系分析，提炼企业人员配置规律；预测未来实现企业经营目标的人员需求。

需求分析的主要任务是分析影响企业人力资源需求的关键因素，确定企业人力资源队伍的人才分类、职业定位和质量要求，预测未来3年人才队伍的数量，明确与企业发展相适应的人力资源开发与管理模式。

企业的人力资源需求预测主要是基于企业的发展实力和发展战略目标的实现规划。人力资源部门必须了解企业的战略目标分几步走，每一步需要什么样的人才和人力支撑，需求数量是多少，何时引进比较合适，人力资源成本分析等内容，然后做出较为准确的需求预测。

4. 人力资源外部供给预测

外部人力资源供给预测包括:本地区人口总量与人力资源比率、本地区人力资源总体构成、本地区的经济发展水平、本地区的教育水平、本地区同一行业劳动力的平均价格与竞争力、本地区劳动力的择业心态与模式、本地区劳动力的工作价值观、本地区的地理位置对外地人口的吸引力、外来劳动力的数量与质量、本地区同行业对劳动力的需求等。

5. 人力资源规划目标

基于以上获得的信息制定的企业人力资源战略规划是与企业的发展战略相匹配的人力资源总体规划:评估、总结和确认员工总量、结构数量等目标,并确定企业不同人员的能力素质目标。

6. 行动方案

制定达成规划目标的措施与途径;拟定招聘、培训、激励等策略。

主要内容包括:与企业的总体战略规划有关的人力资源规划目标、任务的详细说明;企业有关人力资源管理的各项政策策略及有关说明;企业业务发展的人力资源计划;企业员工招聘计划、升迁计划;企业人员退休、解聘、裁减计划;员工培训和职业发展计划;企业管理与组织发展计划;企业人力资源保留计划;企业生产率提高计划等相关内容。一份完整的人力资源战略规划是企业人力资源管理的基础和核心,企业的人力资源其他管理工作都会时刻围绕它来展开。

(三)人力资源规划战略计划

战略计划主要是根据企业内部的经营方向和经营目标,以及企业外部的社会和法律环境对人力资源的影响制定的跨年度计划。战略计划应注意做到稳定性和灵活性相统一。在制定战略计划的过程中,必须注意以下几个因素。

1. 国家及地方人力资源政策环境的变化

包括国家对于人力资源的法律法规的制定,对于培养人才的各种措施。国家各种经济法规的实施,国内外经营环境的变化,国家以及地方对于人力资源和人才的各种政策规定等这些外部环境的变化必定影响企业内部的整体经营环境,因此,企业内部的人力资源政策也应该随之调整。

2. 企业内部的经营环境的变化

企业的人力资源政策的制定必须考虑企业的管理状况、组织状况、经营状况变化和经营目标的变化。由此,企业的人力资源管理必须按照以下原则,根据企业内部的经营环境的变化而调整。

(1)安定原则

安定原则是在企业不断提高工作效率的前提下,人力资源管理应该以企业的稳定发展为前提。

(2) 成长原则

成长原则是指企业在资本积累增加、销售额增加、规模和市场扩大的情况下,人员必定增加。企业人力资源的基本内容和目标是为了企业的壮大和发展。

(3) 持续原则

人力资源管理应该以企业的可持续增长、保持企业的发展潜力为目的;必须致力于劳资协调、人才培养与后继者培植工作。

3. 人力资源的预测

根据企业的战略规划以及企业内外环境的分析,制定人力资源战略计划。为配合企业发展需要,以及避免制定人力资源战术计划的盲目性,应该适当预测企业所需人员。在估算人员时应该考虑以下因素:(1)企业的业务发展和紧缩而所需增减的人员;(2)因现有人员的离职和调转等而所需补充的人员;(3)因管理体系的变更、技术的革新及公司经营规模的扩大而所需的人员。

4. 企业文化的整合

企业文化的核心就是培育企业的价值观,培育一种创新向上、符合实际的文化。企业的人力资源规划必须充分注意与企业文化融合与渗透,保障企业经营的特色、企业经营战略的实现和组织行为的约束力。

(四) 人力资源规划战术计划

战术计划是根据企业未来面临的外部人力资源以及企业的发展而对人力资源的需求量做出的预测。根据预测的结果,企业会制定具体方案,包括招聘、辞退、晋升、培训、工资福利政策、梯队建设和组织变革等。

在人力资源管理中,有了企业的人力资源战略计划后,就要制定企业人力资源战术计划。人力资源的战术计划包括四部分。

1. 招聘计划

针对企业所需要增加的人才,应制定出该项人才的招聘计划,一般一个年度为一个段落,其内容包括:(1)计算本年度所需人才,并计划考察出可有内部晋升调配的人才,确定各年度必须向外招聘的人才数量,确定招聘方式,寻找招聘来源。(2)对所聘人才安排工作职位,并防止人才流失。

2. 人员培训计划

人员培训计划是人力计划的重要内容,人员培养计划应按照企业的业务需要、战略目标、培训能力,分别确定下列培训计划:(1)专业人员培训计划;(2)部门培训计划;(3)一般人员培训计划;(4)选送进修计划。

3. 考核计划

一般而言,因为分工不同,对于人员的考核方法也不同。在提高、公平、发展的原则下,应该将员工对于企业所做出的贡献作为考核的依据。这就是绩效考核的指导方法。绩效考核计划要从员工的工作数量和质量两个方面来测定。譬如科研人员和财务人员的考核体系就不一样,因此在制定考核计划时,应该根据工作性质的不同,制定相应的人力资源绩效考核计划。考核计划至少应包括以下三个方面:工作环境的变动性大小;工作内容的程序性大小;员工工作的独立性大小。绩效考核计划做出来以后,要相应制定有关考核办法,常用的方法包括:排序法、平行法、关键事件法、硬性分布法、尺度评价表法、行为定位等级评价法、目标管理法。

4. 发展计划

结合企业发展目标,设计核心/骨干员工职业生涯规划和职业发展通道,明确核心/骨干员工在企业内的发展方向和目标,起到提高职业忠诚度和工作积极性的作用。

(五)人力资源规划程序

人力资源规划的程序即人力资源规划的过程,一般可分为以下几个步骤:收集有关信息资料、人力资源需求预测、人力资源供给预测、确定人力资源净需求、编制人力资源规划、实施人力资源规划、人力资源规划评估、人力资源规划反馈与修正。

1. 收集有关信息资料

人力资源规划的信息包括组织内部信息和组织外部环境信息。

组织内部信息主要包括企业的战略计划、战术计划、行动方案、本企业各部门的计划、人力资源现状等。

组织外部环境信息主要包括宏观经济形势和行业经济形势、技术的发展情况、行业的竞争性、劳动力市场、人口和社会发展趋势、政府的有关政策等。

2. 人力资源需求预测

人力资源需求预测包括短期预测和长期预测,总量预测和各个岗位需求预测。

人力资源需求预测的典型步骤如下:(1)现实人力资源需求预测;(2)未来人力资源需求预测;(3)未来人力资源流失情况预测;(4)得出人力资源需求预测结果。

3. 人力资源供给预测

人力资源供给预测包括组织内部供给预测和外部供给预测。

人力资源供给预测的典型步骤如下:(1)预测内部人力资源供给;(2)预测外部人力资源供给;(3)汇总组织内部人力资源供给预测数据和组织外部人力资源供给预测数据,得出组织人力资源供给总体数据。

4. 确定人力资源净需求

在对员工未来的需求与供给预测数据的基础上,将本组织人力资源需求的预测数与在同期内组织本身可供给的人力资源预测数进行对比分析,从中可测算出各类人员的净需求数。这里所说的"净需求"既包括人员数量,又包括人员的质量、结构,即既要确定"需要多少人",又要确定"需要什么人",数量和质量要对应起来。这样就可以有针对性地招聘或培训,为组织制定有关人力资源的政策和措施提供依据。

5. 编制人力资源规划

根据组织战略目标及本组织员工的净需求量,编制人力资源规划,包括总体规划和各项业务计划。同时要注意总体规划和各项业务计划及各项业务计划之间的衔接和平衡,提出调整供给和需求的具体政策和措施。典型的人力资源规划应包括规划的时间段、达到的目标、情景分析、具体内容、制定者、制定时间。

(1)时间段

确定规划时间的长短,要具体列出从何时开始,到何时结束。若是长期的人力资源规划,可以长达 5 年以上;若是短期的人力资源规划,如年度人力资源规划,则为 1 年。

(2)达到的目标

确定达到的目标要与组织的目标紧密联系起来,最好有具体的数据,同时要简明扼要。

(3)情景分析

目前情景分析:主要是在收集信息的基础上,分析组织目前人力资源的供需状况,进一步指出制订该计划的依据。

未来情景分析:在收集信息的基础上,在计划的时间段内,预测组织未来的人力资源供需状况,进一步指出制订该计划的依据。

(4)具体内容

这是人力资源规划的核心部分,主要包括以下几个方面:项目内容、执行时间、负责人、检查人、检查日期和预算。

(5)制定者

制定者可以是一个人,也可以是一个部门。

(6)制定时间

主要指该规划正式确定的日期。

五、关键要点

1. 人力资源规划包括五个方面:(1)战略规划:是根据企业总体发展战略的目标,对企业人力资源开发和利用的方针、政策和策略的规定,是各种人力资源具体计划的核心,是事关全局的关键性计划;(2)组织规划:是对企业整体框架的设计,主要包括组织信息的采集、处理和应用,组织结构图的绘制,组织调查、诊断和评价,组织设计与调整,以及组织机构的设置等;(3)制度规划:是人力资源总规划目标实现的重要保证,包括人力资源管理制度体系建设的程序、制度化管理等内容;(4)人员规划:对企业人员总量、构成、流动的整体规划,包括人力资源现状分析、企业定员、人员需求和供给预测、人员供需平衡等;(5)费用规划:是对企业人工成本、人力资源管理费用的整体规划,包括人力资源费用的预算、核算、结算,以及人力资源费用控制。

2. 人力资源规划的程序即人力资源规划的过程,一般可分为以下几个步骤:收集有关信息资料、人力资源需求预测、人力资源供给预测、确定人力资源净需求、编制人力资源规划、实施人力资源规划、人力资源规划评估、人力资源规划反馈与修正。

六、建议课堂计划

本案例可以作为专门的案例讨论课来进行。如下是按照时间进度提供的课堂计划建议,仅供参考。

整个案例课的课堂时间控制在 80~90 分钟。

课前计划:提出启发思考题,请学员在课前完成阅读和初步思考。

课中计划:简要的课堂前言,明确主题(2~5 分钟)

    分组讨论 (30 分钟,告知发言要求)

    小组发言 (每组 5 分钟,控制在 30 分钟)

    引导全班进一步讨论,并归纳总结(15~20 分钟)

课后计划:如有必要,请学员采用报告形式给出更加具体的解决方案(包括具体的职责分工),为后续章节内容做好铺垫。

走近HR视频

| 人力资源管理中的测量和分析 | 测试题 | 测试题答案 | 案例面对面 |

第 2 章　浙江科博达工业有限公司的人力资源规划

概念导读

人力资源规划的意义：

1. 人力资源规划有助于企业发展战略的制定

企业的发展战略是对未来的一种规划，需要企业将自身的人力资源状况作为一个重要的变量加以考虑，例如，如果预测的人力资源供给无法满足设定的目标，就要对发展战略和经营规划做出相应的调整。因此，做好人力资源规划反过来会有利于企业战略和经营规划的实现，使战略更加切实可行。

2. 人力资源规划有助于企业保持人员状况的稳定

制定人力资源规划不仅可以了解企业内部是否存在人才浪费现象，也可以了解企业外部是否拥有出色的人才可以吸收，从而改善企业人员素质和结构，保持企业人员的稳定。

3. 人力资源规划有助于企业降低人工成本

人力资源规划可预测企业人员的变化，逐步调整企业的人员结构，避免人力资源的浪费，使企业人员结构趋向合理化。企业可以通过人力资源规划将员工的数量和质量控制在合理的范围内，从而节省人工成本，大大提高人力资源的利用效率。

4. 人力资源规划还对人力资源管理的其他职能有指导意义

人力资源规划作为企业的战略决策，是企业制定各种具体人力资源决策的基础。

导入案例

摘　要：本案例首先描述科博达工业有限公司人力资源部职能及组织结构，回顾总结 2013—2016 年由人力资源战略造成的培训投入增大、人均培训课时加大等情况；其次介绍其总体战略、目标及对人力资源职能的要求；再次详细分析其组织内、外部环境；最后提出 2013—2016 年人力资源职能战略及关键指标体系，在此基础上阐述其人力资源战略实施策略。

关键词：人力资源　人力资源战略　人力资源管理

> 1. 本案例由嘉兴学院的赵欢君撰写,未经允许,本案例的所有部分都不能以任何方式与手段擅自复制或传播。
> 2. 由于企业保密的要求,在本案例中对有关名称、数据等做了必要的掩饰性处理。
> 3. 本案例只供课堂讨论之用,并无意暗示或说明某种管理行为是否有效。
> 4. 本案例资料由案例企业提供。

一、前言

(一)企业概况

科博达集团总部位于上海自贸区张江科学城,分支机构布局于嘉兴、温州、重庆、潍坊、滁州、鞍山等地;现有员工近3 000人,年度销售额30多亿元。科博达集团是国家重点扶植的汽车电子高新技术企业,作为汽车智能与节能部件系统方案提供商,其始终立足全球汽车产业的市场平台,专注汽车电子及相关产品的技术研发与产业化,已成功融入全球汽车电子高端产业链体系,是国内少数能与全球高端汽车品牌同步研发电子产品的中国企业。

科博达集团现有LED照明控制、电机控制、能源管理、车载电器与电子五大系列、一百多个品种的产品。集团拥有全球几十家主流汽车品牌的客户渠道,产品进入欧美高端客户的全球配套体系;客户覆盖大众、奥迪、保时捷、奔驰、宝马、福特、雷诺、日产等。同时集团还拥有全球领先的供应链资源,与全球几十家知名半导体供应商建立了战略合作关系。科博达集团先后承担了30多个国家级、省部级项目,多个产品获国家重点新产品称号、教育部和上海市的科技进步奖。其曾先后荣获全国五一劳动奖状、全国工人先锋号、中国中小企业优秀创新成果企业等多项荣誉。

科博达集团专注于汽车电器与发动机部件产品的科技创新与产业化,重视科技投入与技术团队的建设,集团技术中心被授予省级技术中心称号。科博达集团在上海建有产品研发分部,与国内数所著名大学和研究所建立了共同的技术平台,结成战略合作的技术伙伴。其拥有多项填补国家空白的专利技术,承担多个产品国家标准的制定工作,自主研发的产品成功打入欧美高端主机市场,成为美国康明斯集团燃油系统全球的供应商。

浙江科博达工业有限公司(下称科博达)隶属于科博达集团,设立在嘉兴经济技术开发区,项目总投资4亿元,占地175亩,于2009年注册,并于2010年开始兴建现代化厂房。2012年年初一期工程如期竣工,并于同年8月顺利通过TS16949体系审核,实现量产。

科博达通过十多年的积极探索，建立了有效的产品质量保证体系，始终贯彻全过程的品质控制理念，从产品设计、生产到交付，全过程导入 APQP、FMEA、PPAP、SPC 等质量管理工具、SQA 供应商管理和 6S 生产现场管理，同时还全面运用 ERP、PDM、OA 等企业信息化管理平台。科博达现拥有几十条专业生产线和自动化加工设备以及 50 多台专用的检测设备，形成了年产汽车电器类产品 700 万套、发动机部件产品 300 万套、卡箍 5 000 万只的生产能力。

公司未来五年的战略，将以产品的科技创新为核心，以成果的产业化为基础，全面实施资本经营和品牌发展战略。公司结合自身优势，全面开展与国际资本和国外同行的战略合作，通过技术引进、产品合资与公司并购等多种途径，持续提高技术能力和产品竞争力，实现跨越式发展。

(二)人力资源部职能及组织结构

1. 部门职能

(1)制定公司中长期人才战略规划。制定公司中长期人力资源规划，并组织、监督计划的实施。负责组织机构及岗位设计，对岗位进行评估、分析，并按岗位分析结果确定公司职务体系。负责制定各岗位、职位任职资格标准，对岗位、职位任职资格进行评审。负责撰写公司各职位工作执掌、职位说明书。负责拟定岗位人员编制，合理配置人员。负责编制人力岗位预算，合理控制人力成本。辅导、支持、评估各级管理机构组织管理工作。收集公司各级管理机构在组织管理中的反馈意见，根据公司发展战略及时调整与之不适应的部分。

(2)制定公司人事管理制度。负责各单位定岗定员新增、修改、审核和管理，负责建立定岗定员管理标准，参与公司岗位工作效率评价小组工作，参与中层干部岗位编制管理和竞争上岗有关工作，监督和指导各分厂人力资源管理科室/子公司人力资源管理部门做好员工内部调动的手续办理。

(3)核定公司年度人员需求计划。制定公司人才储备计划并监督实施，指导员工做好职业生涯规划。负责公司各级组织机构设置、调整，进行定岗定编，制定部门和人员岗位职责。

(4)负责人力资源招聘工作。负责公司各级组织机构设置、调整，进行定岗定编，制定部门和人员岗位职责。根据公司人力资源规划，制定招聘计划，并组织各机构实施。负责建立多种渠道的招聘途径，完成招聘任务。负责编制招聘预算，合理控制招聘成本。辅导、支持各级管理机构招聘工作，评估招聘结果。评估招聘、人事管理系统各项政策的合理性并适时优化、修订。

(5)负责员工培训工作。负责集团公司级培训需求的调查和收集，并根据需求编制年度培训计划，上报批准后落实执行；建立、完善培训体系，并推动、改进、发展企业培训文化。调研培训需求,根据年度员工培训需求,制定员工年度培训计划并组织实施。组织和实施员工岗前培训、在岗培训及提升培训。建设企业内训师团队。组织、实施培训费用预算。

(6)负责员工绩效管理工作。组织建立员工绩效管理体系,建立和执行员工绩效管理标准,开展员工绩效考核、评估、反馈和改进工作,组织年度考评和人员优化;组织各单位按规定进行员工经济责任考核,做好奖金的核算发放;监督和指导各单位在权限范围内开展员工绩效管理工作。

(7)负责薪酬福利体系管理工作。定期调研市场薪酬水平,核算人工成本,提供决策参考依据,制定员工福利政策并管理实施。负责社会保险、住房公积金和补充医疗保险的申报、结算、记录和调整工作;负责集团公司福利政策的调研、设计、优化、完善和执行。设计各机构薪酬方案及福利政策,制定社保管理办法。合理用工,制定各机构的薪酬福利预算并报上级审核。评估各机构薪酬福利预算执行情况。分析汇总薪酬福利报表,按时完成人工成本、人工费用的分析报告。根据公司业务发展情况和行业水平,适时制定合理的薪酬福利调整方案。

(8)负责员工关系管理工作。拓展员工沟通渠道,宣导企业文化,开展企业文化活动,扩大企业影响力,提升员工凝聚力。利用信息化手段管理员工信息,保证员工信息处于实时更新状态。建立以职业规划为核心的人才培养系统,为各机构管理人员制定职业规划方案。根据公司战略制定后备人才培养计划和人才储备计划。建立以任职资格标准为核心的双通道晋升机制。制定并完善旨在激发员工潜能的激励措施和奖励办法,并组织实施。在全公司范围内建立畅通的沟通渠道,使员工多渠道了解公司或表达意见和建议。掌握员工动态,受理并妥善处理好员工申诉,避免事态扩大。

(9)主导公司日常人事异动管理、档案管理、人事数据统计分析。负责人力资源管理系统的建立、完善,并根据各项日常人事管理工作的变动实际,及时更新、维护和管理系统各模块工作,确保系统运行正常,数据报表准确。负责劳动合同的起草、签订、解除、终止等管理工作,做好人员入职和离职的手续办理。

(10)其他职能。制定公司员工手册,定期调查员工满意度,开发沟通渠道,协调有关政府部门、保险监管机关及业内单位关系;联系高校、咨询机构,收集汇总并提供最新人力资源管理信息;合理规避劳动用工风险,为企业发展保驾护航;项目所在地区的各政府机关的接洽沟通工作;与时俱进为企业发展提供更多盈利渠道。

2. 人力资源部门组织结构

科博达人力资源部门由上至下分为三级,由人力资源管理中心经理统筹人力资源部的工作,监督和指导下级部门工作(见图 2-1)。

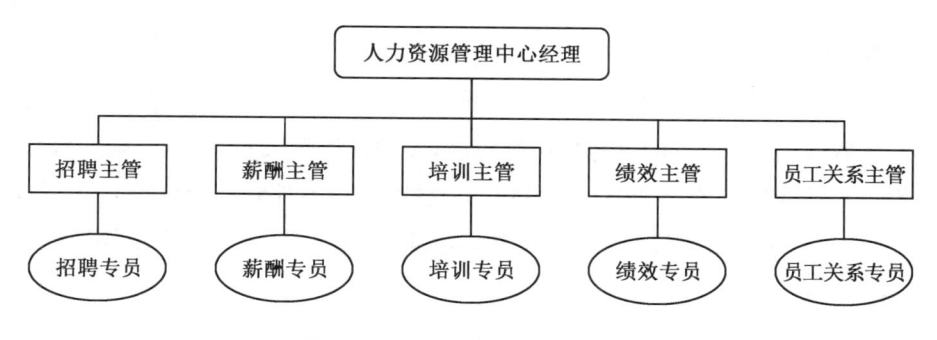

图 2—1　人力资源部门组织结构

(三)2013—2015年人力资源战略回顾

1. 增强员工自我提升与文化建设

中高层管理人员必须具备内训师资格,能主讲2~3门课程,并获得讲师积分。非管理人员内训师培养20~30名,建立内部E-Learning平台,培养自主学习的氛围,建立和完善内部骨干人员的职业发展规划,建立导师制,并为骨干人员设计专项的培养计划,设计关键岗位的培养路径图(见图2—2)。

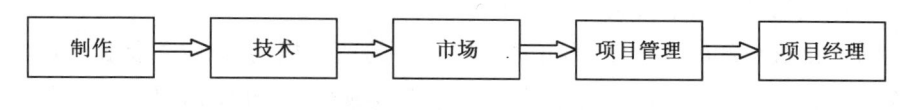

图 2—2　项目经理培养路径

2. 优化内部管理人才培养与晋升

加强内部人才培育,尤其是管理人才的培养,争取中高级专业技术人才和中高层管理干部内部培养率占晋升人数的70%,公司内部培养的员工3~5年到主管级;优秀者5~8年晋升至专业技术中级或管理中层;10~15年晋升至高级专家或管理高层。建立内部轮岗、选拔和晋升规范,优先考虑从内部招聘中高端岗位的人才。

3. 重视外部招聘与校企合作

外部着重引进能弥补公司能力短板的人才,每年定期开展校园招聘。引进应届大学毕业生作为公司储备人才,为其制定1~2年的培养计划,并明确其发展的方向。如条件许可,应届生需要先到制造系统学习和锻炼。自2013年起,公司尝试与多家院校(大学、中专技校等)开展校企合作,以满足制造系统操作人员和技术人员的需求。

4. 优化公司人员配置

根据组织发展变化,公司每年制定人员配置计划(即定岗定编),更多关注人员质量而非人员数量,以提高工作效率。公司针对中高级岗位需要,制定后备人员配置计划,原则上,一个岗位配置2~3名后备人员,以盘活内部人力资源,建立干部轮岗机制。

5. 加强薪酬与激励建设

建立以业绩为导向的薪酬激励制度,通过2~3年的调整,逐步提高浮动奖励收入,占总体收入的40%~60%(岗位级别越高,浮动占比越大)。根据不同业务板块的特点,设计相适应的薪资福利架构。公司的总体薪酬成本控制在销售额的10%以内。

建立员工业绩评价制度,运用于持续改进、职业发展、奖励等激励方案并制定长期激励方案。

二、公司总体战略、目标及对人力资源职能的要求

(一)公司愿景、使命和核心价值观

愿景:成为全球同行中富于创新和竞争力的卓越企业。

主导产品的市场份额与盈利水平在全球同行中保持领先;拥有的专业团队与技术能力能够引领全球的产品方向;品牌在全球业内具有良好影响力,并成为国内知名品牌;提供的产品与服务使企业成为业内最受欢迎和最受信赖的企业之一;拥有优秀的团队,并提供令其自豪的工作环境和薪酬待遇;创造最佳业绩,回报股东与社会。

使命:成就员工,造福社会。

不断优化组织建设,尽可能为社会提供更多的就业机会;以提供优良产品与服务的方式,为社会进步而不懈努力;通过科技创新,实现资源价值的最大化;鼓励创造,最大限度提供员工成才的理想平台;始终注重环境保护,追求人与社会的和谐发展。

核心价值观:创造价值,共享进步。

倡导有所作为,鼓励协作,注重分享;倡导企业与利益相关者的互动、共赢;倡导厚德载物,可持续成长;倡导爱岗敬业,以此承担更多的社会责任;倡导务实求新的进取精神,不断超越自我;倡导以工作业绩来成就家庭生活之美。

(二)公司的总体战略

1. 总体战略

以产品的科技创新为核心,以成果的产业化为基础,全面实施资本经营和品牌发展战略。

(1)科技创新

全力打造公司核心——商务平台和技术平台,建立国家级实验室,发明填补国内空白的专利技术,制定多个产品的国家(行业)标准,自主开发产品,打破国外寡头的市场垄断,成为成功参与国际著名汽车品牌同步开发电子产品的中国本土供应商,为"中国创造"赢得荣誉。

(2)成果产业化

专注于汽车科技产品的技术创新与产业化,着重发展汽车电子产品制造,全力打造嘉兴公司制造基地;开发电器产品制造的全自动化产线,提高生产效率;加强各支持系统的能力,服务于各业务板块。

(3)资本经营和品牌发展

结合自身优势,全面开展与国际资本和国外同行的战略合作,通过技术引进、产品合资与公司并购等多种途径,持续提高技术能力和产品竞争力,实现跨越式发展。

(三)总体战略对人力资源职能的要求

(1)科技创新。目前与国际著名 IC 公司及国内著名院校(如浙江大学、同济大学等)联合建立产品开发的技术平台。需要具有自主创新能力的工程技术人才组成的研发团队,配合健全的管理流程与先进的开发工具,继续在技术上寻找突破点。

(2)成果产业化。完善供应链体系、ERP 管理平台。对人才的需求已不仅仅是汽车科技产品的专业技术人才,而且需要产业化技术和管理人才,需要制造工艺、设备装备等领域的人才。按照业务发展要求,对制造系统中高端人才的需求增加,与此同时,需要逐步降低支持系统(财务、行政、投资、IT、物业等)人员占全员的比例。

(3)资本经营和品牌发展。随着公司对外合资、合作企业的增加,对具备综合经营能力的人才需求增加,全球化、国际化人才的需求增加。

三、环境分析

(一)外部环境分析

1. PEST 分析——政治

(1)国家西部开发战略实施的影响。随着国家实施西部大开发,并加快西部的发展进程,西部的经济发展水平逐步提高。西部经济发展需要大批劳动力和人才,人才工资水平也不断提升,有些地区甚至已经接近东部地区水平。

(2)国家采取延长退休年龄的改革措施的影响。一方面,延长退休年龄使企业不得不思考员工当下最迫切的需求,不得不拓展员工职业通道,不得不尝试创新更有效的激励方式,这无疑为人力资源管理提供了变革的机遇。另一方面,对不同员工实行"一刀切"的延长退休年龄政策会造成人才的浪费,不利于企业的人力资源管理及企业的发展。

(3)国家财政政策的影响。积极财政政策会产生"挤出效应",也就是扩张财政政策通过乘数效应带来经济增长的同时,也会因利率的增加,对民营企业投资产生抑制效应。实证分析表明,我国财政政策对民营企业虽存在一定的"挤出效应",但并不明显。也就是说,我国积极财政政策在为宏观经济创造良好环境的同时,并没有对民营企业产生太大的"挤出效应"。相对来说,民营企业的发展受到一定的抑制,使得员工的招聘和人力资源的发展规模较小。

（4）提倡自主创业政策的影响。国家对于大学生创业给予优惠政策，使人力资源市场上大学生供给量减少，同时也会吸走一些在岗的第一产业大学生去创业，从而使得制造业流失一部分优质人力资源。

（5）随着汽车产业的规模扩大，国家对汽车产业有了进一步的关注，从而在经济政策上会给予一些优惠支持。科博达有着优质的电子器件供应商资源，对公司在技术发展、人员培养、产品质量方面产生了一定的压力和动力，从而进一步完善人力资源管理系统。

2. PEST 分析——经济

（1）由美国金融危机引发的世界金融危机，使全球经济发展面临严重挑战，对我国经济发展和人力资源管理也造成一定的影响。金融危机造成人们心里的不安定甚至恐慌，企业纷纷裁员或降薪，直接影响市场对于人力资源的需求及价值重估。

（2）经济持续增长，劳动者就业途径更广。良好的经济环境，使得劳动力市场的需求量增加，让劳动者有了更加广阔的就业空间。

（3）市场的不成熟限制了企业人力资源的活动舞台。我国在建立社会主义市场经济体制的过程中，较多地把精力花在中央和地方的关系理顺、政企职能的分开、资本市场的构建以及问题的解决等方面，对人力资源市场的建设虽有所重视，但重点不突出，措施不力，资金的投入不够。

（4）通货膨胀加剧，人工成本不断上升。近年来通货膨胀持续，物价不断攀升，直接推动员工工资的上涨，导致公司人工成本上升。如何合理配置人力资源，提高人力资源使用效率，是在通货膨胀背景下必须面对和解决的客观问题。

3. PEST 分析——社会

（1）人口众多、劳动力资源丰富是中国的基本国情。多年来，中国政府采取积极有效的政策措施，大力加强人力资源的开发利用，使中国的人力资源状况发生了显著变化，人力资源规模不断扩大。

（2）中国人力资源的质量不高，且高端人才缺乏，人才素质有待提高。一方面，一些劳动力本身缺乏自我成长的意识；另一方面，中国高等教育机构的治学理念、教育水平与企业的实际需求还存在一定距离。

（3）中国人力资源地区差距非常明显，而且存在性别比失调等一系列问题。因此，研究人力资源开发的对策尤为重要。

（4）行业内竞争对手几乎都是国际性的大公司，给科博达的发展带来严重的社会压力。国际性大公司知名度高，国际影响力强，会吸引一部分优质人力资源，并且更容易实现国际化，实现人力资源类型多样，而科博达并不具有这样的优势。社会也会更偏重于关注大公司的人力招聘动态，对中小企业的关注度降低，从而可能影响科博达的发展。

4. PEST分析——技术

（1）由一系列技术手段所形成的确保人力资源管理高效运作的工作链并不完整，如职位分类与职位评价技术、人力资源规划技术、人力资源吸收技术、人力资源评估技术等，从而使得企业人力资源管理上的针对性、适用性、有效性较弱，无法保持企业持续的竞争优势。

（2）高新技术产业将获得良好的发展势头，并成为国家经济的主要增长点之一；将有越来越多的人从事服务性工作，而直接从事生产资料加工制作的就业者在总体职业人群中的比例将直线下降；知识劳动者在总体职业人群中的比例将直线上升，非工业化、知识密集型、高科技将是未来职业的主流；对职业者的劳动能力的开发成本将提升，同时，风险也增加了。

（3）客户要求不断提高。为了提升顾客满意度，需要进一步在各个产业链做精做细，并且能够运用创新思维，实现"人无我有"。公司需要引入大量新兴力量，留住高水平员工，提升人力资源管理水平。

（二）内部环境分析

1. SWOT分析——优势

（1）正处在高速发展阶段的科博达，能够吸引全球的同行业有识之士加入，同时较大的发展空间也有利于留住在职员工。

（2）科博达人力资源管理更注重如何从培训、工作设计与工作协调等方面开发人的潜能。科博达认为对人力的投入并非单纯的成本加大，而是一种投资，企业要舍得对人力资源进行开发投资，激发员工潜能，发挥团队能力的辐射力量，形成长期、长久的实力。科博达公司认识到培训是人力资源开发的重要手段，投入了一定数目的人力、物力、财力开展培训，以严格的培训要求、完整的培训体系、多样的培训形式、合适的培训教材、高素质的专业化培训者，提高了受训者的整体素质。

（3）科博达形成了从市场、自主研发、制造到销售的商业模式，实现了商业模式与企业经营效益和员工发展相结合。公司以企业的经营效益与发展为中心，以劳动力管理与开发为基础进行综合管理。从员工的选择录用到岗位的设置；从提高工作技能到激发员工积极性；从员工的培养到合理开发利用，科博达始终着眼于将员工成长与企业发展相结合，以获取最大的效益。

（4）经验丰富的专业技术队伍。科博达自主研发的产品，先后得到德国大众、奥迪、法国雪铁龙、美国福特、克莱斯勒、康明斯、日本三菱汽车等跨国公司的认可，并通过十多年的积极探索，建立有效的产品质量保证体系，始终贯彻全过程品质控制的理念。而在这样的环境下,企业极力培养新技术人才,开拓创新思维,既满足公司的现实发展需要,又为后续发展储备了人力资源。

(5)采用激励的方式,满足员工多层次、多元化需求,最大限度地激发员工的工作积极性和创造性。人力资源的最鲜明特征在于,它依附于员工而存在,与员工个人须臾不可分离,由个人积极主动才能实现。因此,人力资源管理实现"以人为本",有效激发员工的积极性,最大限度地发挥员工的主观能动性和创造性,已经成为科博达考虑的关键因素。公司通过各种激励方式,使员工得到幸福感,从而充分发挥了其自主能动性。

(6)较为完善的薪酬福利体系。报酬从两个方面影响员工的忠诚度:一是员工报酬的多少,二是员工关于他们所得的报酬与别人相比是否公平的感觉。有研究表明,后者对员工满意度的影响比前者要大得多。科博达意识到薪酬的设计事关对人才吸引力,于是将薪酬体系构建与企业发展战略有机结合起来,将员工的努力和行为集中到帮助企业在市场中竞争和生存的方向上去,使员工和企业确立共同的价值观和行为准则。科博达认真对待福利待遇,除了每月的工资,还让员工享受到医疗保健、失业保险、带薪休假、意外补偿金、离退休公积金等待遇,为公司实现人力资源稳定发挥了不可忽视的作用。

2. SWOT 分析——劣势

(1)缺乏人力资源管理的战略,管理机制薄弱,且没有合理制定支配整体战略的分战略。人力资源管理的最大特点之一就是战略引导、战略驱动、战略约束,即通过长远正确的谋划贯穿整个人力资源管理之中,体现在管理的每一个环节上。只有这样,才可能保持人力资源管理的连续性、持久性。科博达对人力资源管理的战略制定及推行缺乏深刻认识,大大降低了人力资源管理的实效,加大了人力资源管理的风险,削弱了人力资源管理的核心竞争力。

(2)缺乏人力资源管理的企业特色。人力资源管理的不竭动力源自独具特色的企业文化,而其中核心的价值及其价值体系则需要长时间的磨合。企业通过各种形式、渠道,借助多种手段教育、灌输,使企业文化慢慢地融入员工的思想,最终形成对员工行为起到支配作用的观念。这一切需要时间,需要坚持,还需要创新和超越。而科博达建立的时间并不长,文化根基并不是特别牢固,极大地影响了人力资源管理功能的发挥。

(3)缺乏人力资源管理的自我约束机制。人力资源管理的自我约束机制是确保人力资源管理高效运行的基础。良好的人力资源管理约束机制不仅是企业形成合力的基本条件,也是员工自律的保证。但公司体制改革滞后,挤压了企业人力资源管理的实际空间。

(4)基层员工素质有待提高,人才发展滞后。自动化程度的提高,以及提高劳动生产率的追求,对于基层员工的素质提出了更高的要求。目前公司基层员工还是以外来务工的农民工为主,需要逐步培训和优化。

(5)应使组织的发展与公司业务的发展相适应。随着时间的推移,科博达业务越做越大,而组织的体系停滞将影响业务前进的步伐。

(6)科博达未来要面临更加全球化的社会环境,如何在当今激荡紧张的全球化环境下更好地留住人才,制定更加符合全球化进程的人力资源体系,将成为影响公司发展的重要因素。

四、人力资源职能战略及关键指标体系

(一)人力资源职能战略

首先是提升员工能力。根据战略实施的要求,定义出员工必须具备的核心能力,通过对现有人力资源结构和能力现状分析,结合员工职业生涯规划,公司制定出员工培养计划,包括课堂学习、OJT(在岗培训)、经验交流、轮岗制度等方式。公司将借助集团的公共平台,整合集团内的人力资源,分步实施员工内部培养计划,同时着重引进能弥补公司能力短板的人才。

其次是加强员工对公司的核心价值观和企业文化的认可。加强文化建设,形成文化管理的氛围;围绕公司核心价值观,完善公司制度建设;将公司的核心价值和企业文化整合到人力资源管理的各个环节,从人事政策、管理理念、工作思路上进行统一,增强集团的凝聚力,保证集团成员努力方向的一致性,提升集团的整体竞争力。

最后是优化员工治理方式。员工有了能力和意愿后,还需要公司来搭建平台,提供员工充分施展才能的机会。设计支持公司战略的组织架构,充分整合资源,建立管理平台的流程系统;对中高层管理人员提出更高的要求,提升他们的领导力;实施薪酬体系与岗位和业绩挂钩,薪资福利整体保持在市场中上游水平。

(二)人力资源职能关键指标体系

人力资源职能关键指标体系见表2—1。

表2—1 科博达人力资源职能关键指标体系

指　标	战略目标	计算公式
电子车间人力需求数	90.5人	各生产线所需人力累计数量
关键岗位人员比例	38%	关键岗位人员数/所有岗位人员数
管理岗位人员比例	8%	管理岗位人员数/所有岗位人员数
制造人员增加数	350人	2013—2016年制造人员增加数

续表

指　　标	战略目标	计算公式
商务和技术人员比例	20%	商务和技术人员总量/员工总数
装备中心人员增加数	40人	2014—2016年预计净增30～40人
销售人员平均增长率	14%	2013—2016年销售人员逐年增长数/年数
支持系统人员比例	7.5%	财务、人事、行政、投资、IT、物业等人员/全员
本科以上学历比例	4%	本科以上学历人数/所有在职人员数
人才内部培养率	70%	中高级专业技术人才和中高层管理干部内部培养人数/晋升人数
培训天数	3.6天	固定时限内培训总天数/在岗人数
员工满意度	4.5分	固定时限内的员工满意度（满分5分）
职工健康体检率	100%	实际体检人员/计划应检人数

五、人力资源战略实施

（一）加强公司总部商务和技术平台（包括实验室）的能力建设，资源整合和共享；加强各支持系统的能力，服务于各业务板块，着重从外部引进能弥补公司能力短板的人才

1. 策略建议

建立健全内部监督考核制度，鼓励内部员工积极参与行业内的专业组织与活动，进行内部公开招聘；拓宽和优化人才招聘渠道，分析、识别适用于不同人才的高效招聘渠道，与专业猎头公司、招聘网站、高等院校的就业指导中心、专业人才服务机构建立良好的合作关系，选拔招聘优秀的储备人才。

健全面试和测评体系，依据公司发展战略和发展要求，制定针对中高层管理者和高级技术人员的招聘策略，加快高级人才的引进。

2. 策略目标

提升商务和技术人员的数量，目标占全员20%（约400人），逐步降低支持系统（财务、人事、行政、投资、IT、物业等）人员占全员的比例，目标为7.5%，管理团队人员配置数到达总人数的7%左右（约140人）。

3. 行动计划

（1）每年定期开展校园招聘。引进应届大学毕业生作为公司储备人才，并为其制定1～2年的培养计划，并明确其发展的方向。如条件许可，应届大学毕业生需要先到制造系统学习和锻炼。

（2）尝试与多家院校（大学、中专技校等）开展校企合作，以满足制造系统操作人员

和技术人员的需求。

（3）总部可以与部分顶尖高等院校建立联合实验室，通过项目合作、产品开发等方式发掘和吸引优秀研发人员，并扩大公司在高校的影响力。

（4）公司内部培养的员工3～5年晋升至主管级；优秀者5～8年晋升至专业技术中级或管理中层；10～15年晋升至高级专家或管理高层。

（5）建立内部轮岗、选拔和晋升规范，优先考虑从内部招聘到中高端岗位的人才。

（二）完成嘉兴制造基地的建设任务，形成上海、嘉兴、温州三地工厂的制造运营系统，建立健全人才储备系统

1. 策略建议

一方面通过实现人（素质）、职（职责）、事（目标）三者之间的动态匹配，提升运营效率，降低人工成本；另一方面，完善中层干部的继任制度，建立公司的后备人才库，通过考核选拔和充实后备人员队伍，并制定相应的后备人才培养措施。

2. 策略目标

盘活内部人力资源，在中高级岗位制定后备人员配置计划目标上，一个岗位配置2～3名后备人员。

3. 行动计划

（1）采用科学的方法，从企业生产技术组织条件出发，根据公司组织发展变化，每年制定公司人员配置计划（即定岗定编）。

（2）加强沟通平台的建立和建设。各岗位的定编标准、定编指标、关键调整指标，都应该是人力资源部与业务部门沟通的结果。做好业务支持与企业监控这两方面的工作。

（3）建立动态维护与更新的数据库。一方面加强内部数据的积累；另一方面，关注外部市场，定期收集行业标杆公司的相关数据并进行分析。

（4）着重关注人员质量而非人员数量，提高工作效率；建立干部轮岗机制，培育全方位、多元化的复合型人才。

（5）完善中层干部的继任制度，通过考核选拔和充实后备人员队伍，制定相应的后备人才培养措施。建立公司的管理干部后备人才库。

（三）加强人才培养，构建核心能力

1. 策略建议

为员工提供定向培训，建立对公司业务范围的认识；实施岗位技能升级和国际化知识、技能的培训，培养内部人才，提升全体员工素质。

建立健全培训需求和规划开发战略评估体系。针对各级管理者、专业技术等稀缺人才，采取差异化的培养方式。

2. 策略目标

商务和技术人员在专业技术能力高、中、初级比例上趋近1∶3∶6;争取中高级专业技术人才和中高层管理干部内部培养率占晋升人数的70%,到2016年人均培训不少于25小时/年。

3. 行动计划

(1)强化干部的人才培养意识,并通过各种培训,提升各级管理者技能。强化管理者人才培养的意识,建立人才培养责任制,把人才培养纳入各级管理者的考核指标。

(2)将公司培训的整合阶段战略向聚焦阶段战略发展。公司应当注重员工职业发展,这样亦使学习成为一个完整连续的过程。专家的培训内容涵盖知识、技能、价值各个领域。培训应形成人人学习的浓厚氛围,让员工自发学习。

(3)实施岗位技能升级培训,提高员工专业技能。①增加对员工的外语培训,尤其强化基层员工"一专多能",提升基层员工业务素质。②提升班组长管理能力,开展班组长培训,重点培养其工作教导、生产管理和处理复杂问题的技能。

(4)扩展培训范围,为员工提供量身定制的课程。鼓励员工自行选择培训课程,公司更加重视评估培训与发展活动的效果。公司应允许失败,并将失败视为学习过程的一部分。

(四)完善多元化、灵活的薪酬激励制度

1. 策略建议

充分了解国家及地区的薪酬福利政策,把握薪酬福利政策发展方向。科学合理制订薪酬体系,将其与岗位和业绩挂钩,逐步提高业绩激励部分的比例,实现人均薪酬增加和综合成本降低的平衡。

2. 策略目标

薪资福利整体保持在市场的中上游水平。另外,通过2~3年的调整,逐步提高浮动奖励收入,使其占总体收入的40%~60%。(岗位级别越高,浮动占比越大。)

3. 行动计划

(1)建立以业绩、技能为导向的薪酬激励制度。公司应当给予业绩优秀、技能优秀的员工更多的报酬,从而提高员工的积极性。

(2)建立员工业绩评价制度,并将其运用于持续改进、职业发展、奖励等方面。

(3)集团总体薪酬成本控制在10%的销售额以内。每年薪酬水平及薪酬结构根据国家政策和物价水平等宏观因素的变化、行业及地区竞争状况、集团公司发展战略变化以及公司整体效益情况而调整,调整幅度由董事会根据经营状况决定。员工个人薪酬依照岗位变动、工作业绩、能力等因素进行调整。

(4)制定具有上升和下降的动态管理制度,对相同职级的薪酬实行区域管理,充分调动员工的积极性。另外,根据不同业务板块的特点,设计相适应的薪资福利架构。

案例使用说明:

一、教学目的与用途

1. 本案例主要适用于人力资源管理等课程。

2. 本案例是一篇描述浙江科博达工业有限公司人力资源规划的教学案例,其教学目的在于使学生对企业战略、人力资源环境分析等人力资源规划问题具有感性的认识及深入的思考,掌握制定人力资源职能战略及关键指标体系、实施人力资源战略的策略。

二、启发思考题

1. 科博达的人力资源规划战略为什么要考虑公司总体战略、目标?
2. 科博达的内外部环境对其人力资源规划有何影响?
3. 人力资源规划的制定过程和步骤有哪些?

三、分析思路

教师可以根据自己的教学目标(目的)灵活使用本案例。

四、理论依据及分析

1. 人力资源规划目标。
2. 人力资源规划任务。
3. 人力资源规划内容。
4. 人力资源规划步骤。
5. 人力资源规划战略计划。
6. 人力资源规划战术计划。
7. 人力资源规划程序。

五、关键要点

1. 人力资源规划包括五个方面:(1)战略规划:是根据企业总体发展战略的目标,对企业人力资源开发和利用的方针、政策和策略的规定,是各种人力资源具体计划的核心,是事关全局的关键性计划;(2)组织规划:是对企业整体框架的设计,主要包括组织信息的采集、处理和应用,组织结构图的绘制,组织调查、诊断和评价,组织设计与调整,以及组织机构的设置等;(3)制度规划:是人力资源总规划目标实现的重要保证,包括人力资源管理制度体系建设的程序、制度化管理等内容;(4)人员规划:是对企业人员总量、构成、流动的整体规划,包括人力资源现状分析、企业定员、人员需求和供给预测和人员供需平衡等;(5)费用规划:是对企业人工成本、人力资源管理费用的整体规划,包括人力资源费用的预算、核算、结算,以及人力资源费用控制。

2. 人力资源规划包括两个层次,即总体规划及各项业务计划。人力资源的总体计划是有关计划期内人力资源开发利用的总目标、总政策、实施步骤及总的预算安排。各项业务计划包括:配备计划、退休解聘计划、补充计划、使用计划、培训开发计划、职业计划、绩效与薪酬福利计划、劳动关系计划。

六、建议课堂计划

本案例可以作为专门的案例讨论课来进行。如下是按照时间进度提供的课堂计划建议,仅供参考。

整个案例课的课堂时间控制在 80～90 分钟。

课前计划:提出启发思考题,请学员在课前完成阅读和初步思考。

课中计划:简要的课堂前言,明确主题(2～5 分钟)

    分组讨论 (30 分钟,告知发言要求)

    小组发言 (每组 5 分钟,控制在 30 分钟)

    引导全班进一步讨论,并归纳总结(15～20 分钟)

课后计划:如有必要,请学员采用报告形式给出更加具体的解决方案,包括具体的职责分工,为后续章节内容做好铺垫。

走近HR视频

| HR的进阶路径 | 测试题 | 测试题答案 | 案例面对面 |

第3章　慕容集团（原蒙努集团）第一次工作分析

概念导读

工作分析也叫"职位分析"，是收集与分析组织中某个特定职务的设置目的、任务或职责、权力和隶属关系、工作条件和环境、任职资格等相关信息，并对该职务的工作做出明确的规定，且确定完成该工作所需的行为、条件、人员的过程。

音频

工作分析的概念

导入案例

摘　要：本案例以慕容集团有限公司（原蒙努集团，下称慕容集团）为研究背景。该公司在转型转制背景下，内部开展了一系列的管理变革。为了规范岗位的设置以及制定更为科学的绩效薪酬制度，慕容集团自行组织并开始了第一次工作分析的大胆尝试。通过这次工作分析，慕容集团在薪酬制度的设计上有了更为科学的依据，同时也在组织内部刮起了一阵科学管理之风。慕容集团的第一次工作分析活动，在工作分析的方法、程序以及运用方面带给了我们足够多的思考。

关键词：工作分析　绩效薪酬

> 1. 本案例由嘉兴学院的龚尚猛、案例企业副总裁徐寿春共同撰写，未经允许，本案例的所有部分都不能以任何方式与手段擅自复制或传播。
> 2. 由于企业保密的要求，在本案例中对有关名称、数据等做了必要的掩饰性处理。
> 3. 本案例只供课堂讨论之用，并无意暗示或说明某种管理行为是否有效。
> 4. 本案例资料由案例企业提供。

一、企业概况

慕容集团有限公司拥有中国名牌、驰名商标——蒙努皮装。其地处"中国皮衣之都""观潮胜地"——浙江海宁。公司由董事长岳姚祥先生于1993年7月创建，目前已成为国内集设计、生产、营销于一体的精品皮草、家居生产的知名企业。该集团拥有专业的生产流水线、一流的设计团队,曾荣获"中国民营企业综合竞争力 50 强"(中国社会科学院 2005 年)、"中国民营企业 500 强"(中华全国工商业联合会 2003—2009 年)、"国家火炬计划重点高新技术企业"(科学技术部 2005 年)、"浙江省工业行业龙头骨干企业"(浙江省人民政府 2009 年)、"浙江省五一劳动奖状"(浙江省总工会 2016 年)等荣誉称号。该集团拥有浙江省首批命名的省级技术中心。慕容集团旗下的"蒙努"商标在 2009 年被国家工商总局认定为"中国驰名商标",被商务部授予"中国最具市场竞争力品牌"等称号。"蒙努"牌精品皮衣被质检总局连续两届授予"中国名牌产品"和"国家免检产品"称号,自 1996 年以来,连续十次被中国皮革协会评为"中国十大真皮衣王"。"创造精品,成就非凡"是慕容集团不懈的追求。2001 年 6 月,海宁蒙努集团有限公司由海宁蒙努制衣有限公司联合海宁蒙努皮革制品有限公司、海宁蒙努家私有限公司、浙江阿波罗皮革制品有限公司、海宁蒙努皮业有限公司、海宁格林家具有限公司、海宁蒙迪亚家私有限公司等组建而成。2014 年 2 月,集团经国家工商总局核准,整体更名为无区域性的全国大型企业——慕容集团有限公司。

二、工作分析的尝试

公司从 2012 年 9 月开始做工作分析,起因是新任董事长兼总裁邹格兵先生规范化管理的要求。其首要任务在于梳理现有各个工作岗位的职责、分工。在初次尝试中,公司把采取的工作流程分为两个阶段:第一阶段是以生产加工的各个厂为单位,调查与梳理岗位信息;第二阶段则主要针对企业的行政职能部门进行工作分析,两个阶段先后依次开展,其目的在于体现"生产为主、职能为辅"的经营理念。

在第一阶段的工作分析活动中,由于缺乏相关专业的人手,公司于 2012 年 9 月从高校招聘 4 名人力资源管理专业的毕业生,在人力资源部经理的带领下,初次采集和整理相关工作信息。慕容集团认为工作分析能够成为应届毕业生了解工作、深入企业的一个切入点,同时,具备专业人力资源管理知识的毕业生也能在很大程度上帮助这次尝试性工作取得成功。

有关车间一级工作岗位的梳理工作就这样在 4 个应届毕业生的准备下轰轰烈烈地开展起来。在工作信息的收集和处理方面,白天 4 人分成 2 组,分别进入车间进行实际工作的观察和访谈,晚间 4 人再集中整理和统计信息。他们每周向领导汇报一次,并探讨相关问题。经过 3 个多月的辛苦调查和数据整理,基本上完成了对车间一级的工作分析调查和数据整理工作,效果和效率都较好。

在工作分析的流程上,人力资源部安排人力资源工作分析的专业人员进厂实地观察、访谈,结合 4 个信息调查专员收集的岗位信息,统一汇总、统计岗位信息后,再上报各厂负责人,在各厂负责人确认、审核岗位信息后,再提交给人力资源部,由人力资源部组织相关人员再次审核和修订信息,最后形成标准格式的规范性工作说明书。

第二阶段由于是以公司的职能部门为工作分析对象,因此该项工作由人力资源部的工作人员在经理的带领下分部门具体调研,由公司总裁按计划时间组织部门负责人集中分析、讨论,在此基础上,确定各职能部门以及各部门具体工作岗位的职责和各项任职资格条件。

在具体过程中,公司主要采用的工作分析方法是定性分析,具体包括关键事件法、访谈法、观察法、问卷法、工作日志法、工作实践法、文献资料分析法。由于相关专业技术和人才不足,定量方法较少采用。

整个工作分析活动在慕容集团的人力资源部的组织领导下进行。集团在成立之初仅设置行政办公室,在高速发展初期,行政办公室共有12人专职从事8 000多名员工的考勤和工资核算工作,后来公司的发展从最初的粗放型扩张转为品牌化经营,行政办公室也改为综合办公室,员工也从最初的8 000多人缩减到3 000多人。发展至今,集团正式成立了人力资源部(由综合办公室演化过来),共有11人,5人专职从事招聘、培训、绩效考核、社保、劳动关系管理、档案管理等方面的工作,另外6人做考核和薪酬。这次工作分析的第一次尝试,也是成立人力资源部以来,企业的人力资源管理工作走向专业化、科学化的第一步!

三、工作分析结果的运用

对于该企业而言,工作分析的目的是实现企业岗位管理的规范化,在实践中的运用表现为通过岗位的规范化,科学有效地实施员工工资管理。具体而言,就是通过具体的岗位规范,明确工作的数量和质量标准,从而为工资的计算提供依据。对于操作性员工来讲,由于其工资实行的是基本工资加计件提成的模式,因而工作量的统计和审核成为人力资源薪酬专员的核心工作,工作分析在实践中对该企业的薪酬管理起了重要的作用。与此相联系的是公司的绩效考核,在明确岗位职责、任务要求之后,完成公司绩效考核指标的设计、标准的制定,使得公司的绩效考核变得更具科学性。通过这次工作分析,慕容集团很快重新设计了薪酬结构体系,对薪资等级进行了新的划分;但不足的是,在人力资源规划、员工招聘、人员培训、员工职业生涯规划等人力资源其他职能方面,工作分析的作用未能得到有效、充分发挥。由于在工作分析过程中出现了一些瑕疵,造成了一些人的不满,也使得这次通过工作分析来实现岗位职责重新划分和设计的目的未能有效实现。

四、尾声

经过这次工作分析的自主尝试,推行该项工程的人力资源部经理感到身心俱疲。一方面,该项工作系统梳理了公司内部岗位,使得部分岗位的职责更为清晰,从而有利于更科学地制定出相关绩效考核和薪资标准;另一方面,这次活动从始至终都充斥着一些员工的抵制、质疑和不配合的音符,而且也远远未能达到最初设定的目标。

案例使用说明:

一、教学目的与用途

1. 本案例主要适用于管理学、组织行为学和人力资源管理等课程。
2. 本案例是一篇描述慕容集团工作分析的教学案例,其教学目的在于使学生对企业如何开展工作分析以及工作分析对于企业管理的价值具有感性的认识及深入的思考,并能指导其人力资源管理的实践工作。

二、启发思考题

1. 你如何看待慕容集团的第一次工作分析?
2. 除了案例中提到的工作分析信息收集的方法外,你还能想到哪些有效的方法?
3. 对于慕容集团工作分析的流程设计,你有何看法?
4. 如果由你组织和领导这次工作分析活动,你将如何开展工作?

三、分析思路

教师可以根据自己的教学目标(目的)灵活使用本案例。这里提出本案例的分析思路,仅供参考。

根据本案例透露的信息,慕容集团的这次工作分析是一种尝试,在人员的选用和安排、具体方法的使用上以及最终工作分析结果的运用方面均有尝试的痕迹,因而在效果和目的上显得不尽如人意也就不足为奇了。

在企业实现管理科学化和规范化的过程中,工作分析是一种重要且有效的工具和手段。工作分析是一项系统工程,从最初工作目的的设定,工作信息收集方法的选择和使用,工作分析信息的处理和统计,到工作分析结果的运用,都需要专业的设计和精心的安排,如此才能发挥这种基础性工作的巨大作用和价值。

四、理论依据及分析

1. 工作分析的内涵。
2. 工作分析的流程。
3. 工作分析的方法。

五、关键要点

1. 工作分析是一个专业化的管理工具。
2. 只有通过制度的精心设计,工作分析的价值才能凸显。

六、建议课堂计划

本案例可以作为专门的案例讨论课来进行。如下是按照时间进度提供的课堂计划建议,仅供参考。

整个案例课的课堂时间控制在80～90分钟。

课前计划:提出启发思考题,请学员在课前完成阅读和初步思考。

课中计划:简要的课堂前言,明确主题(2～5分钟)

    分组讨论　　(30分钟,告知发言要求)

    小组发言　　(每组5分钟,控制在30分钟)

    引导全班进一步讨论,并归纳总结(15～20分钟)

课后计划:如有必要,请学员采用报告形式给出更加具体的解决方案,包括具体的职责分工,为后续章节内容做好铺垫。

测试题　　　　测试题答案　　　　案例面对面

第 4 章　雅莹集团的校园招聘

概念导读

校园招聘是一种特殊的外部招聘途径,是指招聘组织(企业等)直接从学校招聘各类各层次应届毕业生,也指招聘组织(企业等)通过各种方式招聘各类各层次应届毕业生。

音频

校园招聘的概念

导入案例

摘　要:本案例以雅莹集团为背景,详细介绍了该集团的校园招聘,具体包括该企业校园招聘概括、校园招聘人才的培养与发展等。此外,案例选取部分有代表性人才的职场实录以反映该公司校园招聘的成效,在介绍的基础上引发学生对该企业校园招聘的思考,并启发学生全面认识和评价校园招聘这种重要的外部招聘方式。

关键词:招聘　外部招聘　校园招聘

1. 本案例由嘉兴学院的郭如平撰写,未经允许,本案例的所有部分都不能以任何方式与手段擅自复制或传播。
2. 由于企业保密的要求,在本案例中对有关名称、数据等做了必要的掩饰性处理。
3. 本案例只供课堂讨论之用,并无意暗示或说明某种管理行为是否有效。
4. 本案例资料由案例企业提供。

一、企业概况

浙江雅莹集团有限公司(下称雅莹)位于浙江嘉兴,成立于 1988 年,30 多年来经历两代人的创业,秉承对美丽事业的专注和宏伟的愿景,致力于引领时尚、优雅的生活方式,传递"平衡·爱·幸福"的价值理念,缔造代表中国最美的高端时尚品牌集团,引领并推进中国时尚产业发展,为中国消费者带来高品质、时尚的生活方式。集团旗下拥有包括 EP 雅莹、GRACE LAND 雅斓名店等知名品牌。集团主要经营业务包括自主高端品牌运营、国际精品品牌代理、时尚产业供应链建设等。EP雅莹作为中国都市女性亲民奢侈的时尚品牌，结合国际流行趋势及中国化时尚元素，为都市女性提供时尚、优雅、高品质的全系列时装，满足她们在多面生活空间展现自我的需求。2014年2月27日，2015年意大利米兰世博会中国馆新闻发布会在北京召开，EP雅莹成为"2015年意大利米兰世博会中国馆的全球合作伙伴"。

自2009年开始，雅莹集团就启动了以招聘和培养优秀应届毕业生为目标的人才储备计划，并将其取名为"英才计划"。自此以后，公司每年都会走访全国各高校，招募优秀大学生加入雅莹的大家庭。在"英才计划"成员中，有相当一部分已逐渐开始担任公司重要的专业或管理岗位，成为雅莹大家庭中不可或缺的一分子，因此，"英才计划"已成为雅莹集团储备与发展人才的首选途径。2015年，为了进一步提高人才储备的深度，公司在原来"英才计划"的基础上，将其分为专业、营销管理2个方向，目的是丰富人才储备梯队，且使公司未来人才从数量到质量上更加合理与科学。

二、雅莹的校园招聘概况

（一）校园招聘计划

雅莹的校园招聘计划（即英才计划）主要分为两类：

第一类：专业方向培训生

针对应届毕业生中有专业潜质的人才开展的培养计划，具体包括设计、制版、陈列、面料开发、工艺技术、平面设计。

第二类：营销管理方向培训生

针对应届毕业生中有营销管理潜质的人才开展的培养计划，具体包括零售管理、货品、CRM、商品、HR、创意文案、电子商务、生产管理等。

总的来说，雅莹的"英才计划"主要招募的是本科及以上学历的应届生，同时，只要应聘者能力达到要求，没有任何专业限制。在甄选过程中，雅莹看重的是应聘者对服装零售行业的热情，自我激励能力、追求发展的意愿以及学习能力、创新能力、团队合作能力、抗压能力等。

针对这两类人群，雅莹现有的英才计划在原有的基础上从内涵、招聘范围、甄选流程、培养计划、储备方式等方面做了一系列的调整与提升，主要内容如下：

1. 理念传达，全方位诠释雅莹对职场新人的包容与帮助

雅莹发现，90后大军已经涌入职场，他们有朝气、有活力、有激情、有想法，还有许多自己贴上的标签：宅、游戏控、吃货……看似漫不经心，然而深究下去，其实他们也是一群可爱的人。他们会因为喜欢而坚定不移地去追寻，也会因为挫败而沉思。也许他们没有真正做好迎接职场挑战的准备，也许他们会碰到意想不到的挫折，也许他们会

容易迷失最初的梦想,雅莹集团愿意用她的优雅从容去包容理解这一代人。2015年校园招聘便是如此,公司想通过线上线下各个渠道传递对90后的理解与包容,全力助推职场新人的蜕变与成长。

2. 互联思维,用90后感兴趣的方式做传播

校园招聘是一场没有硝烟的战争,每年无数企业在此拼杀争战,只为找到心中那个最优的"他"！然而,如果仍旧墨守成规,贴张海报,拉个横幅,或请个高层高谈阔论,是不可能赢得90后职场新人的青睐的。雅莹校园招聘拒绝死板方式,用俏皮、直接、大胆的文字与图片冲击目标群体的眼球,用积极风趣的互动与之交汇相融。公司相信互联网思维即平等亲近,只要把握了其中的奥妙,优秀的"他"就会为之动容。

3. 精准提炼,客观匹配优秀英才能力素质与甄选环节

最优便是最适合的,这种理论早被历史淘汰。在校园招聘启动之初,公司人力资源管理者就开始思考什么样的人才是雅莹想要的,什么样的人才能一直为公司所用。细细分析,认真总结,他们发现乐观坚韧的性格、对自己理性的评估与了解、能融入团队并被团队认可、渴望成功、有强烈的改变欲望、善于学习、勤于学习等,是雅莹人的特征。根据这些特质,他们在校园招聘甄选环节中增加了团队任务、在线测评、深入面谈等方式,希望通过这一系列的调整,找到真正适合公司,并能快速融入公司茁壮成长的好苗子。

4. 试岗选择,在彼此熟悉中互相青睐、互相选择

选择,从来不是一厢情愿。雅莹打破合适便发录用通知(offer)的常规,引入试岗体验环节,不仅能让有意向加入的学生了解公司的真实氛围、环境、人文等信息,也能让公司更深入了解意向学生。只有彼此深入接触,才能更好地融合与交互。他们相信,通过这一环节的设置,双方的选择均会更理性,也更长久。

5. 周期考核,燃起英才初入职场的激情与斗志

招聘的目的不是把人吸引进公司就大功告成。所以,吸引优秀的大学生到公司只是校园招聘的第一步,更关键的是后期培养。正是基于这样的理念,新一届英才的培养模式应运而生。公司拒绝担当保姆,而是乐于给予空间,给予时间,告诉英才每一阶段的目标和任务,传授英才相应的知识与技能,通过周期性的考核与实操,英才尽情发挥自己的主观能动性,在经历中成长,在实践中检验自己的梦想。

三、校园招聘人才的培养与发展

1. 培训项目

雅莹十分重视员工的培训与发展。目前,公司针对"英才计划"已经建立了一套完善的培训体系。英才除了需要接受统一的入职培训课程、导师带练,公司还会定期举

行英才述职与沟通。公司还给英才计划成员提供轮岗机会,成员在基层便能学习到货品、陈列、客户关系管理、零售管理等知识,同时,他们会更多地参与并支持公司的各项重大活动。此外,他们会有更多的机会参与不同城市、不同部门的工作和交流。

2. 发展路径及晋升

公司根据英才特点,将英才培养分为实习期、统一培养期、差异培养期。学生与公司彼此适应,增进了解、扎根基层、夯实基础、精准培养、快速成长。公司针对英才设计了专门的发展路径,英才通常会被赋予更多的职责,只要通过周期性的技能认证测评,就能获得快速晋升的机会。

四、英才故事

成员:王悦

现任职务:设计部设计师

毕业学校:北京服装学院

很庆幸赶上雅莹第一次在北京服装学院的校园招聘,也很荣幸作为 2011 届英才进入雅莹。在我选择第一份职业的时候,内心也很纠结,手里的录用通知也涉及不同的行业,但最后我还是坚定地选择了时装公司作为我的职业起点。雅莹在"中国女装行业年销售额位居前三名,有着良好的发展势头",这也是当初我偏爱雅莹的一个缘由。

这里,从规范的面试安排到系统的入职培训;从优雅的办公环境到具有时尚气息的茶休小站;从未来五年的战略规划蓝图到个人职业发展通道,这一切都让我为之动容。现在的雅莹不仅是时尚的创造者,更是传递时尚的使者。卓越的管理理念、优秀的领导团队、幸福快乐的工作氛围,这一切都是一个新人期望的,因此,我很庆幸做出了明智的选择。

然而,在设计部的工作是累并快乐着的,我的工作就这样从配一颗钮扣开始了。一件衣服,因为一颗平凡的扣子变得美丽耀眼,一个细节的点睛之笔,巧妙地提升了作品的整体品位,工作虽小却不平凡。

生活也是如此,注重细节,让我做一个有影响力的人;注重细节,让生活和工作变得更加精彩。

案例使用说明：

一、教学目的与用途

1. 本案例主要适用于人力资源管理基础、招聘与甄选等课程。
2. 本案例是一篇描述雅莹集团公司校园招聘的教学案例，其教学目的是通过案例展示，让学生能对企业人员招聘的渠道尤其是校园招聘渠道有比较直观的了解和认识，在此基础上客观评价该集团校园招聘的特点，并对校园招聘这种重要的招聘的优缺点进行深入的思考和分析，并提出一定的对策建议。

二、启发思考

1. 你认为雅莹的校园招聘有什么特点。
2. 从雅莹的校园招聘的全过程看，你认为有没有值得商榷的地方。
3. 你认为校园招聘与其他招聘渠道相比有什么优势，可能存在哪些局限。

三、分析思路

教师可以结合对应章节的教学目标来使用本案例，这里提出的案例分析思路仅供参考。

从雅莹的校园招聘全过程来看，该公司的校园招聘计划性强，流程规范，区域覆盖面广。公司不仅注重校园招聘的流程，也很重视招聘成果的巩固。从案例材料中可看到，公司在校园招聘人才的培养和发展方面做了大量的工作，也取得了一定的效果。当然，我们认为该公司虽然校园招聘程序比较规范，但是周期比较长，这可能会导致优秀的应聘者因为等待时间过长而转投别的公司。

相比其他招聘渠道，校园招聘有不少的优势，主要表现为：(1)有利于企业的宣传。公司选择校园招聘，无疑可以通过这个媒介扩大企业的影响力，也可以使更多的人积极了解该企业，提高企业的影响力和知名度。(2)成本较低。很多学校为了提升毕业生就业率，特别欢迎企业来校园招聘，所以往往会提供很多便利，在一定程度上减少了招聘成本。(3)选择面比较广。校园招聘可以让企业在第一时间内找到和岗位要求的专业知识相匹配的群体。(4)所选人才可塑性比较强。新毕业的学生更像是一张白纸，有利于企业去培养，更好地与企业融合，也易于对其进行打造培养。(5)校园招聘有利于为企业未来发展储备人才。

相比其他渠道，校园招聘也存在一些劣势，主要表现为：(1)不能满足企业对人才的迫切需求。校园招聘的应届毕业生可能有较强的专业知识,但是经验不足、职场工作能力较差,不能很好地解决工作中的问题,因此,当岗位出现空缺、急需招人时,校园招聘并不是最佳选择。(2)新员工跳槽率可能会比较高。有些应届毕业生可能会选一个企业作为跳板,流失率较高,在流失后企业还要去招聘人才,变相增加了招聘成本。(3)培训成本比较高。应届毕业生进入企业往往需要培训,企业在人力、物力、财力和时间上需要付出很多。

四、理论依据及分析

招聘是指企业为了生存和发展,根据市场需求和人力资源规划、具体用人部门的职位要求,采用一定的方法和媒介,向目标受众发布招聘信息,吸纳或寻找具备任职资格和条件的求职者,并按照一定标准,采取科学的方法,筛选出合适的人员并予以聘用的工作过程。企业招聘的渠道主要有两类:一是内部渠道,即内部招聘,是指从内部人员中选拔、调整;二是外部渠道,即外部招聘,是指从企业外部引进。无论是内部招聘还是外部招聘,都有多种具体的表现形式。而校园招聘就是外部招聘中一种重要的形式。校园招聘有狭义与广义之分,狭义的校园招聘是指招聘组织(企业等)直接从学校招聘各类各层次应届毕业生。广义的校园招聘是指招聘组织(企业等)通过各种方式招聘各类各层次应届毕业生。校园招聘包括企业在高校、中等专业学校举办的招聘活动,企业邀请学生实习并选拔留用,也会在学校设立奖学金并在享受者中选拔录用。

不同的招聘方式各有千秋,不能简单说哪一种方式更好。企业要从自身实际情况出发,系统分析相关人才政策、行业人才状况等外部环境以及企业的经营战略、现有人力资源状况等内部因素,综合考虑各种招聘方式的优缺点,从传播效果、目标受众、招聘成本等方面选择符合企业自身状况的,或在特定时期、特点条件下不同职位的招聘渠道和方法。

五、关键要点

1. 校园招聘是一种重要的外部招聘方式,它应该遵循一定的流程,也应该结合企业的需要灵活运用。

2. 相比其他招聘渠道而言,校园招聘有利也有弊。企业应该明确招聘的目的,慎重选择。

六、建议课堂计划

本案例可以作为专门的案例讨论课。如下是按照时间进度提供的课堂计划建议,仅供参考。

整个案例课的课堂时间控制在 80~90 分钟。

课前计划：提出启发思考题，请学员在课前完成阅读和初步思考。

课中计划：简要的课堂前言，明确主题(2~5 分钟)

    分组讨论　　（30 分钟,告知发言要求）

    小组发言　　（每组 5 分钟,控制在 30 分钟）

    引导全班进一步讨论,并归纳总结(15~20 分钟)

课后计划：如有必要,请学员采用报告形式给出更加具体的解决方案,包括具体的职责分工,为后续章节内容做好铺垫。

走近HR视频

人资经理讲座招聘　　测试题　　测试题答案　　案例面对面

第 5 章　天通公司的员工流动管理

概念导读

员工流动管理是指从社会资本的角度出发,对人力资源的注入、内部流动和流出进行计划、组织、协调和控制的过程。

导入案例

摘　要:本案例以天通公司为背景,详细描述了该公司员工招聘的整体情况以及存在的高员工流失率的问题。案例也介绍了该公司人力资源部为降低员工流失率而做的努力以及他们面临的困难。案例在介绍的基础上,引发学生对该企业招聘工作以及员工流失问题的思考,并启发学生寻求有效的解决办法。

关键词:员工流失　激励　心理契约

> 1. 本案例由嘉兴学院的郭如平撰写,未经允许,本案例的所有部分都不能以任何方式与手段擅自复制或传播。
> 2. 由于企业保密的要求,在本案例中对有关名称、数据等做了必要的掩饰性处理。
> 3. 本案例只供课堂讨论之用,并无意暗示或说明某种管理行为是否有效。
> 4. 本案例资料由案例企业提供。

一、企业概况

天通精电新科技有限公司(下称天通公司)是天通控股股份有限公司(国家重点高新技术企业、中国电子元件百强企业、国内首家自然人控股的上市公司,证券代码:600330)向上下游延伸发展相关产业而组建的以 EMS 为主的全资子公司。公司位于嘉兴,占地近 450 亩。公司拥有大量从德、美、日等国引进的 SMT、检测等世界先进设备,20 000 平方米的高标准无尘、防静电、空调恒温恒湿车间。公司近年来获得"浙江省绿色企业""国家安全生产标准化二级企业""嘉兴市精细化管理示范企业""科技进步企业""纳税贡献奖""先进基层党组织""工会工作先进集体""共青团工作先进集体""劳动关系和谐企业先进单位"等荣誉。目前公司的主要客户有丹佛斯(Danfoss)、大唐、中兴(ZET)、国防科大、上海贝尔等国内外通讯、电子、工业控制、军工等知名企业。公司愿景:成为世界级的专业电子产品制造服务者。

公司人力资源基本状况见表5—1。

表5—1　　　　　　　　天通公司人力资源状况

人员类别	学历分布						合计
	硕士	本科	大专	高中	中专	初中	
高管	1	11	9		2		23
职员		22	90	11	27	5	155
辅助			5	24	48	61	75	213
员工			13	56	57	247	373
合计	1	38	136	115	147	327	764

从表5—1中可看出,公司高管、职员的学历普遍高于辅助和直接员工。公司内部在进行人员培养时,会优先考虑学历较高的人员,原因是此类人员学习能力较强,比较有上进心。从户籍来源看,公司绝大多数员工来自外省,占比近90%,此部分员工大多数为一线员工,能吃苦。嘉兴本地人员主要都在支持部门上班(财务、HR、行政、管理信息、采购等);省内市外的人员主要是在嘉兴上学的实习生,实习结束留公司工作。

公司员工招聘方式见表5—2。

表5—2　　　　　　　　天通公司员工招聘方式及比较

招聘方式	招聘对象	招聘效果
1. 人力市场	生产线员工、辅助人员	优点:可以直接组织面试,报到及时;成本低,摊位费100元/次,可以招到5~10人
		缺点:稳定性不强,在市场上选择余地大,挑肥拣瘦,往往都稳定不下来
2. 网络招聘、猎头 (前程无忧、58同城、智联招聘、苏州圆才网、嘉兴人事人才网)	技术人员、工程师、高管	优点:随时随地上网都能搜索简历,可以筛选的简历非常多,选择余地大
		缺点:招聘成本相对来说比较高,每年合作的网站费用都比较高;需要让候选人来公司面试,有的人距离远,不愿意来;视频面试很方便,但是候选人对公司了解得不够全面,可能会造成流失

续表

招聘方式	招聘对象	招聘效果
3. 校企合作	储备干部	优点:成本低,学生可塑性强,有利于培养;长期合作,在一定程度上可以缓解用工压力
		缺点:稳定性不高,一般情况下,学生必须在生产线锻炼3个月,很多人会在此期间流失;学生心态比较急功近利,无法在生产线沉淀
4. 内部介绍(会在员工入职满2个月之后支付给推荐人介绍费)	产线员工、辅助人员	优点:相对稳定,成本低
		缺点:季节性强,一般集中于年前和年后;容易在生产线形成内部小团体,存在集体离职的风险
5. 劳务派遣(主要是和外地的劳务公司合作。本地劳务公司的人员来自人力市场,完全没有必要合作)	产线员工	优点:人员到位及时,及时补员;相对稳定,人数较多时劳务公司还会安排专人负责驻厂管理
		缺点:成本过高;小时工的工资高于内部员工,容易造成内部员工流失

为了控制人力成本,自招和内部介绍是公司人员的主要来源渠道。自招主要是跑人力市场、在公司门口拉招聘横幅等;内部介绍主要是鼓动员工介绍老乡和朋友来公司上班;劳务公司主要是在急需人的时候启用;实习生主要是看和学校的合作,学校可以安排人来实习。

二、存在的主要问题

(一)员工流失率高

根据统计,2014年员工离职率见表5—3。

表5—3   2014年员工流失率

月份	1月	2月	3月	4月	5月	6月	7月	8月	9月	10月	11月	12月
流失率	19.04%	10.46%	11.32%	7.46%	7.29%	8.44%	10.57%	14.06%	12.04%	7.54%	6.72%	9.28%

统计显示,2014年公司员工平均流失率10.35%。进一步分析发现,春节前是人员流失的高峰期。由于公司生产线员工85%以上是外来务工人员,春节前大部分人会辞职回家过年,人员流失率一路飙升。由于公司的特殊情况,过年期间需要部分员工留守,因此有一部分人春节不能回家,需要在年后才能回去,有些在年后也会辞职回家,这也是人员流失率上升的原因之一。

另外,公司的主要劳动力都是90后,绝大多数人是上完初中就出来打工了。思想的不成熟加上年轻气盛,往往一言不合,就当"甩手掌柜",宁愿不要工资也不愿继续在公司上班。所以人员的流失率主要集中在生产线,其中90后,年轻新员工流失率最高。表5—4反映了入职0~3个月新员工的流失情况。

表 5—4　　　　　　　　　　2014 年入职 0～3 月新员工流失率

月份	1月	2月	3月	4月	5月	6月	7月	8月	9月	10月	11月	12月
离职率	57.52%	64.37%	73.04%	76.67%	78.26%	54.95%	69.50%	67.36%	63.97%	61.84%	80.53%	38.46%

（二）招聘工作难

一方面，人力资源部门与用人部门在人员招聘工作方面存在分歧。天通公司存在员工正常辞职以后，没过多久就要返厂的情况。用人部门强烈要求入职，但是公司规章制度是不允许的，招聘组夹在中间很为难。而且返厂的人员不一定可以长期留在公司，往往会出现入职没多久再次离职的现象。人力资源部认为接受员工返厂，会给其他员工带来这样的感官：公司什么人都要，出去没几天就可以回公司了，那我们也可以辞职再回来。这一定程度上会造成公司人员的大面积流动，来了走，走了来，使得招聘人员重复工作，也不利于生产的正常进行。

天通公司的人员需求完全取决于订单量，订单市场不稳，波动较大，给招聘带来一定的难度。具体表现为：订单多的时候，员工非常忙，没法休息；订单不饱和的时候，员工休息时间长。这两种情况都会在一定程度上造成人员流失。订单波动较大，往往会造成今天发布信息不招人，明天又要打电话让应聘者过来面试这种尴尬情况。人力资源部不能掌握员工需求的主动性，一般都是订单多的时候招不到人，招到人的时候没有订单。

三、采取的主要措施

公司人力资源部已经认识到员工流失的不良影响，也在积极采取措施进行防范，表现为：

（1）同行业调查，调查所在区域同行业的薪资水平、福利待遇等，再结合自身情况，取长补短。

（2）开展员工座谈会（行政部组织）：让员工提问题、提需求、提意见，各部门通力合作，协助解决。

（3）每季度进行满意度调查（行政部组织）：直接让员工对工作、吃住等方面打分，让他们给出评价，根据最终得分改善不合格项。目前食堂和宿舍改善情况良好，员工满意度较高。

（4）基层管理人员培训：培训组会对基层管理人员进行培训，提升线组长自身素质，培养线组长的沟通意识，形成良好的人际关系。

（5）阶段性对员工情况进行跟踪反馈：分入职一周、半个月、一个月对员工进行跟踪，让员工觉得有人管他们、关心他们，提升他们的归属感。在跟踪反馈期间，及时帮助员工排除疑惑,解决实际问题。

(6)提供培训机会,拓宽晋升途径。鼓励员工多学几个岗位的技能并对持有上岗证的员工给予补贴。鼓励员工参与培训,从初级晋升至高级,甚至可以尝试带线。部分岗位实行内部招聘,员工感兴趣可以前往应聘,面试合格就可以去新岗位工作。

(7)离职访谈:员工办理离职手续时,问清楚他们离职的真正原因。有时候话糙理不糙,写在辞职报告里的不一定是真的。如果员工离职时非常气愤或者不开心,对公司产生厌恶甚至敌视,离职访谈就可在一定程度上化解员工的这些负面情绪。

四、困难重重

公司人力资源部从主管到工作人员都在尽力改变员工流失的窘境,但是形势依然不容乐观,摆在他们面前的困难依然不小。一方面,想走的留都留不住。如果员工提出离职,尤其是关键性岗位、铁了心要走的员工,就算晋升、加工资都无法挽留他们。另一方面,有些人离职是因为对公司制度或者企业文化有意见,那是压根留不住的,因为整个公司的管理模式及企业价值观短期内无法改变。对于如何扭转这种尴尬的局面,人力资源部全体员工感到任重道远。

案例使用说明:

一、教学目的与用途

1. 本案例主要适用于人力资源管理基础、招聘与甄选、员工培训等课程。
2. 本案例是一篇描述天通公司员工流失问题的教学案例,其教学目的是通过案例展示让学生能对企业现存的员工流失问题展开正确的分析,并能在此基础上提出一定的对策建议。

二、启发思考

1. 你认为员工流失会对公司造成哪些影响。
2. 你如何评价人力资源部为降低员工流失率而采取的措施?
3. 你觉得天通公司降低员工流失率、留住有用人才的难点和关键点是什么?

三、分析思路

教师可以结合对应章节的教学目标来灵活使用本案例,这里提出的案例分析思路仅供参考。

员工是企业的重要资产，不能保有这些重要的资产，对企业会造成很多不良的影响。就天通公司而言，人员流失的不良影响主要表现为：(1)人员流失实际上是对培训的最大浪费。一般员工从面试到独立上岗都需要2天左右的培训，其间人力资源部需要安排2人全面跟踪进度。所以人员流失是对培训师资力量的最大浪费。(2)会影响产品生产进度和产品质量。员工辞职的时候完全不会考虑到做工作交接，一心就想走，很多时候关键性岗位的人员提出辞职，往往合适的替补还没有到位，人已经走了，导致工作没有交接。新人工作经验不足，会影响生产进度，影响交付，同时也不能保证产品质量，会导致客户投诉。

天通公司人力资源部为降低员工流失率做了很大的努力，但是并没有完全达到预想的效果。这很可能是因为天通公司没有找到员工流失的症结。建议人力资源部应该做全面深入的调查，对症下药。另外，人员流失的原因是多方面的，留住员工不仅是人力资源部的事情，而是应该各部门通力合作，多管齐下，以取得较好的效果。

目前，大多数中小型电子元器件企业的人力资源管理理念和操作方法都处于比较初级的阶段，即使设立了人力资源管理部门，其工作职责也仍停留在事务性工作的层面，无法有效发挥管理作用。随着企业的逐步发展和人力资源管理研究的逐渐深入，人力资源管理已经进入务实、操作、开发的阶段。人力资源管理的主要职责从日常性人事关系协调转为企业发展提供人力资源保障；由简单的事务管理转向全方位、深入的员工潜能开发；由事后管理转向过程管理乃至超前管理；规范化、标准化管理代替了经验管理。天通公司降低员工流失率、留住有用人才的难点和关键点在于搭建完善的人力资源管理体系，梳理人力资源管理各项工作的流程，从员工培训、员工激励、心理契约等方面入手，使人力资源管理成为一个有效的循环系统。

四、理论依据及分析

(一)激励理论

激励理论是关于如何满足人的各种需要、调动人的积极性的原则和方法的概括总结。激励的目的在于激发人的正确行为动机，调动人的积极性和创造性，以充分发挥人的智力效应，做出最大成绩。20世纪二三十年代以来，国外许多管理学家、心理学家和社会学家结合现代管理的实践，提出了许多激励理论。这些理论按照形成时间及研究的侧面不同，可分为行为主义激励理论、认知派激励理论和综合型激励理论三大类。

1. 行为主义激励理论

20世纪20年代，美国风行一种行为主义的心理学理论，其创始人为华生。这个理论认为，管理过程的实质是激励，通过激励手段，可诱发人的行为。在"刺激—反应"

这种理论的指导下,激励者的任务就是选择一套适当的刺激,即激励手段,以引起被激励者相应的反应。

新行为主义者斯金纳在后来又提出了操作性条件反射理论。这个理论认为,激励人的主要手段不能仅仅靠刺激变量,还要考虑到中间变量,即人的主观因素的存在。具体来说,在激励手段中除了考虑金钱这一刺激因素外,还要考虑到劳动者的主观因素。根据新行为主义理论,激励手段的内容应从社会心理观点出发,深入分析人们的物质需要和精神需要,并使个体需要的满足与组织目标的实现一致。

新行为主义理论强调,人们的行为不仅取决于刺激的感知,而且决定于行为的结果。当行为的结果有利于个人时,这种行为就会重复出现而起到强化激励作用。如果行为的结果对个人不利,这一行为就会弱化或消失。所以在教育中运用肯定、表扬、奖赏或否定、批评、惩罚等强化手段,可以对学习者的行为进行定向控制或改变,以引导其达到预期的最佳状态。

2. 认知派激励理论

对于人的行为的发生和发展,要充分考虑到人的内在因素,诸如思想意识、兴趣、价值和需要等。

认知派激励理论强调,激励的目的是要把消极行为转化为积极行为,以达到组织的预定目标,取得更好的效益。因此,在激励过程中还应该重点研究如何改造和转化人的行为。认知派激励理论认为,人的行为是外部环境刺激和内部思想认识相互作用的结果。所以,只有将改变外部环境刺激与改变内部思想认识相结合,才能达到改变人的行为的目的。

3. 综合型激励理论

行为主义激励理论强调外在激励的重要性,认知派激励理论强调内在激励的重要性。综合型激励理论则是这两类理论的综合、概括和发展,它为解决调动人的积极性问题指出了更为有效的途径。

心理学家勒温提出的场动力理论是最早的综合型激励理论。这个理论强调,人的行为发展,先是个人与环境相互作用的结果,外界环境的刺激实际上只是一种导火线,而人的需要则是一种内部的驱动力,人的行为方向决定于内部系统需要的强度与外部引线之间的相互关系。如果内部需要不强烈,那么,再强的引线也没有多大的意义。

波特和劳勒于 1968 年提出了新的综合型激励模式,将行为主义的外在激励和认知派的内在激励结合起来。这个模式中含有努力、绩效、个体品质和能力、个体知觉、内部激励、外部激励和满足等变量。

在这个模式中,波特与劳勒把激励过程看成外部刺激、个体内部条件、行为表现、行为结果相互作用的统一过程。一般人都认为,有了满足才有绩效。而他们则强调,先有绩效才能获得满足，奖励是以绩效为前提的，人们对绩效与奖励的满足程度反过来又影响以后的激励价值。人们对某一作业的努力程度，是由完成该作业时所获得的激励价值和个人感到做出努力后可能获得奖励的期望概率所决定的。很显然，对个体的激励价值愈高，其期望概率愈高，则他完成作业的努力程度也愈大。同时，人们活动的结果既依赖于个人的努力程度，也依赖于个体的品质、能力以及个体对自己工作作用的知觉。

波特和劳勒的激励模式还进一步分析了个人对工作的满足与活动结果的相互关系。他们指出，对工作的满足依赖于所获得的激励同期望结果的一致性。如果激励等于或者大于期望所获得的结果，那么个体便会感到满足。如果激励和劳动结果之间的联系减弱，人们就会丧失信心。

(二)心理契约

心理契约是美国著名管理心理学家 E. H. 施恩(E. H. Schein)正式提出的。他认为，心理契约是"个人将有所奉献与组织欲望有所获取之间，以及组织将针对个人期望收获而提供的一种配合"。虽然这不是有形的契约，却发挥着有形契约的作用。企业清楚地了解每个员工的需求与发展愿望，并尽量予以满足；而员工也为企业的发展全力奉献，因为他们相信企业能满足他们的需求与愿望。其意思可以描述为这样一种状态：企业的成长与员工的发展虽然没有通过一纸契约载明，但企业与员工却依然能找到决策的各自"焦点"，如同一纸契约加以规范。即企业能清楚每个员工的发展期望并加以满足；每一位员工也为企业的发展全力奉献，因为他们相信企业能实现他们的期望。

"心理契约"是存在于员工与企业之间的隐性契约，其核心是员工满意度。一般而言，心理契约包含以下七个方面的期望：良好的工作环境、任务与职业取向的吻合、安全与归属感、报酬、价值认同、培训与发展的机会、晋升。

心理契约的主体是员工在企业中的心理状态，而用于衡量员工在企业中心理状态的三个基本概念是工作满意度、工作参与和组织承诺。在企业这样以经济活动为主的组织中，员工的工作满意度是企业心理契约管理的重点和关键。心理契约管理的目的，就是通过人力资源管理实现员工的工作满意度，并进而实现员工对组织的强烈归属感和对工作的高度投入。因此，企业要想实现对人力资源的最有效配置，就必须全面介入心理契约的 EAR 循环，通过影响 EAR 循环来实现对员工的期望。所谓 EAR 循环，是指心理契约建立(Establishing，E 阶段)、调整(Adjusting，A 阶段)和实现(Realization，R 阶段)的过程。

建立企业的"心理契约"，必须以科学的职业生涯管理为前提。企业作为一个经济组织，其成长与发展永远是处于动态的，企业人力资源的物理状态和心理状态都处于不断变化的过程中。如何保证企业的人力资源有效、长期地为企业的发展服务，而不至于随着企业的变动成长而人心离散，是企业人力资源管理的目标，企业能与员工达成并维持一份动态平衡的"心理契约"是这一目标状态的生动体现。

五、关键要点

1. 人员流失牵涉到企业人力资源管理的各个方面，对企业造成的影响也是不容忽视的。

2. 降低员工流失应该从激励、培训、心理契约、职业生涯管理等人力资源管理的职能入手，多管齐下方能见效。

六、建议课堂计划

本案例可以作为专门的案例讨论课来进行。如下是按照时间进度提供的课堂计划建议，仅供参考。

整个案例课的课堂时间控制在80～90分钟。

课前计划：提出启发思考题，请学员在课前完成阅读和初步思考。

课中计划：简要的课堂前言，明确主题（2～5分钟）

    分组讨论 （30分钟，告知发言要求）

    小组发言 （每组5分钟，控制在30分钟）

    引导全班进一步讨论，并归纳总结（15～20分钟）

课后计划：如有必要，请学员采用报告形式给出更加具体的解决方案（包括具体的职责分工），为后续章节内容做好铺垫。

测试题   测试题答案   案例面对面

第6章 加西贝拉公司的员工培训与开发

概念导读

培训与开发是指企业通过各种方式使员工具备完成现在或者将来工作所需要的知识、技能并改变他们的工作态度,以改善员工在现有或者将来职位上的工作业绩,最终实现企业整体绩效提升的一种计划性和连续性的活动。

音频
培训与开发的概念

导入案例

摘　要:本案例介绍了加西贝拉公司的企业背景、获得的奖励和荣誉及公司的企业文化,阐述了该公司的培训体系,重点介绍了加西贝拉公司的四象限法和员工能力矩阵,一方面启发人们思考如何开展员工培训与开发工作,另一方面也可以从系统的角度思考企业员工培训问题。

关键词:员工培训　培训战略　四象限法　员工能力

> 1. 本案例由嘉兴学院的陈艾华、任国元撰写,未经允许,本案例的所有部分都不能以任何方式与手段擅自复制或传播。
> 2. 由于企业保密的要求,在本案例中对有关名称、数据等做了必要的掩饰性处理。
> 3. 本案例只供课堂讨论之用,并无意暗示或说明某种管理行为是否有效。
> 4. 本案例资料由案例企业提供。

一、企业概况

加西贝拉压缩机有限公司(下称加西贝拉公司)创建于1988年,是环保、节能、高效冰箱压缩机的专业制造商,国家技术创新示范企业,冰箱压缩机国家标准修订组组长单位,中国家电标委会冰箱压缩机标准化工作组组长单位,也是中国家电业的"无名英雄"——冰箱核心部件的供应商。

加西贝拉公司坐落于浙江嘉兴，东邻上海、西接杭州、北连苏州、南濒杭州湾，处于长三角经济圈中心，地理位置优越。公司拥有1个国家认定企业技术中心、2个海外技术营销中心、2个控股子公司、1个智能产业园、3个生产制造基地。公司现有总资产60多亿元，员工3 600人，其中各类专业技术人才1 500余人，年产销冰箱压缩机4 000万台以上，综合竞争力位居全球行业前列，被誉为"世界冰箱的心脏"。

公司产品远销40多个国家70多家冰箱企业，与博世-西门子、利勃海尔、惠而浦、伊莱克斯、GE及海尔、海信等全球著名冰箱企业建立战略合作伙伴关系，产品50%以上出口，主导欧美高端市场。公司先后培育带动近200家专业配套企业，带动就业员工超万人，连续21年保持产销总量、产品性能、经济效益国内同行三个领先，出口连续16年位居行业首位。

公司先后获得联合国环境署"示范项目贡献奖"、亚洲质量卓越奖、全国五一劳动奖状、全国质量奖、中国质量奖提名奖、全国模范劳动关系和谐企业、全国就业先进企业、全国厂务公开民主管理工作先进单位、全国安全文化建设示范企业、全国"安康杯"竞赛优胜企业、中国质量诚信企业、浙江省先进基层党组织、浙江省政府质量奖、浙江省企业文化建设十大典范组织、浙江省社会责任感标杆企业、浙江省工业行业龙头骨干企业、浙江省精细化管理示范企业和浙江省质量管理体系认证示范企业等荣誉。

二、企业文化深植

企业文化对于企业的经营业绩有着至关重要的影响，它给企业带来的有形和无形的、经济和社会的双重效益，使之成为促进企业经营业绩和经济增长的有效手段和精神动力。加西贝拉公司提炼出如下企业文化：

企业愿景：做全球压缩机行业的领跑者，努力打造世界级品牌，建设世界级企业。

企业使命：研发制造更节能环保的压缩机，为保护地球生态环境、改善人类生活品质做贡献。

战略目标：做强做优做大冰压主业，做快做成做好新型产业，全力打造百亿规模的全球化企业。

企业哲学：恒者致远、止于至善。

企业核心价值观：责任、创新、超越。

企业精神：同舟共济、敬业奉献、居危思进、超越自我。

经营宗旨：对员工负责、对企业负责、对社会负责。

经营理念：以人为本、诚信兴业、科技领先、竞争全球。

企业作风：从严务实、团队协作、用心服务、快捷高效。

行为准则：爱党爱国、热爱企业、遵纪守法、诚实守信、学习创新、履行职责、团结协作、用心服务、安全生产、勤俭节约、文明礼貌、讲究卫生。

  发展观：战略驱动、自主创造、精细管理。

  创新观：人人都能创造奇迹。

  安全观：安全生产责任重于泰山。

  质量观：质量是企业的生命线。

  服务观：下道工序是上道工序的用户。

  环境观：环境就是竞争力。

  企业文化深植是一个良性、长期和动态的演变过程，从狭义上说，它是文化理念的推广、渗透、转化的过程，广义上讲，它更是企业本身成长，推进企业文化深植，逐步实现企业文化理念"内化于心、固化于制、外化于行"的进程。

  加西贝拉倡导员工是最宝贵的财富，是企业的创造者，尊重个人权利和提升个人价值是企业始终坚持的原则。加西贝拉注重员工成长，坚持"人人都能创造奇迹"的人才观，力求让每一位员工都有充分发挥自己才干的机会和空间，共同分享企业发展的成果。入职加西贝拉的每一位员工，上的第一堂课都是企业文化，让每一位员工懂得企业最大的责任是为社会提供高质量的产品。倡导"责任、创新、超越"的核心价值观，不是将企业文化理念当作写在纸上、挂在墙上的装饰品，而是将文化理念融入员工的执行力，成为员工的行为习惯。

  多年来，加西贝拉公司始终秉承"对员工负责、对企业负责、对社会负责"的经营宗旨，坚持"以人为本、诚信兴业、科技领先、竞争全球"的经营理念，突出责任，着力创新，实现超越，闯出了一条引进、消化、吸收、再创新到自主创新的科学发展之路，实现了六大转变：技术从跟跑到领跑，管理从优秀到卓越，市场从局部到全球，文化从先进到典范，发展从前列到首位，品牌从有名到知名。加西贝拉所取得的成就与荣耀印证了加西贝拉公司企业文化深植的成果。

  创建伊始，公司坚持"以人为本、依法治厂"，不断改进和完善质量体系，建立了持续改进和自我完善的机制。继1995年7月在行业中首家通过ISO9002质量管理体系认证后，2001年10月其在国内同行中又率先通过ISO9001：2000换版认证，同时还获得了美国RB和荷兰RV颁布的ISO9001：2000版证书，现行生产的产品均获国家电工产品认证委员会安全认证证书，出口产品获得德国VDE、TUV安全认证证书。

  加西贝拉公司坚持"攀高亲、结大户、广交友"的营销策略，积极开拓国内外市场，参与国际竞争与合作。加西贝拉公司自主研发并批量生产的高效压缩机不仅有效地替代了进口，而且开创了中国高端压缩机批量出口欧美发达国家市场的先河。公司以卓越的产品和优质的服务，先后与海尔、海信、美菱、美的以及博世-西门子、伊莱克斯、惠而浦、意黛喜、利勃海尔、三星、东芝、夏普等国内外著名冰箱公司建立了良好的合作伙伴关系,厚积薄发,成为出口的大户,产品供不应求,其中高效、节能、环保压缩机产品销量位居全国同行首位。

加西贝拉公司在经营历史中取得了许多成绩,荣获多项奖励和荣誉:联合国环境署"示范项目贡献奖"、全国五一劳动奖状、全国模范劳动关系和谐企业、全国就业先进企业、国家技术创新示范企业、全国质量奖、中国质量奖提名奖、全国"安康杯"竞赛优胜企业、全国安全文化示范企业、中国环境贡献奖、中国驰名商标、中国名牌、中国质量诚信企业、浙江省政府质量奖、省工业行业龙头骨干企业、省先进基层党组织、省文明单位、省企业文化建设十大典范组织、省诚信示范企业、省最具社会责任感企业、首届嘉兴市市长质量奖等。

三、加西贝拉公司的员工培训与开发

加西贝拉公司之所以能取得巨大成绩,是因为它有能正确把握方向的高层领导、一群极具执行力的管理精英、一支技术领先的研发团队以及一支技能过硬的员工队伍,而这些都和企业的员工培训与开发密不可分,与培养每一位员工具有"工匠精神"密不可分。

加西贝拉认为"员工是企业的创造者"。压缩机作为冰箱的核心部件,不仅要做到安全、可靠、节能、静音,还要实现无氟化、变频化,不断追求小型化、高效化。精益求精做好一台压缩机,这或许不难;但平均每6秒钟生产一台压缩机,要在1年间确保出品的2 350多万台压缩机全部达到全世界最严苛的标准,除了先进的装备水平、管理水平等软硬件支撑,还需要每个岗位上的每位制造者拥有匠人匠心的大情怀。

作为灵魂人物,加西贝拉党委书记、总经理朱金松教育引导全体员工:"要始终牢记社会责任,努力营造认真专注、精益求精的良好氛围,积极培养能工巧匠,把产品当精品、工艺品来做。"

(一)员工培训与开发战略管理

人力资源管理不只是缺人时招人、上岗前培训、发工资前考核三部曲。人力资源规划是公司战略管理的重要组成部分,在具体制定和实施人力资源规划时不能是出了什么问题就解决什么问题,要从支持公司发展战略的角度规划人力资源工作。

加西贝拉公司的部门管理者从战略的高度思考人力资源管理工作,重视员工的培训与开发,大力支持员工培训与开发工作。公司投入大量的资金建立了公司员工培训中心。公司的多功能报告大厅宽敞明亮,嘉兴学院的学生就曾经在这个报告厅听过公司领导的报告。公司还与嘉兴图书馆合作,建立了流动图书站,方便员工学习和借阅图书,这有利于营造学习氛围,提高员工的文化素质。

人力资源管理工作与公司发展战略挂钩,从"公司战略规划—人力资源规划—人

力资源管理"的流程上实施人力资源规划与管理。人力资源规划是公司战略规划的重要组成部分,同时也是公司各项管理工作的基础和依据。公司的整体发展战略决定了人力资源规划的内容,而这些内容又为建立人力资源管理体系、制定具体的人员补充计划、人员使用计划、人员接替与晋升计划、教育培训计划、薪酬与激励计划、劳动关系计划等提供了方向。加西贝拉公司人力资源管理者以公司发展战略目标为方向,使人力资源管理有了明确的方向感,明确了公司未来发展究竟需要什么样的核心能力和核心人才。

同样,公司的员工培训与开发也是在公司战略之下进行的。各部门经理认为员工的培训与开发不只是人力资源部门的事,与自己也密不可分,故其能从员工培训与开发的系统管理上加以有效配合。这样就使得人力资源部不仅能更加了解各部门的需求,使各部门能发现和培训适合本部门职能的人才,而且避免了大量人力资源被浪费和闲置。

(二)加西贝拉公司的三级培训体系

企业面对的是外部高度不确定的激烈竞争的环境,内部多种人员承担多方面且不断变化的任务。企业培训体系的建立关乎企业组织生存与发展的大计,不是随随便便组织一些培训课程就可以完成的。"体系"就意味着是立体的,而不是平面的;是多元化的,而不是单一化的;是多任务的统筹规划,而不是单项工作的执行。

加西贝拉公司的培训体系是"金字塔式"的全员参与的三级培训体系,人力资源部是培训与开发工作的主管部门。培训与开发的总负责人是人力资源部部长,具体执行和协调的部门是人力资源部。

所谓三级培训体系,即公司的培训与开发的组织管理分三个层次,员工培训与开发具体实施的对象和内容有三个层次。只有联合各职能部门及生产部门的负责人,才能把员工培训与开发的基础夯实,工作做深,将企业的发展战略目标及提升不同层级人员的素质落实在各类培训中,从而使各类员工更适应企业发展的需要。

1. 加西贝拉公司培训与开发的组织管理

加西贝拉公司培训与开发的组织管理第一级金字塔塔尖部分是公司级,由人力资源部经理、公司总经理及培训专员组成。其负责培训与开发的制度化工作,着重于公司的培训与开发制度的制定,根据公司的发展战略制定、审查、批准培训与开发计划和预算;组织管理协调各部门、各级培训组织开展培训工作。第二级塔身部分是部门级,由各部门主管牵头,在人力资源部指导下开展工作,负责制定、实施本部门的培训计划,承担本部门的工作规范、工作流程及岗位技能实操的培训。第三级塔基部分是班组级,在各部门主管的领导下,由班组长或指定的岗位训导员(部门里的专业技术能手)负责本班组新上岗员工和业务部熟练人员的培训。

2. 加西贝拉公司员工培训与开发具体实施对象和内容

加西贝拉公司员工培训与开发具体实施对象和内容的第一级是金字塔塔尖部分的"管理培训",是针对企业里的管理层人员所做的、以提高管理技能与水平为主要目的的专项课程培训。在这一层次,公司邀请管理专家培训管理人员。为了取得更好的培训效果,公司还组织本公司管理层人员外出到某些高校或其他专业机构培训、参观、访问和交流。第二级金字塔塔身部分的"岗位培训",是员工为了更好地胜任岗位工作的要求而进行的培训,主要内容是岗位专业知识和操作技能。岗位培训由班组长或指定的岗位训导员负责。第三级是塔基部分的"新员工培训",主要是针对新员工开展的入职培训、企业文化培训、安全技能培训、公司管理制度培训、个人素养培训等。这类培训可以尽快让新员工顺利融入企业,适应工作环境,进入工作状态。三级培训由人力资源部门负责,以确保新员工培训的规范化和效率。

(三)加西贝拉公司员工培训与开发的基本流程

加西贝拉公司的员工培训与开发的基本流程分为四个步骤。这四个步骤分别是:培训需求分析、培训规划制定、培训的实施、培训效果评估。

1. 培训需求分析

培训需求分析是在规划与设计每项培训活动之前,由培训部门、主管人员、工作人员等采取各种方法和技术,系统鉴别与分析各种组织及其成员的目标、知识、技能等,以确定是否需要培训及培训内容。

企业培训规划密切结合企业的生产和经营战略,从企业的人力资源规划和开发战略出发,根据企业资源条件与员工素质基础确定培训需求。

加西贝拉公司多采用问卷调查、个人面谈、团体面谈、重点团队分析、观察法、工作任务调查法来收集培训需求信息。培训需求信息收集好之后可制作培训需求表,将收集到的资料统一反馈给人力资源部,人力资源部审核收到的培训需求信息,根据公司的要求及员工本身的能力及要求,确定初步的培训人员、培训需求及培训内容和条件。

2. 培训规划制定

培训规划是对企业组织培训的战略规划,考虑人才培养的超前性和培训效果的不确定性,确定职工培训的目标,选择培训内容、培训方式。这一步由公司人力资源部负责完成,公司的员工培训计划具体分成分级培训、自我学习、专项培训三个方面。完整的计划形成后,会交由上级审核批准,并向相关人员下发相关培训通知。

3. 培训的实施

培训规划经上级审核批准后,接下来的工作就是培训计划的具体实施。加西贝拉公司重视采取多样化的培训方式,以达到比传统的讲授式培训更好的效果。公司采用多种多样的形式培训员工,如每天5~10分钟的班会、分发相关的书籍供员工业余时间阅读等，这些都收到了很好的效果。在逐步完善培训的过程中，公司培养了一批自己的培训师，为今后的培训打下了基础。

加西贝拉公司关注培训方式的实际效果，把培训和工作有效结合。标准作业程序（Standard Operating Procedure，SOP）是指在有限的时间与资源内，为了执行复杂的事务而设计的内部程序。其做法是将某一事件的标准操作步骤和要求以统一的格式描述出来，显示在工作岗位旁边。从成人学习的角度来看，标准作业程序能够缩短新进人员对不熟练且复杂的知识的学习时间，只要按步骤操作就能避免失误与疏忽。

加西贝拉公司工作现场各种工艺、质量卡片的展示无形地起到了培训作用，员工在没有多大压力的情况下就学到了知识或技能。各种看板卡片图表的设计也很用心，多用图画少用文字，用不同颜色突出重点，即使文化水平低的员工也容易看明白。在管理看板上有"学习园地"一栏，可以有效激发员工学习的积极性，在无形中提高了员工的操作技能。

4. 培训效果评估

最后一个环节是培训效果评估。评估的重点在于研究培训方案是否达到培训的目标，评价培训方案是否有价值，判断培训工作是否给企业带来较大的经济效益和社会效益。科学的培训评估可以界定培训对企业的贡献，了解培训投资效果，对于分析企业培训需求、不断改进培训与开发工作及以后顺利争取到实施培训的必要经费非常重要。

培训评估完成后，应规范化整理员工培训及评估的一系列表格，并按期装订成册。这样既可以促进员工培训评估的公平、公正，又为进一步改进培训提供了客观依据。

根据加西贝拉公司人力资源部的总结，要做好员工培训这项工作，需注意以下几点：(1)领导重视；(2)要让员工认同培训；(3)培训经费上的大力支持；(4)做好外送培训的组织工作；(5)制定奖惩措施。

（四）加西贝拉公司的四象限法和员工能力矩阵

加西贝拉公司在其合作企业西门子公司的帮助下，引进了员工技能四象限分类法，并制定了员工能力矩阵表。

1. 四象限法员工能力矩阵

四象限法又称四分法，是美国管理学家科维提出的一个关于时间管理的理论。其把工作按照重要和紧急两个不同的程度进行了划分，分为四个"象限"分类管理，用于管理企业员工。面对企业众多的员工，四象限法分析可厘清繁复状况，帮助高层主管做出最佳决策，分类管理员工，提高管理效率。

员工的培训与开发计划，旨在通过知识、态度和技能的永久改变将工人变为更好的员工。加西贝拉公司的四象限法是该公司员工培训与开发过程中的一个亮点。其运用科学严谨的维度分类法,审核评价员工的各项能力,最终绘制出员工能力维度矩阵图,科学合理且生动直观。

加西贝拉公司的四象限法将员工的技能状态分为四个象限:第一象限:新手,第二象限:初级,第三象限:熟练,第四象限:传授。每一个象限对应一定等级的员工能力阶段,并用图标标识。公司设置了专门的员工技能升级表——员工能力矩阵(见图6—1)。每一次员工培训之后,都由相关人员对员工进行相应的审核,认定员工的能力等级,并将审定结果填写到相应的表格里,所有员工的所有技能的四种状况分别标在一个表格里,还要在公司突出的地方上墙展示出来。

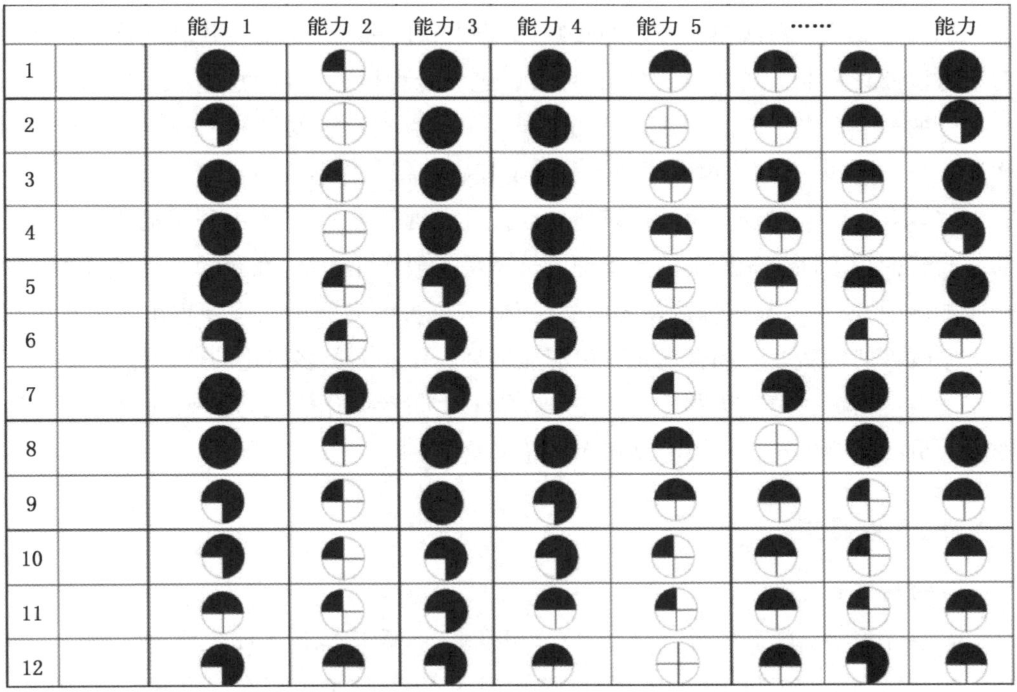

	能力1	能力2	能力3	能力4	能力5	……	能力
1							
2							
3							
4							
5							
6							
7							
8							
9							
10							
11							
12							

注:图形中的圆被分为四个象限,"空白"表示不具备该能力。第一象限表示"新手",第二象限表示"初级",第三象限表示"熟练",第四象限表示"传授"。

图6—1 加西贝拉公司员工能力矩阵

2. 四象限法员工能力矩阵的作用

四象限法员工能力矩阵图具有清晰、直观的特点。加西贝拉公司员工能力矩阵既是员工培训与开发的信息反馈图,又是管理人员的管理工具。

四象限法员工能力矩阵不仅让企业管理者更清晰地了解到员工的技能状况和培训需求,还能让员工方便直接了解到自己和公司其他员工的能力状况。加西贝拉公司管理人员根据这份表格，选拔具有发展潜力的员工进入公司人才库。这份表格在管理方面的用途是多方面的，为公司管理人员奖励员工、分析培训需求、确定员工薪酬等提供了决策依据。

四象限法员工能力矩阵公示使每个员工明确自己及他人所具备的各种能力及等级。员工经过培训能力等级得以提升，可激励员工不断完善自己。同时能力矩阵的公示显示所有员工的能力状况，便于员工之间比较、竞争，激励员工挖掘潜力、赶超先进。

多能力的开发不仅能够实现作业人员的多能化，使弹性增减作业人数成为可能，而且可以带来如下的效果：第一，有利于调节作业人员的情绪，避免身体的疲劳。其结果是，员工注意力提升了，且起到了防止工伤事故的作用。第二，有利于改善作业人员之间的人际关系。每次轮换开始的时候，交班人和接班人之间总要说几句话。这样的对话可以改善作业人员之间的关系，也可以进一步促进相互帮助。第三，有利于知识与技能的积累。老一辈的作业人员和监督人员可以把自己的技能和知识教给年轻的作业人员。第四，有利于提高作业人员的责任感。每个作业人员都参与工作场所的所有工序，不仅开阔了他们的视野，还让他们提升了责任感。第五，有利于提高作业人员参与改善的积极性。无论是现场管理人员还是一般作业人员，在新的工作场所和新的作业工序中，所有人都想创造新的做法，而应该改善的问题也从中浮现出来。有关作业工序改善的创新办法和合理化建议明显增加。作业人员多能化的这些优点，如果用一句话表达，就是"尊重人格"。其与劳动分工化和专业化相比，是"人性化的回归"；作业人员的多能化对于今天的制造企业意义重大。

四、几点感想

（一）细节之处见真章

除了优美整洁的环境外，加西贝拉公司现场 5S 管理也让人印象深刻。整个工厂从大的布局到小的工位，处处体现出 5S 管理的水平，整个工厂布局合理，井然有序。许多位置都有各种标牌标示，通过不同的颜色、文字标示来确定各种物料、工装、工具的放置位置，做到了定性、定位、定量。整个工厂看起来清爽、整齐，不会出现工人为了找东西而东翻西找、手忙脚乱的情况。加西贝拉公司的现场 5S 管理对提高生产效率起到了重要作用，提高了企业的形象，改善了企业精神面貌，形成了良好的企业文化；减少了故障，保障了产品品质；更减少了安全隐患，保障了生产安全。

（二）员工的优秀品质

加西贝拉公司面对的市场竞争十分激烈，为了提高企业的竞争力，管理人员和工人都付出了艰苦的努力。他们有个共识，即"企业好了大家才能好"。管理人员和工人都把履职尽责放在首位，把个人利益放在一边，弘扬工匠精神，精益求精，提高质量、降低成本。加西贝拉的产品之所以有很强的竞争力,是因为产品的质量高,而高质量产品的诞生和每一位员工高度的责任心、踏踏实实的工作密不可分。加西贝拉总经理朱金松曾说过:"在现在的冰箱压缩机行业,生产 COP 值达 1.8 的产品,能做 100 台、1 000 台的企业不少,但是能批量生产几万台乃至几十万台,就需要产品有非常高的稳定性,要求产品有过硬的质量,这正是加西贝拉的强项。"这就要求加西贝拉每一位工人对生产的每一个环节都要认真负责,完全按照规章制度、生产工艺要求开展相关工作。公司车间有一支优秀的队伍,他们当中好多人数十年如一日在平凡的岗位上勤勤恳恳工作,为公司做出了实实在在的贡献。

案例使用说明:

一、教学目的与用途

1. 本案例主要适用于管理学、培训与开发和人力资源管理等课程。

2. 本案例是一篇描述加西贝拉公司员工培训的教学案例,其教学目的在于使学生对培训的流程、培训的激励和培训方式等内容从感性认识升华到深入思考,从培训的流程、激励理论和管理细节等角度分析总结加西贝拉公司的员工培训经验。

二、启发思考题

1. 结合相关理论分析,剖析加西贝拉公司在员工培训上有哪些特点。
2. 结合相关理论分析,分析加西贝拉公司的四象限法和员工能力矩阵的优点。
3. 现场 5S 管理对于员工培训有什么作用?如何用好现场 5S 管理?
4. 如果你是企业管理者,将如何借鉴加西贝拉公司在员工培训上的亮点加强公司的员工培训管理?

三、分析思路

教师可以根据自己的教学目标(目的)灵活使用本案例。这里提出本案例的分析思路,仅供参考。

1. 从培训流程的角度、培训体系的角度或管理细节的角度分析加西贝拉公司培训的系统性。
2. 用现场 5S 管理、看板管理的相关理论分析加西贝拉公司员工培训与开发。
3. 用学习理论分析加西贝拉公司员工培训与开发。
4. 用激励相关理论分析加西贝拉公司员工培训与开发的激励问题。

5. 用企业文化理论分析加西贝拉公司的企业文化。

四、建议课堂计划

本案例可以作为专门的案例讨论课来进行。如下是按照时间进度提供的课堂计划建议，仅供参考。

整个案例课的课堂时间控制在 80~90 分钟。

课前计划：提出启发思考题，请学员在课前完成阅读和初步思考。

课中计划：简要的课堂前言，明确主题（2~5 分钟）

     分组讨论　　（30 分钟，告知发言要求）

     小组发言　　（每组 5 分钟，控制在 30 分钟）

     引导全班进一步讨论，并归纳总结（15~20 分钟）

课后计划：如有必要，请学员采用报告形式给出更加具体的解决方案，包括具体的职责分工，为后续章节内容做好铺垫。

走近HR视频

职业发展晋升测评体系　　测试题　　测试题答案　　案例面对面

第 7 章　民丰特纸的员工培训

概念导读

培训与开发的意义：

1. 培训与开发有助于改善企业的绩效

企业绩效的实现是以员工个人绩效的实现为前提和基础的，有效的培训与开发能够帮助提高员工的知识水平和技能，改变他们的态度，增进对企业战略、经营目标、规章制度等的理解，不断提高他们的工作积极性，从而改善他们的工作业绩，进而改善企业的绩效。

2. 培训与开发有助于增强企业的竞争优势

培训与开发一方面可以使员工及时掌握新的知识、新的技术，确保企业拥有高素质的人才队伍；另一方面也可以营造出鼓励学习的良好氛围，有助于提高企业的学习能力，增强企业的竞争优势。

3. 培训与开发有助于提高员工的满意度

培训与开发可以使员工感受到企业对自己的重视和关心，这是满意度的一个重要方面。此外，对员工进行培训开发可以提高他们的知识和水平，提升其工作业绩，有助于提高他们的成就感。

4. 培训与开发有助于培育企业文化，提高和增强员工对组织的认可和归属感

作为企业成员共有的一种价值观念和道德准则，企业文化必须得到全体员工的认可，这需要不断向员工进行宣传教育，而培训开发就是其中非常有效的一种手段。

5. 培训与开发有助于增强企业对优秀人才的吸引力，满足员工自身发展的需要

知识经济时代，企业对优秀人才的竞争日趋激烈。知识型员工作为一个特殊的群体，他们看重发展的机会和自身的进步，因此他们特别关注企业能否提供培训机会。

导入案例

摘　要：本案例以嘉兴民丰特种纸股份有限公司为背景，描述了该公司的发展历史、企业概况和多年经营取得的优势。案例介绍了该公司的培训机制、"师傅带徒"活

动和职业生涯管理。案例重点介绍了民丰公司的"师傅带徒",一方面启发人们思考企业如何激励员工培训的积极性,另一方面也可以从系统的角度思考企业员工培训问题。

关键词:培训　师傅带徒　职业生涯管理

> 1. 本案例由嘉兴学院的任国元、陈艾华撰写,未经允许,本案例的所有部分都不能以任何方式与手段擅自复制或传播。
> 2. 由于企业保密的要求,在本案例中对有关名称、数据等做了必要的掩饰性处理。
> 3. 本案例只供课堂讨论之用,无意暗示或说明某种管理行为是否有效。
> 4. 本案例资料由案例企业提供。

一、公司背景

民丰特种纸股份有限公司(下称民丰公司、民丰特纸)坐落于嘉兴东郊。嘉兴西倚湖州,北接苏州,南临杭州,东望上海,沪杭铁路、沪杭高速公路、京杭大运河穿境而过,水陆交通极为便利。

民丰特种纸股份有限公司的前身是禾丰造纸厂,1923 年,社会活动家、著名爱国人士褚辅成先生以 36 万大洋的价格买下嘉兴甪里街一带 3 000 平方米地皮并募资建立禾丰造纸厂。1998 年 9 月,浙江省人民政府发文,批准设立民丰特种纸股份有限公司。11 月,民丰特种纸股份有限公司召开创立大会,宣告股份公司正式成立。2000 年 4 月,中国证监会《关于核准民丰特种纸股份有限公司公开发行股票的通知》[证监发行字(2000)49 号]正式批准"民丰特纸"发行 5 200 万股社会公众股(A 股)。6 月 15 日,"民丰特纸"股票在上海证券交易所上市,股票代码为 600235。是时,"民丰特纸"成为国内第一家在中国证券市场上市交易的特种纸制造企业股票。

改革开放以来,民丰公司以提高经济效益为中心,积极推进国企改革,生产经营和各项工作都取得了新的成绩,产量质量稳步提高,经济效益显著增长。1992 年,民丰公司全面实施转换经营机制、深化改革的总体方案,逐步建立起"一厂多制、分层经营;一业为主、多种经营"的体制。同年 8 月,浙江省计经委批准成立民丰集团。1997 年,民丰集团公司按照建立现代企业制度的要求,继续完善理顺企业内部管理机制,成立"股份制改组领导小组"。

民丰特种纸股份有限公司素以品种多、质量优、管理严、技术精而享誉全国造纸界,是我国造纸行业的排头兵。在多年经营下,民丰公司逐渐形成了自己的企业优势,可归纳为以下几个方面:

第一,品牌信誉优势。百年发展史、丰富的造纸经验、大量新产品的推出以及优秀造纸人才,使民丰公司无论在造纸行业还是在用户中均建立了良好的信誉;公司"船牌"商标以其 80 余年的悠久历史、过硬的质量,在业内建立了良好的品牌知名度与美誉度,形成了稳定、忠诚的用户群体。

第二,装备技术优势。公司改造了♯10、♯11 号机,在国内率先生产出"442"民丰 2 卷烟纸;2001 年"3150"项目更是集国内外卷烟纸生产先进技术于一体。这些纸机生产出的产品,大大提高了民丰公司产品在市场上的竞争能力。

第三,质量管理优势。民丰公司长期以来高度重视产品质量,是全国最早推行全面质量管理的企业之一,建立起了一套完整的质量监管体系。公司在 20 世纪 90 年代就曾荣获"国家质量管理奖",并在行业内首批通过 ISO 质量管理体系、环境体系、职业健康体系的评审。

第四,科技研发优势。民丰公司建立了首批省级技术开发中心,拥有研究人员 82 名,其中,大学本科以上学历 39 名,高级职称 8 名,中级职称 28 名,并做到生产一代、储备一代、研发一代。公司生产和销售的主导产品都具有较高的产品技术含量,连续获得国家高新技术企业荣誉。

第五,市场营销优势。公司拥有一支经验丰富、务实高效的营销队伍,创导"全员营销"理念,通过技术、生产、销售的协同配合,建立了对市场信息的快速反应机制,及时满足用户多样化、个性化的需求,并拥有完善的售后服务团队与运作机制,获得用户的高度认可。

第六,专业人才优势。根据公司发展战略,民丰公司采取自主培训、送外深造相结合的多种方式,择优选送数十名已有一定实践经验的大学本科生赴南京林业大学攻读硕士研究生;公司还积极聘用国外高级技术人才、委托国外代培民丰公司的专业技术人才,极大地提高了人才队伍建设的整体水平。

民丰公司取得的成果是和公司的员工培训分不开的。经过多年的努力,民丰公司的培训机制不断完善,员工培训效果明显。民丰公司在培训方面取得了"全国职工教育培训示范点"和"浙江省'创建学习型组织 争做知识型职工'活动示范单位"的荣誉。

二、民丰公司的培训机制

人才资源已经成为企业发展的第一资源,人才战略已经成为企业战略中的一个重要组成部分。民丰公司在多年的探索下,将普遍原则和企业的具体实际相结合,形成了一套符合企业实际的员工培训激励机制。

(一)领导重视、制度健全

当前一些企业认为员工培训费钱费力又不讨好,如果员工在培训完之后跳槽了,企业的员工培训就是在替人作嫁衣。民丰公司领导的想法不同,他们认为跳槽来的员工相对而言稳定性不高,再次跳槽的可能性较大,而自己培养的员工认同企业文化,加之他们往往是嘉兴本土人士,相对而言更稳定。事实也是如此,民丰特纸的员工流失率一直比较低,长期以来都在2%～3%。

经过多年的发展,民丰公司管理规范,企业各项制度比较健全,员工培训制度也不例外。企业建立了健全的职工培训规章制度,根据企业的实际对职工进行在岗、转岗、晋升、转岗培训,对学徒及其他新录用人员进行上岗前的培训。企业严格遵守《企业职工培训规定》,将职工培训列入本单位的年度计划和中长期规划,保证培训经费和其他培训条件能够落实。企业将职工培训工作纳入厂长(经理)任职目标和经济责任制,接受职工代表大会和上级主管部门的监督与考核。企业结合劳动用工、分配制度改革,建立培训、考核与使用、待遇相结合的制度。

(二)培训需求

大多数员工都渴望得到公司提供的培训机会。一方面,培训可以尽快提高个人综合素质。员工在企业中工作,不仅期望得到相应的经济回报,更希望能伴随企业的成长,个人也迅速成长。另一方面,按照马斯洛的需求层次理论,员工在企业中工作,除了满足其生理以及安全层面的需要外,还希望得到归属感,满足自我实现的需要。民丰公司合理利用员工培训开发这种形式,使员工的需要得到满足。

民丰公司的人力资源部门会在每年年底制定出下年度人力资源开发与培训计划大纲,以此为依据展开新一年的工作。

(1)企业需求:配合公司总体战略的实施;提高员工绩效;加强团队凝聚力以及战斗力等。

公司在年度总结大会上总结过去一年的人力资源成果,讨论开发与培训环节中不足和需要改进的地方,并根据公司总战略指示,征求公司意见,商讨新的计划,初步制定相应的与时俱进的方案。

每年年初,人力资源部向各个分厂发放"员工培训征求意见表"。各分厂根据年终考核及生产实际等确定培训需求,统计分析哪个环节出现问题多、哪个环节被扣奖金多来确定培训需求。公司汇总各个分厂的情况后制定培训计划,然后实施培训,并在培训完成1个月后评估培训的有效性。

(2)个人需求:提升个人能力;取得更高的薪酬回报和职位回报;自我价值的实现等。

人力资源部门通过问卷、座谈、观察等多种形式调查员工的培训需求,并向公司层面反馈,商讨修改新一年度的人力资源开发与培训计划。

总的来说,在了解需求时,公司不仅会听取一线工作人员的意见,还会从一些资料上获取信息,使该工作更有根据。培训负责人会考察上一期的奖金分发情况,哪部分的奖金扣得多,就说明哪部分存在问题,那么在这一期的培训工作中就会加强这部分的培训,从而使培训效果更显著。

(三)培训形式和计划的制定

人力资源部门根据企业现实情况以及员工的不同水平制定了一系列多层次的培训。民丰特纸的员工培训分为三个层次:公司级培训主要是通用知识的培训;第二级是分厂级培训,内容是一些具体的岗位职责及操作规程等;第三级是送外培训,即把员工送到高校及外部培训机构培训。

民丰公司员工培训管理职能分工明确,责任清晰。人力资源部门根据公司发展和员工职业生涯发展需要,负责公司级培训计划的制订实施,同时负责汇总编制二级培训计划与监督二级培训实施情况。各分厂、处室根据本单位的实际需要,编制二级培训计划,报人力资源部门,并负责组织二级培训的实施。

具体的实施员工培训有以下形式:

(1)入职培训。让新员工了解公司的基本情况、规章制度及企业文化,为其融入民丰公司打好基础。

(2)师傅带徒。这是进入实践并掌握技术的一个最好载体,可使新招聘的员工尽快进入角色。员工通过与富有实践经验的师傅的交流来开发自身技能,并获得实践经验。

(3)职业技能培训。职业技能培训可提高员工的操作技能,并使员工获得相应的技能等级证书,为职业生涯的发展做好准备。

(4)专业业务培训。即对新工艺、新装备、新管理理念以及政府的一些新政策法规的培训,可使员工紧跟新技术和企业自身发展的节奏,掌握新技术、新管理理念和相关政策制度。

(5)特殊工种培训。即以培训为载体,强化特殊工种的管理,确保特殊工种作业的安全运作和有效管理。

(6)送外培训。即与大专院校合作培训以及送国外培训。民丰公司会有专门的老师培训员工,有些是送至南京林业大学培养。

在具体制定培训计划时,民丰公司通过调查结果进一步明确新一年度人力资源开发与培训的目标,制定切实可行的方案,并使培训目标通过年度总培训计划和季度培训实施计划两部分达成。

年度总培训计划即年度人力资源部门开发与培训须达到的总程度,遵从公司总战略,是本年度开发培训的导向,具有旗帜性作用。季度培训实施计划则将总计划细分至各个季度,即拟定每个季度需达到的目标,循序渐进并可适时适事调整,灵活性较强。

(四)培训的实施

在培训计划的实施中,民丰公司结合自己的特点,用活了培训这个平台。

(1)员工培训具体实施工作特别细致

公司培训前会与员工签订相关协议,约定各项权利义务。在培训实施中做到规范管理。参加培训的员工要签到、考核,为了防止员工签到时代签,实行"对号入座"策略(培训时对号入座,每个员工都有自己的专属位置,在讲台上也有一份对应的座位表,教室的门口也贴上名单总表)。

除了与员工沟通培训内容的重要性之外,在送外培训中还向员工宣传"培训代表民丰形象"的理念,让员工意识到自己的一言一行都代表了企业形象。在最近的一次嘉兴市组织的培训中,企业负责培训的人员去上课的教室抽查员工听课情况,看不到本企业的员工,以为许多员工旷课,后来却发现他们都坐在了第一排。

(2)以人为本,工作人性化

根据经验,有的培训放在本厂进行,请假的人有时会相对多一些,于是民丰公司便安排员工到外地培训。为了不影响正常生产,员工培训主要安排在星期天。

公司讲师的授课结合实际,以员工身边人为例现身说法,从员工个人追求出发,找准员工参加培训的激励点,增强员工学习动机,改进培训的效果。

(3)善用培训为企业改革、经营服务

在重大改革时,民丰公司会利用员工培训宣传造势。公司的改革措施也会在课上提及,不仅使员工有了心理准备,也为将来的实施减少了阻力。在培训过程中公司有意安排员工分组讨论,让来自不同分厂的员工相互认识,加强宣传,这一安排很有深意,有力地促进了公司改革的进行。

(4)重视后备人才库的建设

后备人才库是公司人员晋升的来源,公司要求后备人才库的员工每年写一两篇文章,年终要进行员工考核总结,经考核不符合条件的员工移出人才库,并将考核结果符合条件但原来不在人才库的员工移入后备人才库。

(5)善用供应商培训

供应商培训因成本低、效果好等优势,越来越成为企业替代内部培训的有效方式。

(五)培训的有效性评估

民丰公司一般在培训项目结束1个月后开始评估培训效果,评估主要来自两个方面的信息:培训课程本身的效果评估和实际运用对企业产生的收益评估。可以从以下四个层面评估培训效果,对应这四个层面又有不同的评估方法。

(1)学员反映

学员反映这一层次评估受训者对培训的印象。培训结束后受训者须填写一份简短的问卷。在问卷中，学员对培训科目、授课讲师的表达与授课技巧、自己的收获、培训时间的适合程度、后勤服务等方面做出评价。民丰公司人力资源部门根据学员的反馈，及时调整课程内容、授课讲师以及授课方式。

（2）学习效果考察

学习效果这一层次考察受训者对培训内容的掌握程度，包括知识、技能和态度三个方面。一方面，民丰公司在培训前和培训后都进行书面考试或操作测试来衡量学习效果；另一方面，用观察评分或者小组研讨的方式评估员工对培训内容的掌握程度。

（3）行为的改变

行为的改变这一层次考核受训者接受培训后在工作行为上的变化。在进行员工评价时，民丰公司很好地引用了多方评价的机制。对于同一个人，公司将从主管、培训师、师傅、徒弟自身等方面评价，人力资源部门借助一系列的评估表评估。由受训人自己或那些和受训者最接近的人评价，可使评价结果更加真实、全面。行为的改变这一层次考核要尽量区分出哪些改变是由培训带来的。

民丰公司注重对员工培训的考核和奖励，采取提前考核、及时奖励的方式，既减轻了相关工作人员在月末的考核工作，员工也能及时看到自己的考核成绩并按考核成绩得到奖励。

除此之外，员工通过培训以后，公司会为员工提供发展机会，经员工本人申请及分厂推荐，员工有机会被聘任到其他岗位。但值得一提的是，即使该员工通过培训，获得了相关职称，也不是必然就能被聘任到相关职位上。公司秉持"评聘分离"的原则，该原则对员工参与培训起着激励作用，员工若想晋升必须通过培训，但要真正获得该岗位则还需继续努力。该原则激励员工将培训成果进行转化，切实为公司绩效做出贡献。

民丰公司规定参加培训的员工如能通过培训考核，公司将承担员工的培训费用；员工如不能通过考核，则由员工个人支付培训费用。在培训及考核工作结束后，民丰公司实行"阳光培训"的做法，在公司报刊上及时刊登培训及考核的相关资讯。信息公开既是对培训及考核结果的反馈，又是让员工监督培训工作。

三、"师傅带徒"制度的利益共同体特色

民丰公司让人印象最深刻的制度，就是"师傅带徒"的培训制度。或许在大多数公司中都形成了"师父领进门，修行在个人"的理念，但在民丰公司，师傅和徒弟两者成了利益共同体。徒弟在公司工作满1年，且不出现工伤、不违反纪律等情况，公司将给予师傅一定的奖励；徒弟若在工作期间出现什么情况，师傅也将负连带责任。

(一)民丰公司"师傅带徒"的具体做法

(1)制定细则,严格执行

为了使新员工能在最短的时间内适应生产工作需要,促进新员工努力学习生产技术、刻苦钻研业务,发扬民丰公司人"传、帮、带"的优良传统,民丰公司2007年开始开展"师傅带徒"活动。民丰公司对开展此项活动的具体要求和措施制定了相关的细则,并严格执行。

(2)签订"师徒合同"

为了加强对工人岗位上的新员工和在校实习生的管理,促进师傅带徒式的新员工在岗培训扎实开展,使新员工能尽快适应岗位操作要求,公司决定开展"师傅带徒"活动。凡进公司已办理正式录用手续的员工、尚在试用期的员工和在校实习生均要参加。公司指定具有一定专业技能、责任心强的员工作为师傅人选。师傅对徒弟采取一对一或一对二的形式开展指导,切实起到"传、帮、带"的作用。民丰"师傅带徒"的培训制度需经师徒双方协商一致,订立合同。

公司十分重视"师傅带徒"这项工作。确定师傅人选后,公司要求各单位要做好师徒之间的共同协调,并以一定的形式举行"师徒合同"签字仪式,不定期地检查双方履行合同的状况。

(3)明确权利和义务

为保证此项工作顺利开展,在"师徒合同"中规定了师徒双方的权利和义务,最后要求师徒双方签字。这样,师徒双方的权利和义务清晰地以合同形式确定下来,对以后的奖励和处罚都事先做好了说明,防止产生纠纷。师徒合同从四个方面规定了双方的权利和义务。

在思想上,师傅要关心、爱护徒弟,鼓励徒弟热爱集体,遵守职业道德,督促徒弟积极参与本单位的各种会议和活动。徒弟要尊重师傅,听从师傅的指导,自觉继承和发扬民丰人的优良传统,力争做到周围同事和指导师傅都满意。

在技术上,师傅要言传身教,认真传授生产操作技艺,耐心指导、热心帮助。徒弟要主动钻研操作技术,虚心求教,努力掌握本岗位的生产操作技能,尽快做到独立操作。

在工作上,师傅要处处以身作则,督促和指导徒弟自觉遵守各项规章制度,认真工作。徒弟要端正态度,遵守劳动纪律,严格执行生产操作规程,工作上积极肯干。

在安全上,师傅要带头遵守安全操作规程,按要求穿戴和使用好劳动保护用品,加强对徒弟的日常安全教育。徒弟要树立"安全第一"的思想,严格遵守工作岗位安全操作规程,做到"三不伤害",不出安全事故。

合同明确规定了双方的权利和义务,为企业培养有素质、有技术的好员工提供了保障。

(4)检查和考核反馈

为保证"师傅带徒"活动的效果,在"师徒合同"中规定了定期检查和结束时考核的办法:"师徒合同"的期限为一年,活动期间定期检查,活动结束后要对师徒双方进行综合考核,并填写相关考核表。

对于新进员工的培训,每个阶段都有具体的文件表格来记录和表现,并采用提前考核、及时奖励的方式激励师傅和徒弟,使他们能更尽心尽力为公司工作。仅"师傅带徒"活动的相关文件表格就有"活动通知""师徒合同""各单位师徒人员分布表""考核安排""考核情况表""师傅带徒考核表""奖励费发放签名表""师徒合同汇总表"等。民丰公司培训管理工作的细致程度可见一斑。

师傅带徒弟期间要填写相关考核表,内容包括师傅介绍这期间如何培训徒弟和传授技术,总结带徒弟的经验;评价在这一年的培训期内徒弟的表现,作为评定等级和奖励的参考;提出徒弟的潜力和不足,并提出以后发展的建议。例如,在公司考核经验总结中,几个考核为优秀的师傅都提到了生产安全教育、习惯养成及鼓励激励徒弟的重要性。总结反馈师傅带徒弟的经验和意见对管理及培训水平的不断提高起到了重要作用。

(5)及时奖励

根据考核结果及时奖励师傅。奖励比例和标准为:优秀10%,奖金600元;良好20%,奖金400元;合格,奖金200元;不合格不予奖励。公司明确规定师徒出安全事故的、师徒因违纪违章被查实二次以上的,徒弟在操作技能上被认为是不达标的等情况为考核不合格,规定徒弟在师徒合同期内离开公司的、因工作调动师傅带徒弟未满8个月的情况不予奖励。

举个实际发生的例子:曾有一个徒弟在即将满一年的前两天受了工伤,按照规定,这属于考核不合格的情况,这位师傅也就失去了奖金。在这样的制度下,双方均不希望自己或对方出现意外,工作中都能按照规程操作,提高了工作的有效性。在徒弟接受培训期间,师傅和徒弟也密不可分。如徒弟在培训期间无故旷课、请假,均会对两人的奖金产生影响,这样也为保持良好的课堂纪律提供了一定的保障。公司在一年的考核期结束后,会及时反馈考核情况和发放奖金,同时会在公司报刊上表扬优秀的师傅和徒弟。

以上措施保证了徒弟能学到货真价实的技术,使其能尽快适应工作需要,为公司创造效率和利益,同时也能提高士气,减少员工流失。师徒两个人在工作中经常接触,在培训中也会培养感情,许多师徒在师徒期结束之后都成了好友,多年来在工作、生活上互帮互助对促进企业发展起到了积极作用。

四、职业生涯管理

民丰公司对员工的开发是十分重视的。公司遵循系统化、长期性和动态原则,进行员工职业生涯管理。公司结合组织发展目标和员工自身需求规划员工职业生涯,并且提供实现的机会。

民丰公司制定了操作技能岗位系列和管理技术岗位系列两大系列的员工职业生涯发展的路径(见图7—1)。其中管理技术岗位系列又分为管理技术业务系列、技术职务系列和管理职务系列。操作技能岗位与管理技术岗位、管理专业与技术专业等,可根据员工自身的条件,通过竞聘、选聘等形式相互转换(见图7—2)。

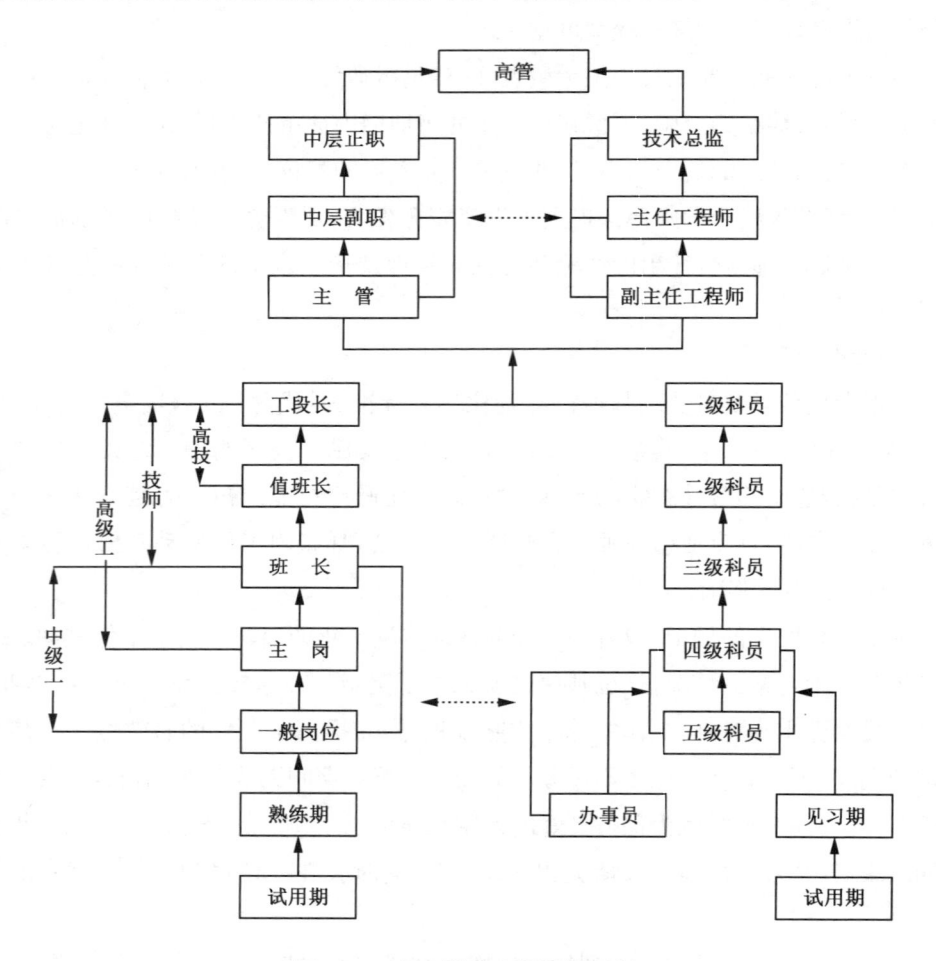

图7—1 员工职业生涯发展规划

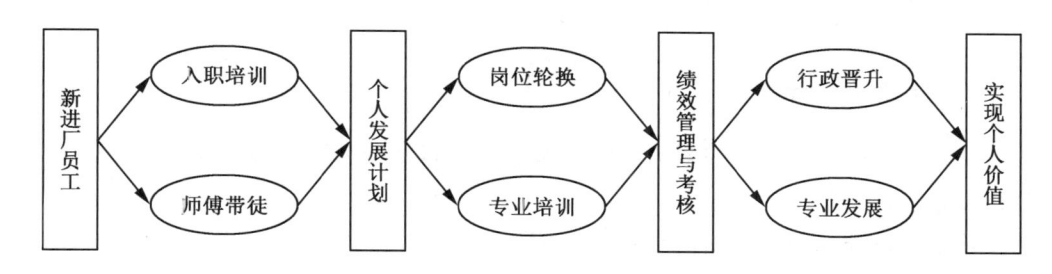

图 7-2 员工职业生涯发展路径

为使员工职业生涯发展有效地在公司环境中实现,公司制定了比较完善的选拔和激励机制。公司遵循员工职业生涯发展的一般规律,本着执着的精神,通过培训、轮岗等方式,尽量合理选择规划好员工发展方向,努力促进员工在完成组织目标的过程中实现个人的价值。

案例使用说明:

一、教学目的与用途

1. 本案例主要适用于管理学、培训与开发和人力资源管理等课程。
2. 本案例是一篇描述民丰公司员工培训的教学案例,其教学目的在于使学生对培训的流程、培训的激励和培训方式具有感性的认识及深入的思考,从培训的流程和激励理论等角度分析总结民丰公司的员工培训经验。

二、启发思考题

1. 结合相关理论分析,分析民丰公司的员工培训上有哪些优点。
2. 结合相关理论分析,分析民丰公司的师傅带徒活动有哪些优点。
3. 分析民丰公司的员工培训有哪些特点。
4. 展望设想要实现新战略,民丰公司员工培训可如何改进?

三、分析思路

教师可以根据自己的教学目标(目的)灵活使用本案例。这里提出本案例的分析思路,仅供参考。

1. 从培训流程的角度分析民丰公司培训的系统性。
2. 用激励相关理论分析民丰公司员工培训的激励。

3. 用学习理论分析民丰公司员工培训。

四、建议课堂计划

本案例可以作为专门的案例讨论课来进行。如下是按照时间进度提供的课堂计划建议,仅供参考。

整个案例课的课堂时间控制在 80～90 分钟。

课前计划:提出启发思考题,请学员在课前完成阅读和初步思考。

课中计划:简要的课堂前言,明确主题(2～5 分钟)

    分组讨论　　(30 分钟,告知发言要求)

    小组发言　　(每组 5 分钟,控制在 30 分钟)

    引导全班进一步讨论,并归纳总结(15～20 分钟)

课后计划:如有必要,请学员采用报告形式给出更加具体的解决方案,包括具体的职责分工,为后续章节内容做好铺垫。

走近HR视频

| 人才培养与开发 | 测试题 | 测试题答案 | 案例面对面 |

第 8 章　浙江鼎美的绩效管理体系

概念导读

绩效管理是指制定员工的绩效目标并收集与绩效有关的信息,定期对员工的绩效目标完成情况做出评价和反馈,以确保员工的工作活动和工作产出与组织一致,进而保证组织目标完成的管理手段和过程。

音频

绩效管理的概念

导入案例

摘　要:本案例全景式地描写了浙江鼎美的绩效管理体系。浙江鼎美绩效管理体系由绩效计划、绩效反馈与辅导、绩效信息收集、绩效考核、绩效面谈、绩效申诉与处理、考核结果归档和考核结果运用八部分构成,形成了一个管理循环;具有把员工践行企业核心价值观纳入员工绩效考核、通过平衡计分卡(BSC)分解落实组织绩效目标、每个员工对组织或部门的群体绩效承担责任和把绩效考核结果运用于人力资源管理各项决策等特点;通过组织领导机制、沟通机制、监控机制、申诉机制、弹性机制和完善机制等运行机制保证了绩效管理体系的有效运行。

关键词:绩效管理　绩效管理体系　运行机制

> 1. 本案例由嘉兴学院的陈至发撰写,未经允许,本案例的所有部分都不能以任何方式与手段擅自复制或传播。
> 2. 由于企业保密的要求,在本案例中对有关名称、数据等做了必要的掩饰性处理。
> 3. 本案例只供课堂讨论之用,并无意暗示或说明某种管理行为是否有效。
> 4. 本案例资料由案例企业提供。

一、企业概况

浙江鼎美(全称为浙江鼎美电器有限公司)位于浙江省嘉兴市,占地约 36 375 平方米,建筑面积 52 753 平方米,现有员工 500 多人,是集科研、设计、制造、营销、智能化于一体的综合性企业。目前,浙江鼎美依托国际化的管理经营理念、专业化的研发设计、规模化的生产物流,已发展成一家品牌运作的现代化公司。在企业发展过程中,浙江鼎美非常重视企业管理的科学化、规范化和制度化,制定实施了浙江鼎美电器有限公司企业标准。其中,在2010年,聘请了深圳一家管理咨询公司为公司设计了一套绩效管理制度体系,经过起步、停滞、重启和不断完善,现已形成一套科学、规范的绩效管理体系。

二、浙江鼎美绩效管理体系构成

浙江鼎美绩效管理体系由八部分构成,包括绩效计划、绩效反馈与辅导、绩效信息收集、绩效考核、绩效面谈、绩效申诉与处理、考核结果归档和考核结果运用,形成了一个管理循环(见图8—1)。

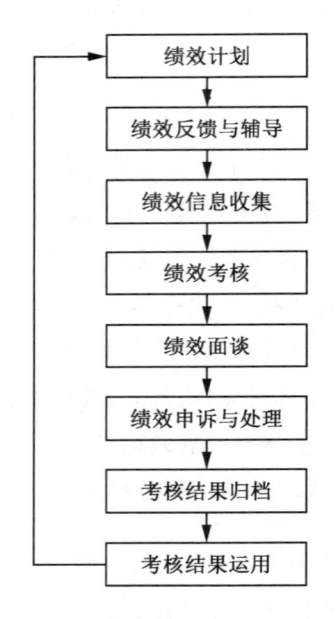

图8—1 浙江鼎美绩效管理体系及其循环

1. 绩效计划

绩效计划是浙江鼎美管理人员和各级部门、员工共同沟通协商,对部门和员工在绩效管理周期内的工作目标和标准达成一致意见的过程。在绩效计划阶段,浙江鼎美要求各级管理者根据绩效管理周期,对部门(员工)的要求和期望,在与部门(员工)沟通协商的基础上,确定绩效周期的工作任务、关键绩效指标,设定关键绩效指标的目标值及评分标准;并将设定的关键绩效指标、目标值及评分标准,填入相应的绩效考核表,呈报上级主管认定后,统一交给人事科备案。

2. 绩效反馈与辅导

绩效反馈与辅导是管理者与员工在绩效计划实施过程中分享有关绩效信息以及员工面临困难时管理者给予必要指导的过程。为了确保部门（员工）在绩效形成过程中实现有效的自我控制，浙江鼎美要求各级主管在绩效计划实施过程中必须及时向员工提供绩效反馈与辅导。绩效反馈与辅导的基本内容有：(1)反馈员工的绩效执行情况；(2)根据绩效执行过程中遇到的困难和问题，向员工提供工作方法方面的指导并协助解决异常情况；(3)为员工提供资源支持；(4)开发员工技能，促进绩效的更好实现和员工的个人发展。

3. 绩效信息收集

绩效信息收集是管理者收集和记录员工绩效形成过程中的各种信息，以作为绩效考核和绩效改善事实依据的过程。浙江鼎美明确要求，对于部门（员工）在绩效形成过程中存在的比较突出的问题、良好的表现以及主管的指导过程等信息，上级主管需要及时收集和记录信息，以便为绩效考核和绩效改善积累客观依据。

4. 绩效考核

绩效考核是管理者对照工作目标或绩效标准评定员工业绩等级的过程。为保证绩效考核客观、公正，浙江鼎美明确要求各级主管在考核时，必须依据客观事实评价目标的实现情况，尽量避免主观，同时做好评价记录，以便进行绩效面谈。

5. 绩效面谈

绩效面谈是在绩效考核后主管与员工一起确认员工绩效考核等级以及制定下一绩效管理周期的绩效计划的过程。浙江鼎美明确要求，在考核结束后，各级主管必须与每位下属进行绩效面谈，面谈的主要目的在于：确认员工绩效考核等级；肯定成绩，指出不足，为员工职业能力和工作绩效的不断提高指明方向；讨论员工产生不足的原因，区分下属和管理者应承担的责任，以便形成双方共同认可的绩效改善点，并将其列入下月度的绩效改进目标；在员工与主管互动的过程中，确定下月度的各项工作目标。

6. 绩效申诉与处理

任何员工对自己的考核结果不满，均可以在申诉期内向隔级主管提起申诉，也可以直接向申诉中心申诉。主管或申诉中心接到投诉后，必须在规定的时间内，组织相关人员再次评估申诉者。如申诉者对再次评估仍不满意，可以通过公司进一步协调。

7. 考核结果归档

考核资料必须严格管理，考核结束后，人事科须将原始表格归入员工档案，员工个人和主管只能保留复印件。

8. 考核结果运用

考核结果可以运用于绩效工资的发放、员工薪资调整、员工培训、岗位调动与晋升等方面。

三、浙江鼎美绩效管理体系的特点

（一）把员工践行企业核心价值观纳入员工绩效考核

浙江鼎美非常重视企业文化建设,重视企业文化在日常管理中的运用。企业文化建设的核心是确立企业文化核心价值观。浙江鼎美在不断发展的过程中,逐渐凝练而形成了自己的"真"企业文化核心价值观(见图8-2)。

图8-2 浙江鼎美的"真"企业文化核心价值观

浙江鼎美企业文化核心价值观表述为：做人真诚、做事认真、结果导向。

做人真诚是指诚信务实、团结友善和廉洁敬业。诚信务实即诚信正直、言行坦荡、讲究实际、实事求是；团结友善即齐心协力、支持协作、关心理解和亲近和睦；廉洁敬业即克己奉公、清正廉明和专业执着。

做事认真是指开拓创新、注重细节和持续改进。开拓创新即勇于开拓、矢志创新、锐意进取和革旧鼎新；注重细节即标准规范、流程清晰、层层解码和重在执行；持续改进即坚持不懈、循序渐进、提升效率和降低成本。

结果导向是指品质卓越、客户满意和共享成果。品质卓越即技术改进、工艺革新、品质保障和精益求精；客户满意即客户至上、服务为本、快速反应和完美解决；共享成果(即同舟共济、荣辱与共、创业创新和合作共赢)。

在建设企业文化的过程中,浙江鼎美注重员工在日常工作中践行企业文化核心价值观,并将员工践行企业文化核心价值观的具体表现纳入员工绩效考核(见表8-1)。

表 8—1　　　　浙江鼎美员工践行企业文化核心价值观考核内容及评价标准

考核项目		评价标准				
价值观考核（总分 45）	诚信务实	诚实正直，言行一致，不受利益和压力的影响	通过正确的渠道和流程，准确表达自己的观点；表达批评意见的同时能提出相应建议	不传播未经证实的消息，不背后不负责任地议论事和人，并能正面引导	勇于承认错误，敢于承担责任；客观反映问题，对损害公司利益的不诚信行为严厉制止	能持续一贯地执行以上标准
	分值 5	1	2	3	4	5
	团结友善	积极融入团队，乐于接受同事的帮助，配合团队完成工作	决策前发表建设性意见，充分参与团队讨论；决策后无论个人是否有异议，必须从言行上予以完全支持	积极主动分享业务知识和经验；主动给予同事必要的帮助；善于利用团队的力量解决问题和困难	善于和不同类型的同事合作，不将个人喜好带入工作，充分体现"对事不对人"的原则	有主人翁意识，积极正面地影响团队，改善团队士气和氛围
	分值 5	1	2	3	4	5
	廉洁敬业	不收受或主动索取贿赂；上班时间只做与工作有关的事情	对客户赠送的礼品等主动退还，并晓以大义；今日事今日毕，遵循必要的工作流程	劝阻他人不接受馈赠或贿赂；持续学习，自我完善，做事情充分体现以结果为导向	主动提报相关提案，完善公司廉洁政策；能根据轻重缓急正确安排工作优先级，做正确的事	积极检举公司其他人员接受贿赂，经查属实；遵循但不拘泥于工作流程，化繁为简
	分值 5	1	2	3	4	5
	开拓创新	适应工作环境的变化，并付诸行动	乐于接受变化，并以积极正面的态度参与其中	不断改善个人工作方式方法，使个人绩效得以持续提升	能提出与本职工作密切相关的创新提案，从而提升团队绩效	创造变化，并带来公司业绩突破性提高
	分值 5	1	2	3	4	5
	注重细节	做事细致、谨慎，不易出错	做事有计划性、条理性	对计划做出详尽的行动方案并落实	工作力求尽善尽美，任何一个环节都详尽规范	工作标准化、精细化程度高
	分值 5	1	2	3	4	5
	持续改进	发现工作失误，并及时改正	不断完善本职工作，提升工作质量	对工作中存在的不足进行改善，并形成合理化建议	能制定标准化文案，同时影响他人持续提升素质	时刻保持创新意识，打破常规，标新立异
	分值 5	1	2	3	4	5

续表

考核项目		评价标准				
价值观考核(总分45)	品质卓越	没有因工作失职而造成的重复错误	始终保持认真负责的工作态度	帮助客户解决疑难问题并获得客户的积极认可	用较小的投入获得较大的工作成果	不断突破过去的最好表现
	分值5	1	2	3	4	5
	客户满意	认真对待客户提出的问题，尽职尽责帮助客户解决问题	微笑面对投诉和受到的委屈，积极主动地在工作中为客户解决问题	与客户交流过程中，即使不是自己的责任，也不推诿	站在客户的立场思考问题，在坚持原则的基础上，最终达到客户和公司都满意	具有超前服务意识，防患于未然
	分值5	1	2	3	4	5
	共享成果	尊重他人，随时随地维护公司形象	积极分享个人经验及成果，帮助他人进步	爱护公物，维护集体利益，以主人翁的责任感实践个人使命	积极阻止或举报他人有损公司利益的行为，并积极为公司的发展献计献策	以公司发展为己任，不计较个人得失，与公司荣辱与共
	分值5	1	2	3	4	5

在浙江鼎美，员工践行企业文化核心价值观考核每季度进行一次，由其主管领导以客观事实为依据考核员工，评分结果等级分为：优秀37～45分；良好28～36分；合格19～27分；不合格0～18分，共四个等级。价值观得分在合格及以上等级者，不影响综合评分数，但要指出价值观改进方向；价值观得分为不合格者，本季度绩效考核成绩每月度减10分，连续2次不合格者取消绩效评定资格，绩效得分为0，采用调岗或辞退处理；任意一项价值观得分为0，无资格参与绩效评定。

(二)通过平衡计分卡(BSC)分解落实组织绩效目标

企业的战略目标和经营目标必须有效地分解落实到部门和员工。但具体要求如何落实，不同企业有不同的做法。传统的组织管理只注重财务指标，而忽视非财务指标。浙江鼎美善于引入现代绩效管理工具，在绩效管理中引入了平衡计分卡，从财务管理、客户与市场管理、内部运营管理和学习与成长管理四个维度设计绩效指标。

首先，根据企业经营战略和经营目标，确定企业层级的绩效考核指标和绩效标准。在企业层面，财务管理指标包括利润额、销售收入达成率、成本控制和回款率；客户与市场管理指标包括新增店铺数量、经销商满意度和经销商开发完成率；内部运营管理指标包括产品开发按期完成率、制造达成率、管理体系建设规划、产品交付合格率和信息化管理；学习与成长管理指标包括人才引进成功率、核心人员流失率和培训达成率。(见表8－2)。

表 8-2　　　　　　　　　浙江鼎美企业级绩效考核指标（BSC）

考核维度	权重	考核指标	定义及衡量标准	数据提供	相关考核部门
财务管理	30	利润额	2013年实现利润　万元 实际利润额/目标利润额×100%	财务科	总经理室、各中心
		销售收入达成率	2013年产品销售收入达到　亿元 实际销售收入/目标销售收入×100%	财务科	总经理室、营销、制造、研发
		成本控制	成本费用总额占销售收入的　% 实际成本/目标成本×100%	财务科	各中心、科室
		回款率	实际回款额/目标值×100%	财务科	营销中心、财务科
客户与市场管理	20	新增店铺数量	实际店面数量/目标店面数量×100%	营销中心	营销、市场部
		经销商满意度	实际满意值/目标满意度×100%	营销中心	营销、市场
		经销商开发完成率	实际数量/目标数量×100%	营销中心	营销、市场部
内部运营管理	30	产品开发按期完成率	实际值/目标值×100%	制造中心	研发、技术
		制造达成率	满足销售需求的制造能力 实际值/目标值×100%	PMC	制造中心
		管理体系建设规划	建立并持续改善标准化管理制度和流程	企管与HR	制造中心、营销中心、公共中心等
		产品交付合格率	合格件数（批次）/总件数（批次）×100%	品质	制造中心
		信息化管理	信息系统集成度、稳定性、数据准确及时性	企管与HR	企管与HR、各中心、科室
学习与成长管理	20	人才引进成功率	实际引进人数/目标引进人数×100%	企管与HR	企管与HR
		核心人员流失率	考核周期内主动流失率控制在　% 月度主动流失人数/(月初人数+月末人数)	企管与HR	企管与HR、各中心、科室
		培训达成率	构建人才队伍建设，提高人才梯队能力素质 实际培训人数或次数/计划培训×100%	企管与HR	企管与HR、各中心、科室

其次，通过持续沟通和协商逐层分解目标，落实到部门和员工个人。如工程部助理绩效考核指标包括工程科销售任务达成率、工程科总销售回款达成率、工程科新客户开发数量、工程科销售费用预算控制率、工程科客户投诉次数及处理时效（非质量投诉）和上级交办任务的出错次数（见表8-3）。

表 8—3　　　　　　　　　　　　浙江鼎美工程部助理绩效考核

浙江鼎美电器有限公司			工程部2013年　　月绩效考核表								
			岗位名称：工程部助理（　　）								
序号	指标名称	指标界定	目标值	配分	评分规则	数据来源	考核周期	实际值	单项得分	数据记录表单	经验值
1	工程科销售任务达成率	根据财务口径，以实际出货为准。低于75%，扣除当月全部奖金	按月度目标	30	低于75%扣除当月奖金；75%～100%根据实际百分比乘以总配分；100%以上每增1%加分数的10%	财务科	月累			财务报表	
2	工程科总销售回款达成率	根据财务口径，以实际回款为准。低于85%，扣除当月全部奖金	按月度目标	20	低于75%扣除当月奖金；75%～100%根据实际百分比乘以总配分	财务科	月累			财务报表	
3	工程科新客户开发数量	开发成功，签订合同，并打预付款或成交第一笔订单	按月度目标	10	OEM每减一个客户，减分数的20%；工程项目每签一个客户同样增100%，自由客户每减一个，减分数的10%	财务科	月累			财务报表	
4	工程科销售费用预算控制率	销售费用预算控制率＝当期实际发生费用÷当期预算费用×100%；销售费用：以财务统计口径为准	100%	20	每减1%减分数的10%	财务科	月			财务报表	
5	工程科客户投诉次数及处理时效（非质量投诉）	以总经理、品管部统计的属于本部门人员责任的有效投诉（不重复计算）	5	10	每发生1次减分数的50%	工程部长、品管科	月			异常情况记录表	
6	上级交办任务的出错次数	出错：延迟或不达标	0	10	每出错1次减分数的50%	工程部长	月			异常情况记录表	
被考评签字、日期：					绩效等级：			本次得分：			
直属主管、部门长签字、日期：					修正后绩效等级：			修正后得分：			
企管与人力资源部签字、日期：					如有投诉，相关部门/委员会意见：						

浙江鼎美通过平衡计分卡（BSC）有效地将组织绩效目标分解落实到部门和个人，实现了组织绩效在企业层、部门层和个人层之间的无缝对接，保证了企业组织绩效的高效达成和企业经营战略和经营目标的实现。

（三）每个员工对组织或部门的群体绩效承担责任

在实践中,对于员工的绩效考核包括以团队为基础的绩效考核和以个人为基础的绩效考核。前者有利于团队成员间的团结和协作,但存在成员"搭便车"现象,后者有利于员工充分发挥个人的积极性,但不利于团队团结和协作。浙江鼎美认为,企业的成功既要发挥员工的个人积极性,又要充分促进员工之间的团结和协作。因此,浙江鼎美在绩效管理中,建立了以团队为基础和以个人为基础相结合的绩效考核制度,每个员工既对个人的绩效负责,也要对组织或部门的群体绩效承担责任。

在浙江鼎美,每个员工的绩效由两部分组成:一是来源于组织或部门的整体绩效得分;二是来源于考核期内的个人工作绩效得分。其中,公共中心副总、营销中心总经理、制造中心副总、集成家居事业部副总和配件中心总经理的绩效有50%来源于公司级的整体绩效;企管与人力资源部部长及副部长的绩效有20%来源于公司级的整体绩效;各中心副总以下科长以上(含科长)的绩效有10%来源于公司整体绩效,20%来源于中心的整体绩效;科长以下人员的绩效有20%来源于所属科室、部门或中心的整体绩效得分(详见表8—4)。

表8—4　　　　　　　　浙江鼎美员工个人绩效考核指标权重分配

部门名称	岗位名称	公司绩效比例	部门绩效比例	个人业绩比例
总经理室	总经理	100%	0	0
	营销中心总经理	50%	50%	0
	制造中心副总	50%	50%	0
	公共中心副总	50%	50%	0
	配件中心总经理	50%	50%	0
	集成家居副总	50%	50%	0
企管与人力资源部	部长、副部长	20%	80%	0
	其他岗位	10%	20%	70%
公共中心	科长	10%	20%	70%
	其他岗位	0	20%	80%
营销中心	中心总经理助理	10%	20%	70%
	部长	10%	20%	70%
	科长	10%	20%	70%
	其他岗位	0	20%	80%
制造中心	科长	10%	20%	70%
	其他岗位	0	20%	80%

续表

部门名称	岗位名称	公司绩效比例	部门绩效比例	个人业绩比例
配件中心	涂装科长	10%	20%	70%
	综合管理科长	10%	20%	70%
	其他岗位	0	20%	80%
集成家居	科长	10%	20%	70%
	其他岗位	0	20%	80%

（四）把绩效考核结果运用于人力资源管理各项决策

在绩效反馈阶段，浙江鼎美非常重视员工绩效考核结果的运用，把绩效考核结果运用到人力资源管理的各项决策中，如绩效工资、年终奖、标准工资调整、职业生涯发展等。

1. 运用于绩效工资的确定

浙江鼎美建立了一套完善的将绩效与工资挂钩、激励员工不断提高绩效的机制。绩效工资根据以下公式计算：

$$绩效工资＝绩效工资基数×绩效系数$$

其中，绩效工资的基数由薪酬体系确定，而绩效系数＝组织绩效×权重＋部门绩效×权重＋个人绩效×权重。

员工个人绩效包括价值观考核和关键绩效指标考核两部分。其中，价值观考核总分 45 分，根据得分划分为四个等级，关键绩效指标考核总分为 100 分，根据得分划分为五个等级（见表 8—5、表 8—6）。

表 8—5　　　　　浙江鼎美价值观考核得分与考核等级对应情况

考核成绩	[37,45]	[28,37)	[19,28)	[0,19)
评价等级	A(优秀)	B(良好)	C(合格)	D(不合格)

表 8—6　　　浙江鼎美关键绩效指标考核得分与考核等级对应情况（满分 100 分）

绩效成绩	[95,100]	[90,95)	[80,90)	[60,80)	[0,60)
绩效等级	A	B	C	D	E
个人绩效系数	1.1	1.0	0.8	0.6	0

绩效考核成绩最小以科室为单位进行内部总体核算，绩效工资总额不变，根据团队成员得分不同进行加权分配。

2. 年终奖的确定

浙江鼎美将年终奖与员工年度绩效考核结果挂钩，员工个人年终奖根据以下公式计算确定：

$$年终奖＝奖金基数×个人年度绩效系数$$

其中，奖金基数由薪酬体系确定，个人年度绩效系数以个人年度绩效责任书考核结果为准，个人月度考核及价值观考核成绩均值作为参考依据。

3. 标准工资调整

浙江鼎美电器有限公司建立了基于年度绩效的标准工资调整机制。浙江鼎美的标准工资分为15个薪等9个薪级，根据个人绩效成绩每年度调整一次薪级。

4. 员工职业生涯发展

年度绩效考核结束后，要将所有人员的绩效分数进行体系分析，按照绩效等级排序，优胜劣汰，进入相应的人才库，并对不同绩效表现者设计不同的职业发展计划。对绩效突出、素质好、有创新能力的优秀管理人员，通过岗位轮换、特殊培训等方式，从素质和能力上全面培养，在班子调整补充人员时，优先予以提拔重用。对绩效不能达到要求、能力改进并不明显的员工，应考虑转岗，让其在更合适的岗位上发挥作用。

四、浙江鼎美绩效管理体系的运行机制

（一）绩效管理组织领导机制

浙江鼎美认为，绩效管理贯穿于企业管理的全过程，是企业管理的中心工作；绩效管理不仅是人力资源管理部门的责任，更是各级管理人员和全体员工的责任。为了贯彻这一管理理念，浙江鼎美组建了绩效管理委员会作为绩效管理常设机构，绩效管理委员会下设绩效管理领导小组、执行小组、申诉中心，从而建立了绩效管理领导小组、执行小组和申诉中心三位一体的绩效管理组织领导机制，保证了公司绩效管理规范、有效运行。

1. 绩效管理领导小组

绩效管理领导小组主任由总经理直接担任，成员包括各中心总经理、企管与人力资源部部长、企管与人力资源部副部长。领导小组的主要职责是：负责确定绩效管理整体思路框架；审核绩效管理办法；监督检查绩效管理办法的执行状况；对绩效考核进行监督检查；对绩效管理纠纷进行最终裁决。

2. 绩效管理执行小组

绩效管理执行小组组长由企管与人力资源部副部长担任，各部部长/负责人及科长担任副组长，成员包括绩效薪酬主管和绩效专员。绩效管理执行小组的主要职责是：负责绩效管理办法的执行；组织制定绩效考核指标；收集分析绩效信息；监督检查绩效管理制度与办法的执行情况；组织各部门、科室开展绩效考核并收集核算月度、年度的各部门绩效考核结果;汇总员工考核结果。

3. 绩效管理申诉中心

绩效管理申诉中心由总经理担任组长,成员包括企管与人力资源部部长、企管与人力资源部副部长、绩效薪酬主管。申诉中心的主要职责是:负责接受、审核、处理绩效管理申诉;负责协调绩效管理中的常规性矛盾;发现绩效管理中存在的问题并提出相应建议。

(二)绩效管理沟通机制

绩效管理的一个重要特点就是持续沟通。这一点在浙江鼎美得到了充分体现。浙江鼎美在绩效管理过程中建立了完善的沟通机制,沟通贯穿于整个绩效管理之中。

在绩效计划阶段,组织目标的分解注重协商。与传统的组织目标分解由上级主管直接向下级下达目标任务不同,浙江鼎美在分解落实组织目标时,注重充分沟通与协商。在组织与部门、部门与员工充分沟通和协商,取得共识的基础上,分层确定绩效周期的工作任务、关键绩效指标,设定关键绩效指标的目标值及评分标准。

在绩效实施阶段,及时向员工提供绩效沟通与辅导。浙江鼎美在绩效管理过程中,明确了直线经理人员的绩效监控责任,要求直线经理人员在绩效管理过程中必须及时收集记录员工的绩效信息,了解员工绩效执行情况,并及时将绩效执行信息反馈给员工。对于绩效执行情况良好的员工,给予及时的鼓励;对于绩效执行不到位的员工,主动与员工分析问题,找出原因,给予必要的辅导和支持,帮助员工及时解决绩效执行中的问题,保证绩效计划正常执行。

在绩效考核阶段,重视与员工反馈面谈。在考核结束后,各级主管必须与每位下属进行绩效面谈,面谈的主要目的在于:肯定成绩,指出不足,为员工职业能力和工作绩效的不断提高指明方向;讨论员工产生不足的原因,区分下属和管理者应承担的责任,以便形成双方共同认可的绩效改善点,并将其列入下月度的绩效改进目标;在员工与主管互动的过程中,确定下月度的各项工作目标。

(三)绩效管理监控机制

浙江鼎美建立了主管日常监控和人力资源部定期监控的双层监控机制。在绩效管理的日常工作中,主管重点监控员工工作态度、行为和员工绩效计划完成情况。具体涉及以下方面:(1)员工绩效计划实施进展情况怎样?(2)员工在绩效计划实施中哪些方面做得很好?哪些方面需要纠正和改善?(3)员工在绩效计划实施中是否在努力达成绩效目标和绩效标准?(4)员工在绩效计划实施中,如果偏离目标,管理者应该采取哪些纠正措施?(5)员工在绩效计划实施中遇到了哪些困难和障碍?需要管理者提供何种帮助?(6)员工在绩效计划实施中是否有外部环境因素影响绩效目标的实现?绩效目标是否需要调整?如何调整?等等。主管的日常监控可以及时了解员工绩效计划实施进展情况,及时发现绩效计划实施中存在的问题,采取有效的措施,从而保证绩效实施计划的有效达成。在每个绩效管理末期,人力资源部都要分析员工在本绩效周期的绩效考核结果,定期监控绩效管理体系运行情况。分析的内容主要是:(1)从公司层面,总体分析员工绩效考核结果各等级分布情况,判断员工绩效考核结果分布是否合理?分析员工考核结果分布不合理的原因。(2)从部门层面,分析各部门员工绩效考核结果的分布情况,判断各个部门员工绩效的优劣以及各部门考核尺度的把握情况。(3)从纵向比较角度,分析各绩效管理周期员工绩效考核结果的分布情况,判断员工绩效考核结果的分布是否趋于合理(见图8-3、图8-4)。

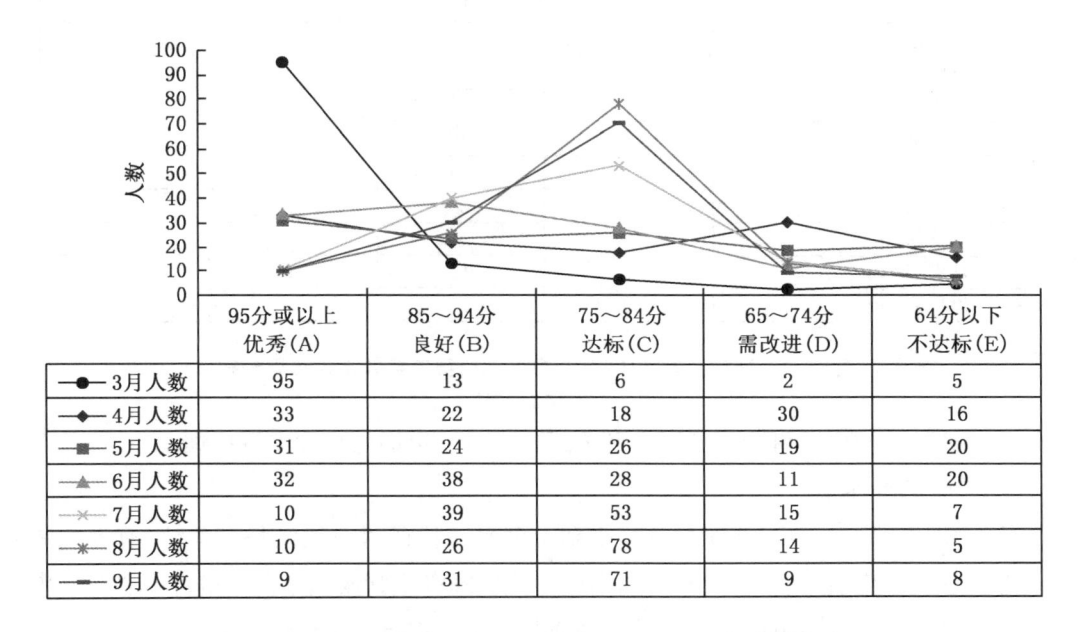

	95分或以上 优秀(A)	85~94分 良好(B)	75~84分 达标(C)	65~74分 需改进(D)	64分以下 不达标(E)
3月人数	95	13	6	2	5
4月人数	33	22	18	30	16
5月人数	31	24	26	19	20
6月人数	32	38	28	11	20
7月人数	10	39	53	15	7
8月人数	10	26	78	14	5
9月人数	9	31	71	9	8

图8-3 浙江鼎美2013年3—9月员工绩效考核结果分布

对员工绩效考核结果的分析,可以发现存在的问题,进而提出改进措施。如从图8-3可以看出,2013年3月浙江鼎美员工绩效考核结果中优秀率太高,原因是部分主管考核尺度把握过松,采取纠正措施后,4月、5月和6月员工绩效考核结果中优秀率下降,但仍然较高;进一步分析找出原因并采取纠正措施后,8月和9月员工绩效考核结果中优秀率趋于正常,整个公司考核结果趋于符合正态分布。从图8-4可以看出,虽然整个公司员工绩效考核结果趋于正态分布,但员工绩效考核结果优秀全部集中在营销部,同时需改进和不达标的员工也主要集中在营销部。分析其原因,提出纠正措施,可以使浙江鼎美绩效管理体系不断趋于完善。

(四)绩效管理申诉机制

为了保证员工绩效考核的客观和公正,浙江鼎美建立了绩效管理申诉机制。浙江

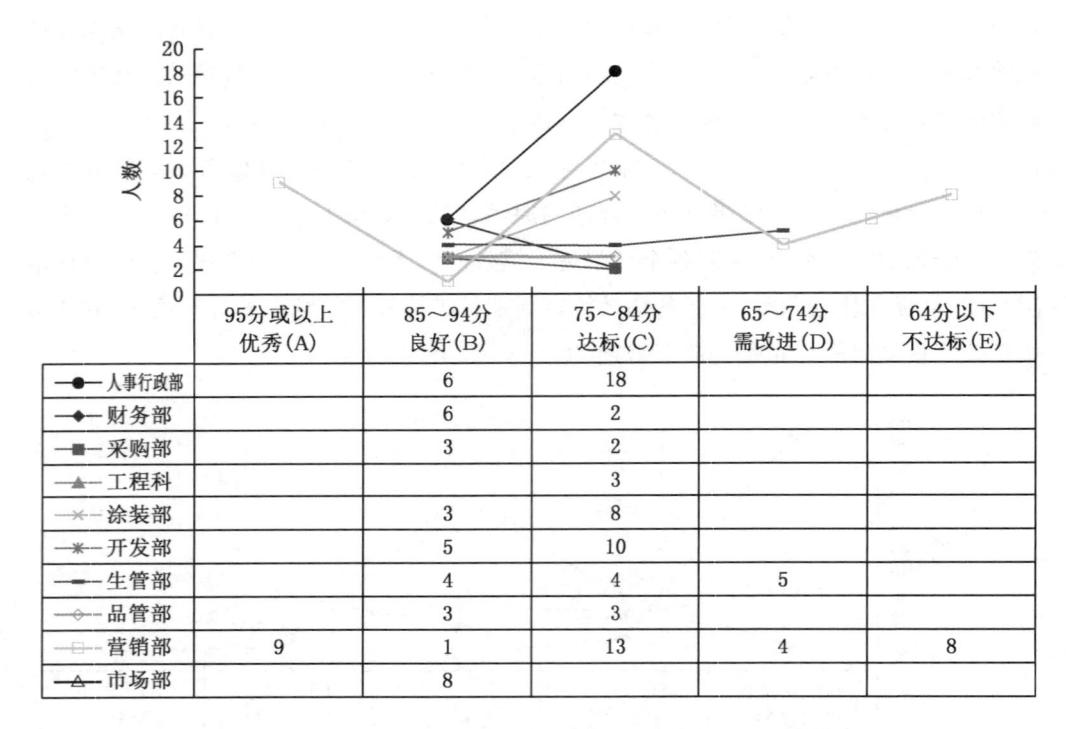

	95分或以上 优秀(A)	85～94分 良好(B)	75～84分 达标(C)	65～74分 需改进(D)	64分以下 不达标(E)
●— 人事行政部		6	18		
◆— 财务部		6	2		
■— 采购部		3	2		
▲— 工程科			3		
×— 涂装部		3	8		
＊— 开发部		5	10		
—— 生管部		4	4	5	
◇— 品管部		3	3		
□— 营销部	9	1	13	4	8
△— 市场部		8			

图 8—4 浙江鼎美 2013 年 9 月各部门员工绩效考核结果分布

鼎美的绩效管理申诉机制包括三个环节：员工申诉、申诉处理和申诉反馈。

1. 员工申诉

在绩效管理过程中，员工如认为受到不公平对待或对考核结果有争议，有权在绩效考核反馈结束后 3 个工作日内，以书面形式向隔级主管或绩效管理申诉中心提交申诉报告，提出申诉，申诉中心或绩效管理委员会负责将员工申诉统一记录备案。

2. 申诉处理

绩效管理申诉中心审核申诉报告，决定是否需要召开由申诉人、申诉人的上级领导、绩效管理委员会组成的申诉评审会。如果员工申诉内容属实，申诉评审会需要按绩效考核流程，对申诉人重新进行绩效考核，此次考核结果即该员工本考核期内的考核成绩。而且申诉评审会还需要确定绩效考核人对员工考核过程中是否存在不公平现象。如果发现绩效考核人在考核过程中确有不公平行为，将采取相应的处罚措施。如果申诉人对评审会考核结果仍不满意，可在得到考核结果的 3 个工作日内向绩效管理领导小组申诉，领导小组审核后根据具体情况，决定是否进行二次评审。如需二次评审，则由绩效管理领导小组、执行小组、申诉中心、绩效考核人和被考核员工共同讨论，最终裁决该员工绩效考核成绩，以绩效管理领导小组最终决定的评审意见为准。对于绩效考核过程中出现的不合理现象，领导小组保留进一步调查处罚的权利。

3. 申诉反馈

申诉提出之日起3个工作日内应给予争议双方书面处理意见答复。申诉评审会完成后的2个工作日内将考核结果以书面形式反馈给申诉人。

(五) 绩效管理弹性机制

浙江鼎美认为,企业内外经营环境一直处于不断发展变化之中,企业经营战略和经营目标应当随着企业内外经营环境的发展变化调整,因此绩效管理必须保持可以调节的弹性,以适应企业内外经营环境的发展变化。浙江鼎美在建立绩效管理体系的过程中,确定了绩效计划调整的条件和程序,建立了绩效管理的弹性机制。

1. 绩效计划调整的条件

当公司业务发展计划发生变化、组织结构发生调整、市场外部环境出现重大变化时,浙江鼎美员工的绩效计划表可以在考核期内修改。

2. 绩效计划调整的程序

浙江鼎美绩效计划调整程序包括提出申请、协商修改、提交审核和备案四个环节。

(1) 提出申请。绩效计划表的被考核人或考核人的任一方认为绩效计划表需要调整时,需向另一方提出申请。

(2) 协商修改。绩效计划表的签约双方需要进行正式的会谈,讨论相关内外部因素对绩效计划表的影响。若双方同意修改原绩效计划表,需共同出具书面材料说明修改绩效计划表的原因,若另一方不同意修改绩效计划表,需出具书面材料说明不同意修改的理由,提交绩效管理委员会审核。

(3) 提交审核。绩效计划表的签约双方将提议修改绩效计划表的申请和双方出具的书面材料提交绩效管理委员会审核。若绩效管理委员会同意修改此绩效计划表,需出具书面意见。绩效计划表签约双方在得到绩效管理委员会的书面确认后修改绩效计划表。

(4) 备案。绩效计划修改完毕后,修改后的绩效计划表、前述一方提议修改绩效计划表的申请、签约双方所出具的书面材料和绩效管理委员会的书面确认,均需报企管与人力资源部绩效专员备案。

(六) 绩效管理体系完善机制

浙江鼎美认为,企业管理是动态的,任何企业管理方案和政策都必须接受实践的检验并在实践中不断修正和完善。为了在企业绩效管理体系实施中不断完善绩效管理体系,浙江鼎美建立了以绩效管理委员会为主导的绩效管理体系完善机制。

在每年年度考核结束后,浙江鼎美绩效管理委员会收集汇总并分析企业本绩效管理周期内出现的主要情况和问题,成立绩效管理体系修订小组修订绩效管理体系。绩效管理体系修订小组由部长级以上的中高层、企管与人力资源部相关员工组成,企管与人力资源部副部长担任组长。修订结果报绩效管理委员会通过，并于下年度实施。在重大紧急情况下，可随时召开绩效管理体系修订会议。

在浙江鼎美，绩效管理体系修订遵循以下流程：

1. 修订议案的提出

任何对公司绩效管理体系有疑问的员工，都有权向部门负责人提出绩效管理体系修订意见或方案，并由部门负责人向绩效管理执行小组提出书面的绩效管理体系修订提案。

2. 修订议案的受理

绩效管理体系修订议案受理分为不定期受理和定期受理。不定期受理是指绩效管理执行小组接到提交的绩效管理体系修订提案后，需要深入调查了解提议中出现的问题，并根据调查结果拟订《绩效管理体系修订提议调查报告》，提请公司绩效管理领导小组召开绩效管理体系修订会议，最终决定修改意见。定期受理是指年度绩效考核结束的后2周，由企管与人力资源部面向全体公司员工广泛收集绩效管理体系修订提议并汇总和整理；企管与人力资源部副部长将在随后的1周内定期组织制度修订小组成员讨论修订提议，最终决定哪些修订提议需要在本年度绩效管理体系修订会议上通过投票方式决定。

3. 制度修订过程

在年度绩效管理体系修订会议上，修订提案通过采取投票方式决定。各修订提案需有三分之二以上参会委员投票赞成方可通过提案。企管与人力资源部负责整理通过的修订提案，并根据修订提案对绩效管理体系进行修订和完善。

案例使用说明：

一、教学目的与用途

1. 本案例主要适用于人力资源管理基础、绩效管理等课程。
2. 本案例是一篇描述浙江鼎美绩效管理的教学案例，其教学目的在于使学生对企业绩效管理体系及其运行具有感性的认识及深入的思考。

二、启发思考题

1. 浙江鼎美的绩效管理体系的构成有哪些？这些构成部分的合理性在哪里？
2. 浙江鼎美的绩效管理体系的特点是什么？这些特点对于实现组织绩效发挥了什么作用？

3. 浙江鼎美的绩效管理体系有哪些运行机制，这些运行机制对保证绩效管理体系有效运行分别起着什么作用？

4. 浙江鼎美的绩效管理体系成功的关键因素有哪些？从中可以得到什么启示？

三、分析思路

教师可以根据自己的教学目标（目的）来灵活使用本案例。这里提出本案例的分析思路，仅供参考。

根据本案例透露的信息，浙江鼎美成功地引入了一套较为完善的绩效管理体系。因此，本案例分析可以从以下三个角度展开：一是分析浙江鼎美绩效管理体系的构成和特点。浙江鼎美的绩效管理体系包括哪些构成要件和特点？这些构成要件之间的关系如何？在绩效管理过程中各自发挥什么作用？二是分析浙江鼎美绩效管理体系的运行机制。浙江鼎美的绩效管理体系有哪些运行机制，这些运行机制对保证绩效管理体系有效运行分别起着什么作用？三是分析浙江鼎美绩效管理体系成功的关键因素。在浙江鼎美公司绩效管理体系中，有哪些关键因素决定着浙江鼎美绩效管理体系的成功运行？

四、理论依据与分析

绩效管理是为了实现组织目标，通过持续的开放性沟通，以实现员工绩效和组织绩效持续改进并推动员工潜能开发的管理活动。绩效分为三个层次：组织绩效、群体绩效和个人绩效。绩效管理一般划分为四个环节：绩效计划、绩效监控、绩效评价和绩效反馈。这四个环节构成一个管理循环，周而始复，不断推进个人绩效、群体绩效和组织绩效的持续改善和员工个人潜能的开发。绩效计划是管理人员和员工共同沟通，对员工的工作目标和标准达成一致意见并形成契约的过程。绩效计划的关键是确定绩效指标和绩效目标。确定绩效指标和标准常用的方法有目标管理法、关键绩效指标法和平衡计分卡法。绩效监控的主要任务是：管理者与员工保持持续的绩效沟通；给予员工必要的辅导、咨询和支持；收集和记录员工绩效信息，为绩效评价提供信息。绩效评价（绩效考核）是管理者对照工作目标或绩效标准，采用科学的评估方法，评定员工业绩的过程。绩效评价要求客观、公正。绩效反馈包括绩效反馈面谈和绩效考核结果的运用两方面。绩效反馈面谈的主要任务是：对被评估者的表现和绩效评价结果达成双方一致的看法；使员工认识到自己的成就和优点以及有待改进的方面，制定绩效改进计划；协商下一个绩效管理周期的目标与绩效标准。绩效考核结果的运用是把绩效考核结果运用到人力资源管理的各项决策中，如绩效工资、年终奖、标准工资调整、职业生涯发展、员工培训与发展以及员工评优等各项决策。

绩效管理贯穿于企业管理中，不仅是人力资源管理部门的责任，而且是所有管理者和员工的责任，绩效管理必须得到所有管理者和员工的配合和支持。

五、关键要点

1. 完善的绩效管理体系是有效实施绩效管理、保证企业战略目标得以实现的基础。在本案例中，浙江鼎美建立了完善的绩效管理体系，为该公司有效实施绩效管理提供了保障。

2. 完善的绩效管理体系必须包括完整的绩效管理过程体系（即绩效计划、绩效监控、绩效评价和绩效反馈）和完善的运行机制。

六、建议课堂计划

本案例可以作为专门的案例讨论课来进行。如下是按照时间进度提供的课堂计划建议，仅供参考。

整个案例课的课堂时间控制在80～90分钟。

课前计划：提出启发思考题，请学员在课前完成阅读和初步思考。

课中计划：简要的课堂前言，明确主题（2～5分钟）

     分组讨论　　（30分钟，告知发言要求）

     小组发言　　（每组5分钟，控制在30分钟）

     引导全班进一步讨论，并归纳总结（15～20分钟）

课后计划：如有必要，请学员采用报告形式给出更加具体的解决方案，包括具体的职责分工，为后续章节内容做好铺垫。

第 9 章　嘉兴市五芳斋集团的绩效管理

概念导读

绩效管理体系是一套有机整合的流程和系统,专注于建立、收集、处理和监控绩效数据。它既能增强企业的决策能力,又能通过一系列综合平衡的测量指标帮助企业实现策略目标和经营计划。绩效管理是管理者与员工之间在目标与如何实现目标上所达成共识的过程,以及提高员工成功达到目标概率的管理方法,以及促进员工取得优异技巧的管理过程。高效的绩效管理体系,是企业实现运营目标的重要工具。绩效管理体系,是以实现企业最终目标为驱动力,以关键绩效指标和工作目标设定为载体,通过绩效管理的三个环节实现对全公司各层各类人员工作技巧的客观衡量、及时监督、有效指导、科学奖惩,从而调动全员积极性并发挥各岗位优势,以提高公司绩效,实现企业整体目标的管理体系。

音频

绩效管理体系的概念

导入案例

摘　要:本案例以嘉兴市五芳斋集团为模型,介绍了嘉兴这家本土公司的绩效管理体制以及在该绩效体制下公司的情况。本案例也结合其独有的企业文化,研究了该公司在绩效管理方面的独特性。

关键词:企业文化、绩效考核

1. 本案例由嘉兴学院的孔冬指导,人力资源管理专业学生王凯、郑笕剑撰写,未经允许,本案例的所有部分都不能以任何方式与手段擅自复制或传播。
2. 由于企业保密的要求,在本案例中对有关名称、数据等做了必要的掩饰性处理。
3. 本案例只供课堂讨论之用,并无意暗示或说明某种管理行为是否有效。
4. 本案例资料由案例企业提供。

一、公司背景

"五芳斋"始于1921年,公司的粽子制作方法源于百年传承的传统工艺,其制作技艺于2011年被文化部收录进第三批国家级非物质文化遗产名录。五芳斋是全国首批"中华老字号"企业,2004年被国家商标局认定为中国驰名商标,曾荣获"农业产业化国家重点龙头企业""原产地标记产品——嘉兴粽子(五芳斋)""国家电子商务示范企业""中国餐饮百强企业""餐饮业质量安全提升工程示范单位""全国主食加工业示范企业""全国食品制造业纳税百强""浙江省绿色企业""浙江省十大特色农产品品牌"等国家级、省级称号。2022年8月,五芳斋在A股主板上市。

民国初年,一批浙江兰溪人来到嘉兴,他们在冬天经营弹棉花生意,春夏时节挑了粽子担走街串巷地叫卖粽子。民国十年(1921年),张锦泉在张家弄6号开了首家"五芳斋"粽子店。数年后又有两个嘉兴人冯昌年、朱庆堂在同一弄里开了两家"五芳斋"粽子店,三店分别以"荣记""合记""庆记"为号,并在粽子的选料、工艺等方面展开激烈竞争,使粽子技艺日趋成熟,并形成了鲜明的特色——"糯而不糊,肥而不腻,香糯可口,咸甜适中",成为名扬江南的"粽子大王"。1956年,三家店与"香味斋"合为一家(即嘉兴五芳斋粽子店),并一直传承至今。

历经百年发展的五芳斋,开辟了新技术生产模式,结合现代技术,简化生产流程,但又保留其独有的生产技术以及生产传统。除了传统的粽子以及糕点,目前企业也开发了包含卤味制品、米制品、肉食品、蛋制品、酒、调味品等一系列产品群。

近年来,随着经济全球化的发展、金融危机以及电商的崛起,整个市场环境的变化对五芳斋集团产生了冲击,该公司内部原有的部分管理制度也需优化,使其更加适合公司的发展。与此同时,公司面临人才流失、国际市场出口受阻以及进军电商行业受阻等问题。如果不调整集团内部原有的与现状不相适应的部分,便会与市场脱节,难以发展。

如此巨大的企业以及上文所涉及的问题,对于五芳斋集团的企业管理层具有很大的挑战性。为了保证这样一艘企业航母能够在未来更好的航行,其重点在于保证人才的供应以及减少人才流失,除此之外,还需要及时调整内部的制度。因此集团管理层制订了一系列内部制度和对外对策。

二、公司结构

浙江五芳斋集团的组织结构是采用事业部制。其下设有食品事业部、连锁事业部、米业事业部、嘉兴五芳斋肉类食品有限公司、进出口部、食品研究所、运营管控部、品牌与公共关系部等14个事业部。连锁事业部作为五芳斋集团下面的一个事业部,又可以分为产品中心、生产中心、营运中心、早餐中心、体系优化中心、行政中心、选址开发中心等13个中心。因而需要建立有针对性的绩效管理方案以开展有效管理。

三、绩效

(一)绩效计划

绩效计划是指当绩效周期开始时,公司上下依据组织的战略规划和该年度工作计划,通过绩效计划面谈,共同确定组织、部门以及个人的工作任务,并签订绩效目标协议的过程。

五芳斋集团的绩效计划由管理部门、各部门经理以及人事部人员沟通后制定。集团在其指标库中筛选适合当年市场环境的考核指标,为相关部门分配绩效任务。例如经营部门有财务、利润、销售情况、费用率以及应收账款率等方面的考核。门店考核客户与市场关系、市场占有率以及客户满意度等。

绩效计划是绩效管理的第一个环节,作为整个管理过程中的起点,它既是绩效管理成功的首要一步,也是实现高水平工作绩效的必要条件。绩效计划包括的主体内容有绩效目标、绩效指标、绩效评价标准及行动方案,能为下一步绩效监控、绩效评价和绩效反馈提供信息,以实现绩效管理战略目的。根据绩效的不同,可以将绩效计划分为组织绩效计划、部门绩效计划、个人绩效计划。集团通过充分收集部门和个人的绩效信息,以及有效的绩效沟通,制定出切实可行的绩效计划。

早餐中心员工绩效计划设计见表9—1。

表9—1　　　　　　　　　　早餐中心员工绩效计划

职位名称	绩效目标	权重	绩效评价指标	绩效评价标准
中心经理(三级负责人)	完成税后销售额目标;日均销售额、单车拓展数量达标;减少退货率;完成应收账款,减少坏账	50%	税后销售额;单车拓展数量;退货率;单车日销售额;坏账;应收账款	1. 税后销售额每上升10万元,加1分;下降超过5万元,每下降1万元,扣1分,下降超过10万元,不得分。 2. 以109台为基数(净增65台)。7月31日前完成的单车数量按1台以1.5台计算,每台得1分;7月31日后完成的单车数量按1台以0.5台计算,每台得1分;每下降1台,扣1分;单项扣完为止;低于100台的该项不得分。 3. 应收账款年底出现货款少解款5家以上,扣2分;团购货款拖欠在两个月以上一次扣10分

续表

职位名称	绩效目标	权重	绩效评价指标	绩效评价标准
产品主管	完成销售额和目标利润;爆品打造;新品上架,按总控图推进产品	20	重点工作;日常规范;执行力	1. 按总控图推进产品,推迟一项扣2分,以此类推。 2. 新品上架(不含粽类产品)。进入排名前十位的新品(以连续三个月销售数量为前提)不能低于1款。每增加一款加2.5分,最高加10分;每减少一款扣2.5分,最多扣5分。 3. 爆品打造。2015年销售爆品排名前三的单品的总销售额占比不低于20%。完成得10分,不完成该项不得分。 4. 梳理早餐产品,进行末位淘汰并及时替补(5个产品)。未按规定完成的每次扣2分。 5. 对外购产品严格管理,把好质量关,负责跟踪生产日期、包装、标识、各种产品的检验检测报告。出现差错一次扣2分
督导	积极做好网点检查和规范完成日巡检表;及时回收网点解款单	10%	网点检查;日巡检表规范;退货比率;网点基数;解款	1. 根据网点平均得分×25%。 2. 每日表单内规定项按标准填写,不如实反映1次,扣1分,经销员本人不签字一次扣1分。 3. 每片区域当月超过额定退货比例扣分。下降0.5%~1%奖励50元,下降1%以上(含1%)奖励100元。 4. 网点基础为20只,超一只工资加10元。 5. 网点解款单次日未及时回收,扣0.5分/次
统计专员	核算早餐产品采购数、订货数、退货数及外购补损数;与早餐外购供应商结账并开具增值税发票;落实完成上级指派的其他各项任务	10%	薪资核算;执行力;固定资产	1. K3提交或无K3的部门纸质提交:每月8日前完成;社保增减及商保增减每月15日前提交人资部社保专员处;单独工伤每月10日前提交社保专员处;每推迟1天,扣1分,以此类推,扣完为止。 2. 负责员工报销、办理和撤销经销员账号及退还餐车押金(10分),失误一次扣2分,失误两次扣4分,以此类推,扣完为止。做好经销员资料保管及更新分类(10分),未及时更新分类一次扣5分。 3. 严格按照规定执行,不得擅自开发票。未按规定执行每次扣5分。 4. 每年度2次固定资产盘点,少一次盘点扣5分

续表

职位名称	绩效目标	权重	绩效评价指标	绩效评价标准
驾驶员	严格遵守交通规则，注意行车安全；妥善保管车辆证件，适时检点证件的有效性，落实完成上级指派的其他各项任务	10%	日常规范；执行力	1. 坚守工作岗位，随时做好出车准备，并按领导安排热情、认真地完成出车任务（10分）。私自出车或未经领导同意把车借给他人，一次扣5分。 2. 妥善保管车辆证件，适时检点证件的有效性。出车时要保证证件齐全。因证件不齐全或丢失造成的罚款，由司机承担，出现一次扣10分。 3. 每日完成出车日志，记录行驶距离和用油情况、出车记载（20分）。漏写一次扣5分。 4. 落实完成上级指派的其他各项任务（20分），推脱或延时完成，一次扣5分。

（二）绩效考核

绩效考核是企业在既定的战略目标和年度计划下，运用特定的标准和指标评估员工的工作行为及取得的工作业绩，并运用评估的结果引导员工将来的工作行为和工作业绩的一种过程和方法。在实际的操作运用过程中，绩效考核主要包括绩效监控和绩效评价两个阶段。

绩效监控是绩效管理的第二个环节，是连接绩效计划和绩效评价的中间环节。因为在绩效实施进程中负责人要观察任务的进展情况，指导员工做好记录、总结和反馈工作，需要相互探讨以完成绩效监控的任务。同时这也为任务的分配者和执行者提供了一个定期交流的机会，使双方有机会讨论各自的期待以及这些期待目前的状况。

绩效评价是建立在绩效实施基础之上的。在相关绩效实际工作完成后，就要根据绩效计划评价完成的绩效，得出评价报告。该公司在具体操作上采用的绩效考核方式为平衡记分卡（见表9-2），考核范围为整个公司各事业部门。

表9-2　　　　　　　　2016年度×××部绩效考核指标　　　　　　　　编号：

岗位		姓名	
部门		部门班子成员	
绩效考核周期			
甲方：		乙方：	

续表

年度考核项(100 分)					
考核指标	指标值	占比(%)	考核标准（加减分描述）	指标说明	考核责任部门
合 计					
月度考核——重点工作					
考核兑现说明					
甲方签字：			乙方签字：		
日期：			日期：		

以表 9-3 中月度考核项为例，在各个考核指标中，网点检查、日巡检表规范等权重占比各有不同，不同部门的职能偏向性使得各指标的份额在其部门所占比例有所不同；在年度考核项中，不同的职能部门负责相应的绩效标准的评价，考核责任部门依据绩效计划下分的指标确定目标责任人，使得责任明确。

表 9—3　　　　　　　　　　　　平衡记分卡示例

岗位部门	督　导		姓　名	嘉兴分公司
	早餐中心		部门班子人员	

绩效考核周期：√月度考核 √季度考核 □半年度考核 √年度考核

甲方：早餐中心

乙方：

月度考核项(100 分)

考核指标	分数	考核标准(加减分描述)	考核责任部门
网点检查	25	根据网点平均得分×25%	
日巡检表规范	10	1. 每日表单内规定项按标准填写,不如实反映一次扣 1 分。 2. 经销员本人不签字一次扣 1 分	
解款	10	网点解款单次日未及时回收,扣 0.5 分/次	
	20	解款清零率 100%(使用补齐原则),未完成不得分	
执行力	5	所有报表、撰写资料按规定时间完成并上交、每月例会需按时参加,完成主管日常安排的各项工作(拖拉一次全部扣完)	
退货比例（%）	30	每片区域当月超过额定退货比例扣分。下降 0.5%～1%,奖励 50 元,下降 1%以上(含 1%),奖励 100 元	嘉兴分公司
网点基数		网点基础为 20 只,超一只工资加 10 元	
管理规范	附加项	1. 管理区域内检查出隔夜,督导第一次罚 50 元,第二次罚 200 元。 2. 管理区域内检查出变质、过期、自制产品处理：督导第一次罚款 100 元,第二次罚款 500 元(罚款交现金)。 3. 凡发现一次督导没出勤,巡检摊位部门内部警告记过一次,并罚款 500 元,再次发现退回人力资源部	
网点暂停（团购不纳入此范围）		每片区域网点基础为 10 只以内的,每月允许暂停 1 次。网点基础为 20 只以内的,每月允许暂停 2 次。超过 20 只以上的,每月允许可暂停 3 次,每片区域每月暂停次数不得超过 3 次(规定内奖励 20 元,入工资；督导管辖区域当月无暂停网点,奖励 50 元,入工资)	

续表

季度考核项(100 分)			
考核指标	分数	考核标准(加减分描述)	考核责任部门
实际销售(元)	40	以三个月考核指标数相加就是季度考核总基数,每季度总考核指标以奖励形式发放。销售完成每增长 2% 加 1 分,最多加 20 分,基数下降 2% 扣 1 分,最多扣 20 分	嘉兴分公司
季度单车日平均销售(元)	10	单车日销售额考核数基数上,每增长 2% 加 1 分,最多加 5 分,基数下降 2% 扣 1 分,最多扣 5 分	
网点数量(只)	40	网点考核基数以每位督导 2014 年年初实际网点考核数量＋2014 年年内网点开发奖励已经兑现餐车数量＝2015 年网点考核数。每增长一辆加 5 分(最多加 20 分),每下降一辆扣 5 分(最多扣 20 分)	
退货比例(%)	10	按每片区域额定退货比例,超比例当季 10 分全部扣完	
网点开发奖	附加项	1. 以第一季度网点考核数为奖励基数,7 月 31 日前新增网点奖励 1 200 元/辆,8 月 1 日至 12 月 31 日新增网点奖励 800 元/辆(每新增网点销售额当季的第三个月≥7 000 元为奖励条件)。 2. 暂停中网点,未体现销售,算撤销网点。 3. 如新增影响原有网点销售下降 50%,该新增网点为不合格网点,新增网点无开发奖励(新增网点与原有老网点在人流量上无明显冲突,原则上保持 300 米距离,且不妨碍道路交通)。 4. 开发奖励本年度已兑现的网点纳入明年网点考核基数。 5. 以非正常手段虚报增网点数者,一经发现属实,取消当季度奖金奖励考核	
年终考核项(100 分)			
考核指标	分数	考核标准(加减分描述)	责任部门
实际销售(元)	30	销售每增长 2% 加 1 分,最多加 15 分,基数下降 2% 扣 1 分。最多扣 10 分	财务部
执行力	50	年终根据四个季度的平均得分 95 分以上加 5 分;90 分以上不扣分;80 分以下,不得分	嘉兴分公司
网点数量(只)	20	年网点考核为基数,每增加 1 只加 5 分,减少一只扣 5 分(最多加扣 15 分)	
附加项		本年度得分最低(末两名),部门内做淘汰处理(调整岗位或降级)	早餐中心
考核指标分解如下			
季度与年度网点考核数:		只	
第一季度		第二季度	
第三季度		第四季度	

续表

季度单车平均销售额				
第一季度		第二季度		
第三季度		第四季度		
薪资构成及发放标准				
薪资结构	全年收入＝月薪＋月度绩效奖励＋季度绩效奖励＋年终绩效奖励			
	月薪：2 253 元	月度绩效基数：200 元	季度绩效基数：7 360 元	年终绩效基数：3 680 元
绩效兑现方式	月度绩效奖励＝季度绩效基数×当季考核得分×100％ 季度绩效奖励＝季度绩效基数×当季考核得分×100％ 年终绩效奖励＝年终绩效基数×年终考核得分×100％			
其他补充说明				
1. 如乙方因不能全年执行此责任书方案，则根据其实际完成时限和情况予以季度按比例奖励，取消年终奖励				
2. 当季度病假超过 30 天，奖金发放按天数算。当季病假总天数超过 30 天，取消季度奖金。全年病假超过 45 天，年终奖励对折（病事假可申请本人当年的年休假规定天数内抵扣）。员工事假扣发日薪，全年事假不得超过 7 天（参照公司标准）				
考核兑现说明				
备注：在考核周期内发现实际过程与年初考核方向存在偏差等因素，体系优化中心有权调整职能部门的考核内容				
1. 当连锁事业部完成/未完成利润指标，集团未有打折兑现等特殊情况，兑现方式为：年终奖励基数×实际得分×100％				
2. 当连锁事业部未完成利润指标，且因集团未完成利润指标原因要求事业部按系数打折兑现，兑现方式为：年终奖励基数×实际得分×100％×打折系数（根据各部门利润完成比例分配系数）				
3. 事业部利润未完成指标的 80％以下，取消事业部年终奖励				
4. 本考核最多扣 30 分				
甲方签字：		乙方签字：		
日期：		日期：		

表 9-3 中每一项考核指标均明确了分值和绩效完成度的关系，做到了考核标准细化具体，可操作性强；与此同时，表 9-3 中也给出了薪资结构和绩效兑现的关系，将人员的部门权益和绩效挂钩，促进了整体绩效的提升。

五芳斋凭借其独特的绩效考核方式、薪资结构留住了人才，企业中的人才对企业进行改革，使企业安全地度过了 2009 年国际金融危机的严重冲击。集团依然保持了良好的发展势头，不仅没有裁员，反而增加了就业岗位，提高了其社会形象，为企业赢得了好评。

(三)绩效反馈

绩效反馈主要是指负责人对绩效的评估结果与员工讨论的过程。例如,通过召开职工大会反馈绩效考核结果中涉及的情况,以修正绩效评估方式的不足。同时针对员工的绩效表现和评价结果,着眼于改进其绩效而制定出绩效改进计划,最终将评估结果作为员工发展、人事薪酬变动及培训等的依据。绩效反馈是绩效管理里面至关重要的一步,是对前面所做工作的总结,为下一个绩效管理周期做准备。

让企业员工参与绩效考核的修改,此举增加了企业员工的主人翁意识;激励员工参与企业的管理,企业在运行之中的问题都可以在大会上反映,并及时制定相关解决办法。这提升了各种问题在萌芽状态被发现并解决的可能性,提高了整个公司的运行效率。

由图9—1可知,绩效考核在企业的管理中占据着核心地位。

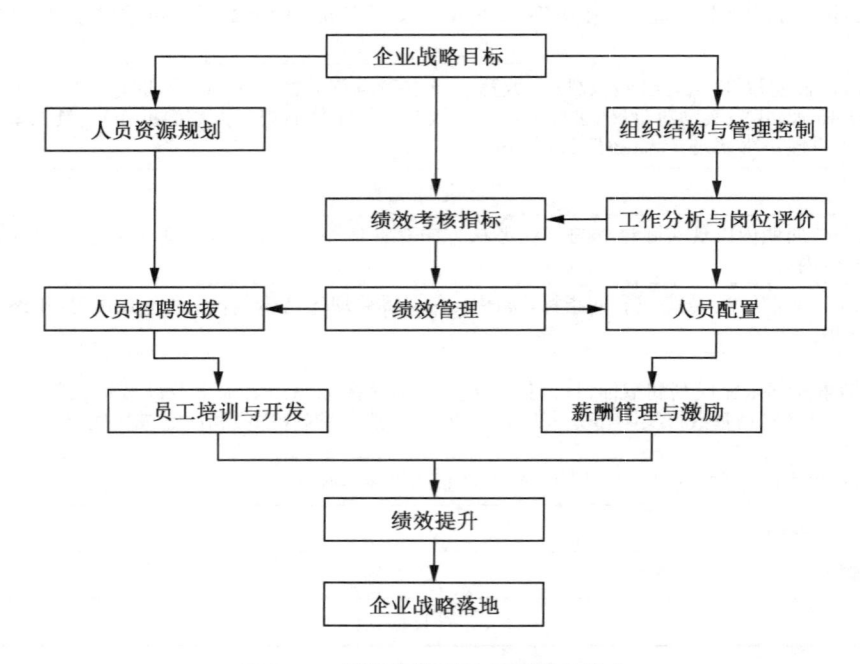

图9—1 绩效管理是企业管理的核心

四、企业文化与绩效管理的结合

和商是五芳斋集团的企业精神,"和"是中华民族的美德。古人推崇"以和为贵",今人期盼"和平崛起",向往"和谐社会"。五芳斋集团的企业精神——和商,不但烙上了民族文化深深的印记,而且洋溢着与时俱进、开拓创新的现代气息。

五芳斋集团不断发展壮大,"和商"文化在其中起着不可或缺的作用,贯穿于整个公司的运行之中。五芳斋的企业文化蕴含着以人为本的思想理念,而当今社会,重视人的发展便是重视企业的发展。

(一)企业文化是绩效管理实施的基础

1. 公司氛围的营造

首先,企业文化是影响绩效的决定性因素之一。企业文化对绩效产生影响的方式是:企业文化影响员工的态度,态度决定行为,最终行为决定绩效。因此,要使经营业绩持续稳定增长,必须利用积极向上的企业文化,实现企业和个人的发展。其次,企业文化对创造高绩效所发挥的隐性管理作用必须引起重视。它以观念的形式,在无形中规范企业员工的行为,使他们凝聚在一起。

企业文化为公司创造了一个良好的氛围,"和商"作为企业的文化气质,塑造了一个适合员工工作的良性循环的环境,进一步释放了员工工作积极性和主动性。通过企业文化的正负价值判断,企业的薪酬、晋升等制度的正强化,员工会自动自发地提高个人能力以提升绩效,组织会依据绩效正确评价员工,员工的薪酬、奖励、晋升均依据绩效而非领导者的主观判断。通过这样的良性循环,员工的工作热情和主动性会逐渐释放出来,形成了良好的文化氛围。在集团内部,"和"的概念可以营造一种其乐融融的氛围,员工更易提高工作效率与工作质量,也为上下级构建了一个相容的空间。

2. 企业绩效管理的引导

企业绩效管理目标是为了达成企业的最终目标而制定的,目标代表着企业发展的方向,没有正确的目标就等于迷失了方向。完美的企业文化会从实际出发,以科学的态度制定企业的绩效考核标准,这种考核标准具有一定的可行性和科学性。在设立绩效管理标准时,企业文化势必会对标准的设立产生影响。企业员工就是在这一考核标准的指导下从事生产经营活动。而"和商"引领五芳斋集团的领导层向着"公司内部安稳、外部市场平稳"的目标发展。

(二)绩效管理的目标之一是建立高绩效的企业文化

绩效管理的根本目的,是要将企业价值观具体化,使其直观地为本企业的员工所理解和接纳,并在绩效计划、实施、考核和反馈等环节中得到贯彻和强化。

例如,如果一个企业特别重视团队合作精神,就要把员工分成多个部门和团体,由团体决策、负责任务并且接受奖罚,相应地就会弱化对个人责任的强调;如果一个企业提倡的企业文化是以客户为导向的,在考核员工绩效时就要设置客户评价指标,把客户的满意度作为一个重要依据。可见,完善的制度设计,尤其是考核与分配制度,必须体现企业核心价值观,把目标文化理念转化为现实文化理念,并落实到员工的工作行为中。

共同的价值观念使每个职工都感到自己存在和行为的价值,自我价值的实现是人的最高精神需求的一种满足，这种满足必将形成强大的激励。其中形成的激励效果在工作中得以体现，个人的绩效考核也会在这样的激励影响下得以改观。企业精神和企业形象对企业职工有着极大的鼓舞作用，特别是企业文化建设取得成功，在社会上产生影响时，企业职工会产生强烈的荣誉感和自豪感，他们会加倍努力，用自己的实际行动维护企业的荣誉和形象。

(三)通过统一的价值观降低企业内耗

我们都知道降低损耗能提高效率，进而对提高企业绩效产生积极的影响。企业文化是一种价值观，但这个价值观和每个个体所拥有的个体价值观不同，它是公司全员共同的价值观。这种统一的价值观对每个员工的个人理念及其对事物的判断、认知，对不同员工看待问题的出发点、理解问题的角度与采用的方法起着根本的、决定性的作用。实际上，由于多种因素的共同影响，不同的价值观会对员工的心理、行为产生不同的结果。消极、极端、自私的价值观会使员工心理灰暗，进而增加员工的无形压力，加深员工之间以及员工和上级之间的矛盾，最终造成员工时间和精力的大量损耗。而积极向上、和谐开朗的价值观可以将员工内心深处的良好品性激发出来，促使员工能够客观、积极看待和处理自己身处的环境和面临的各种压力，避免耗费更多的时间、经历和感情，以便集中精力投身企业的生产。

(四)企业文化贯穿运营之中

企业文化蕴含了企业的使命、制度、价值观和政策等。企业的管理者期望公司全员遵守企业的制度和政策，但是，起初这些制度、规定只存在于员工的"意识"层面，大多为形式主义，干起工作来就随心所欲。因此公司中的人事部门在企业文化的定位当中，在传统的"和商"的基础之上提出了"和谐、诚信、卓越、创新"的新型文化定位，并将企业文化进行可视化呈现。每年公司会定期分派主题，让各个科室进行个性化的设计，让大家自身理解企业文化的实际意义。反复地强化和同化企业文化，使企业文化逐渐渗透到员工的心灵，融入员工的血液，深入员工的骨髓，变成"潜意识"，一个员工就养成了"习惯"，所有员工的"习惯"形成了工作"氛围"，这个氛围就是企业文化，由此一个伟大的组织就诞生了。

五芳斋的企业文化不仅仅在公司内部广为传播，其文化已经慢慢在向社会大众渗透，对客户、对合作商、对竞争对手、对股东等，都有其文化的传播。五芳斋连续多年承办或赞助中国端午民俗文化节，创建五芳斋产业园粽艺文化长廊、组建五芳斋粽艺表演队，在央视《舌尖上的中国》第一季中亮相，开展"分享幸福的味道"全国幸福家庭征集。网页页面的人性化设计，传统饮食、艺术文化的传播也为五芳斋做了一次有意义的宣传。

五、绩效管理的作用

(一)有利于目标的达成

从本质上讲,绩效考核不仅仅是对工作结果的考核,同时也是对过程的管理。它可以将长期目标分解开来,变成年度指标、季度指标、月度指标,甚至每周指标,不断监督员工完成这一目标。成功的绩效考核体系能有效地帮助企业达成目标。

(二)有利于发现绩效中的问题

绩效考核是一个不断的制定计划→执行→修正错误的过程,这也是一个不断发现问题、改进问题的过程。五芳斋集团的职工大会正是公司绩效考核的一个修正过程,全公司上下都参与其中,集思广益,将绩效考核的标准制定得更加完善。

(三)有助于合理利益分配

绩效与个人既得利益挂钩,有助于利益的合理分配,企业员工按绩效考核结果参照绩效标准进行利益分配,公平公正,减少了利益分配不均的现象。除此之外,让员工的绩效工资与考核的结果挂钩,能够更好地提高员工的工作积极性。五芳斋集团的薪酬、年终奖金、"董事长奖励基金"和"员工成长奖"与绩效考核的结果挂钩,激发了员工的积极性,平衡了个人利益的分配。

(四)有利于促进个人与企业的发展和成长

人才的成长是企业发展不可或缺的部分。而绩效考核的最终结果就是促进企业与员工的共同成长。集团通过在考核过程中不断发现问题、改进问题,不断促进提升,达到个人和企业的双赢。

六、结尾

五芳斋集团一直以积极的姿态,展现作为一个大企业所应该具有的态度,承担一个大企业所应当承担的责任,扩大就业通途、积极配合大学生创业/就业等。随着社会的不断发展,五芳斋也在不断改革,对内制定相关绩效考核制度,提高工作效率,扩大生产规模;对外均因时因地采取不同的对策,广纳贤才,修正企业的前进方向。在企业内部,文化成为凝聚内部员工的一股力量,在外部企业应加大宣传其"和商"文化的影响力,让传统得以传承。绩效和文化二者的结合让五芳斋集团飞得又高又远。

案例使用说明：

一、教学目的与用途

1. 本案例主要适用于人力资源管理、管理学等课程。
2. 本案例是一篇描写嘉兴五芳斋集团绩效管理及企业文化的问题教学案例，其教学目的在于使学生对企业的绩效体制以及企业文化的重要性有深刻的认识。
3. 本案例通过实例模拟现实问题，让学生能够接触到更为真实的企业现状，通过对实例的分析，指导学生学习绩效的相关内容。

二、启发思考题

1. 绩效管理的难点在哪里？
2. 你认为该公司的绩效计划表中存在哪些优缺点。为什么？
3. 企业文化在绩效管理的过程中起到什么作用？
4. 将绩效管理比作企业启航的引擎，你觉得是否合理？为什么？

三、分析思路

教师可以根据自己的教学目标（目的）灵活使用本案例。这里提出本案例的分析思路，仅供参考。

在当前市场环境不景气的情况下，五芳斋集团公司科学制定有效的绩效管理体系，在职员乃至公司管理层间起到了良性的促进作用，营造了宽松的工作氛围。但是在绩效执行以及反馈等阶段会出现断层，或者发生信息交换不及时的情况。

绩效表格的制定有其一定的合理性，细分之下的考核指标能够反映单位个体、部门以及职员的技能等方面的情况，将其综合之后能够提高公司总体的行政效率。在此基础上，我们要从宏微观两个角度分析其优缺点。

四、理论依据及分析

1.（1）作为确定薪酬水平的依据。根据绩效考核结果来确定薪酬，有利于吸引和留住成就导向型员工，建立以绩效为导向的激励机制，招聘到表现优异的员工。此方法能较好适用于绩效导向型企业。（2）作为奖金发放的依据。不少国内企业把绩效考核结果直接与奖金挂钩。此举适合当前的国内国情，可行性较强，随着企业各项制度的不断完善和企业文化的发展，绩效考核的应用必定更为广泛和全面。

2. 拥有绩效文化的绩效管理,能使员工的积极性和主动性得到充分释放。

3. 企业文化的核心是绩效文化。企业要在市场上生存,要取得自己的生存价值和生存空间,就只能通过竞争来取得,因此企业之间的生存竞争本质上是效率的竞争。唯有高效率,才能降低单位产品的成本,产品才具有价格上的相对优势,企业才会有足够的利润空间;唯有高效率,才能先于竞争对手发现并满足客户的需求;唯有高效率,企业才能为客户提供全方位的服务。

4. 绩效管理和文化之间的配合:(1)方向一致,是要求绩效管理和企业文化的方向要一致。(2)无缝沟通,是指绩效制定者要与员工保持沟通,使员工绩效目标与企业目标达成一致。(3)领导参与,就是企业的中高层管理者同样是绩效管理中的一分子,没有特殊和例外。(4)执行到位,就是要求企业在绩效管理的过程中,尤其是在兑现绩效结果时保证奖惩到位。(5)持续改进,就是要求建立起企业绩效管理体系的持续完善的机制。

五、关键要点

1. 绩效管理跨度较多,其分支内容涉及计划、考核、反馈三个方面,需要实际操作来体验和了解。

2. 企业文化在企业内起着纽带作用,既能端正企业上下人员的心理走向,也可以提高公司内部的行事效率。

六、建议课堂计划

本案例可以作为专门的案例讨论课来进行。如下是按照时间进度提供的课堂计划建议,仅供参考。

整个案例课的课堂时间控制在 80~90 分钟。

课前计划:提出启发思考题,请学员在课前完成阅读和初步思考。

课中计划:简要的课堂前言,明确主题(2~5 分钟)

   分组讨论 (30 分钟,告知发言要求)

   小组发言 (每组 5 分钟,控制在 30 分钟)

   引导全班进一步讨论,并归纳总结(15~20 分钟)

课后计划:如有必要,请学员采用报告形式给出更加具体的解决方案,包括具体的职责分工,为后续章节内容做好铺垫。

| 测试题 | 测试题答案 | 案例面对面 |

第10章　中国巨石的薪酬福利

概念导读

薪酬管理是指企业在经营战略和发展规划的指导下,综合考虑内外部各种因素的影响,确定薪酬体系、薪酬水平、薪酬结构、薪酬构成,明确员工所应得的薪酬,并调整薪酬水平和控制薪酬的过程。

音频

薪酬管理的概念

导入案例

摘　要:本案例以嘉兴市桐乡中国巨石为背景,描写了该公司通过制订、完善与公司发展相适应的薪酬福利制度,并使之贯穿于人力资源管理的整个过程,使薪酬与岗位价值、员工业绩和员工体现出的能力紧密结合,充分发挥薪酬的激励作用,最终实现公司的战略目标。

关键词:薪酬;福利

> 1. 本案例由嘉兴学院商学院的杨婷华撰写,版权归嘉兴学院商学院所有。未经允许,本案例的所有部分都不能以任何方式与手段擅自复制或传播。
> 2. 由于企业保密的要求,在本案例中对有关名称、数据等做了必要的掩饰性处理。
> 3. 本案例只供课堂讨论之用,并无意暗示或说明某种管理行为是否有效。
> 4. 本案例资料由案例企业提供。

一、公司背景

中国巨石是全球最大的玻璃纤维(简称玻纤)专业制造商,作为世界玻纤的领军企业,多年来一直在规模、技术、市场、效益等方面处于领先地位。其是国家重点高新技术企业、国家创新型试点企业、中国大企业集团竞争力500强、浙江省"五个一批"重点骨干企业和绿色企业,获得全国质量奖,并拥有国家级企业技术中心、企业博士后科研工作站。中国巨石是中国建材股份有限公司(3323.HK,以下简称"中国建材")玻璃纤维业务的核心企业,以玻璃纤维及制品的生产与销售为主营业务,是我国新材料行业进入资本市场早、企业规模大的上市公司之一。1999年,中国巨石在上海证券交易所上市(股票简称:中国巨石,股票代码:600176)。

经过多年的努力,中国巨石已成为治理完善、战略清晰、资产优良、文化优秀、管理精细、技术先进、营销网络完整的行业龙头企业。公司拥有浙江桐乡、江西九江、四川成都、埃及苏伊士、美国南卡5个生产基地,已建成玻璃纤维大型池窑拉丝生产线20多条,玻纤纱年产能达200万吨;公司玻纤产品品种广泛、品类齐全,有100多个大类近1 000个规格品种,主要包括无碱玻璃纤维无捻粗纱、短切原丝、短切毡、方格布、电子布等玻纤产品。巨石玻纤的用途非常广泛。增强型玻纤产品作为功能性、结构性材料,可广泛用于制造各类型材、管道、压力容器、化工贮罐、卫生洁具、电气、环保设施、风电设备、船体、汽车、运动器具等方面;电子级玻纤产品可用于印刷线路板生产,是各类信息处理设备的基础材料。

公司拥有具有自主知识产权的大型无碱池窑、环保池窑的设计和建造技术;研发了国际首创的纯氧燃烧技术并进行了工业化应用,大大降低单位产能能耗。公司建有玻纤研发实验基地,包括国家认定企业技术中心、省级重点实验室及博士后科研工作站等研发机构,所属检测中心通过了国家实验室认可委员会认可,并获得德国船级社GL认证。公司设立了巨石美国、加拿大、南非、法国、意大利、西班牙、日本、韩国、印度等14家海外销售公司,已建立起布局合理的全球销售网络,并与包括北美、中东、欧洲、东南亚、非洲在内的100多个国家和地区的客户建立了长期稳定的合作关系,客户中有不少世界500强企业及行业龙头企业。

二、环境分析

(一)外部环境分析

(1)PEST分析——政治

国家西部开发和农民工返乡创业的政策影响。随着西部开发的深入,西部地区对于劳动力的需求不断增加,工资水平不断提升,有些地区甚至已经接近东部地区水平。再加上国家鼓励农民工返乡创业,许多回乡农民工不再外出打工,导致外出打工的劳动者数量持续减少,整体人力资源供给不足,公司招工产生困难。

(2)国家促进中小企业发展政策的影响。国家促进中小企业发展的政策,加快了民营企业的发展,增加了对劳动力的需求,从而对大公司招工产生一定冲击。

(3)国家促进就业和提倡自主创业政策的影响。国家从全局层面考虑促进就业问题,虽然重点放在第三产业上,但也对制造业的用工带来一定影响。同时国家提倡大学生创业,并给予优惠政策,会使大学生供给量减少,同时也会吸走一些在岗的第一产业大学生创业,从而使制造业流失一部分优质人力资源。

(4)国家工资增长与GDP增长保持同步和"十三五"规划最低工资增长不低于年均13%政策的影响。国家一直在研究和完善工资合理增长机制,保持工资增长与GDP增长同步,同时准备通过5年的时间,实现最低工资的翻番,这样会引导和提升劳动者对工资的期望,也对公司薪酬增长提出了指导性的要求。这需要公司综合考量,既提高员工满意度,又控制总体生产成本。

2. PEST 分析——经济

(1)经济持续增长,劳动者就业途径更广。良好的经济环境使得劳动力市场的需求量增加,让劳动者有了更加广阔的就业空间,给企业招用人员带来一定难度;同时劳动者的就业观念也发生重大变化,稳定性相对上一代劳动者降低许多。要稳定员工队伍,需要公司从薪酬、激励和职业发展等方面进行全方位完善。

(2)通货膨胀加剧,人工成本不断上升。近年来通货膨胀持续,物价不断攀升,直接推动员工工资的上涨,导致公司人工成本上升。如何合理配置人力资源,提高人力资源使用效率,是在通货膨胀背景下必须面对和解决的客观问题。

3. PEST 分析——社会

(1)从劳动供给来看,中国目前已经出现了人口负增长,2022 年年末人口比 2021 年年末减少 85 万人,人口自然增长率为−0.60%。人口增速放缓是社会经济发展的必然规律,中国人口变化与欧、美、日、韩等人口增长的轨迹相符合。但人口总量减少,并不意味着人口红利就消失了。目前,中国正从人力资源大国向人力资本大国转型,低素质、低成本的劳动力决定了创造力也相对较低,企业要维持正常发展,应加强对劳动力的培训,提高劳动力素质。

(2)社会劳动力资源结构不平衡。国内就业总体水平还处于数量过剩、结构不平衡的状态。随着高等教育的普及,大学本科生以上的"高级劳动力"在增加,但质量并不乐观,大学生就业困难。而与此同时,以技师、技工为代表的"中级劳动力"数量却越来越不足,结构性的缺陷加剧了企业未来发展的风险。

(3)中国高等教育机构的治学理念、教育水平以及职业教育还与企业的实际需求存在一定距离。知识的实用性以及毕业生的动手能力不能完全满足企业要求。

4. PEST 分析——技术

(1)企业自动化程度的不断提高。一方面,企业不断推进生产自动化,增加了劳动力市场对高技能人才的需求;另一方面,劳动强度的降低,优质、舒适的工作环境对于员工满意度的提高和员工稳定性的增加也起到良好的作用。

(2)信息化技术应用的推动。随着社会信息化技术的提高、办公软件系统的实施,企业对于员工信息化能力的要求也相应提升,员工岗位胜任能力要求发生变化,同时人力资源管理的技术手段也需要改变。

(二)内部环境分析

1. SWOT 分析——优势

(1)良好的品牌优势和业务高速发展带来的机会,能吸引人才,保留人才。公司是全球玻纤行业的领军企业,在行业内享有较高知名度,并且处于高速发展阶段,能够吸引全球的同行业有识之士加入,同时较大的发展空间也有利于留住巨石的在职员工。

(2)良好的企业文化。中国巨石良好的企业文化对广大员工产生潜移默化的影响,员工的价值观统一,忠诚度高,凝聚力强,愿积极投身工作,参与公司战略的实施。

(3)成熟的管理体制。中国巨石在发展过程中,不断总结和提炼好的管理经验,不断自我加压,形成了较为完善的管理体系,并建立了内部的交流共享机制,为战略目标的实施打下了坚实的基础。

(4)经验丰富的专业技术队伍。公司高层领导对于玻纤行业有着极其敏锐的判断力。在全球经济危机影响下的2009年,领导果断、专业的决策使公司在全球经济危机的冲击下保持生产经营稳定健康。另外,公司连续的项目建设和扩张,培养了大批能适应公司发展的管理和技术人员,每个工程结束也会锻炼出新的专业技术人才,这既满足了公司的现时发展需要,又为后续发展储备了人力资源。

(5)高执行力的中层干部队伍。公开、公平、公正的竞争上岗平台,为公司筛选出了一支高执行力的中层干部队伍,工作效率不断提高,队伍不断优化,中层干部队伍战斗力不断提升。

(6)较为完善的薪酬福利体系。薪酬福利体系每年都会优化和完善。公司注重关心关爱员工,倾听员工意见,并切合员工需求调整设计薪酬。此外,公司遵循领先市场薪酬的定位原则,对人力资源管理产生有利影响。

(7)高层关心关爱员工的指导思想。公司提倡和践行关心关爱员工的措施,开展高管与员工的对话交流会,员工享受到了很大的实惠。

(8)数十家海外公司的成立对培养国际化人才起到积极作用。公司可以通过外练机制,安排员工到海外公司受训,到国际"战场"上摸爬滚打。

(三)SWOT分析——劣势

(1)人才队伍国际化程度亟须加强。近年来引进了一定数量的高层次人才,但国际化人才的储备落后于公司国际化的实施进程,应在招聘和培养机制上跟上国际化的步伐,储备能到国外工作的必要的人才。

(2)中层干部管理能力良莠不齐,个别干部能力有待提升。公司规模快速扩张,干部队伍也快速壮大,个别新提拔的干部缺乏管理技能,需要通过培训和实践来提高。

(3)研发队伍需要加强。截止到2010年年底,公司研发团队引进博士、硕士共34人,相对于公司自主创新和专利工作的要求,目前研发队伍的数量和素质尚需加强,应以引进和培养并重,辅以有效的激励措施,激发研发队伍自我提高。

(4)基层员工素质有待提高。自动化程度的提高对基层员工的素质提出了更高的要求,高素质的基层员工队伍对推动技术更新、成本降低和管理完善都会产生积极的促进作用。目前公司基层员工还是以外来务工的农民工为主,需要逐步培训和优化。

三、现行制度

(一)薪酬结构

等级薪酬标准综合考虑同行业薪酬水平、公司薪酬实际情况及预算、消费者物价指数以及本地消费水平等因素设定。

员工薪酬由四大部分构成:

1. 固定工资:包括基本工资、加点工资和综合补贴;

2. 浮动工资:即员工奖金;

3. 附加薪酬:包括加班工资、岗位工龄补贴、一线岗位学历津贴、专业技术职称津贴、夜餐费、年终全勤奖/年终考核奖、清凉饮料费、公务车驾驶员出车津贴、先进奖励、出差补贴等其他补贴;

4. 福利:包括法定福利、常规福利和激励福利。

员工薪酬中固定工资和浮动工资两项总额根据员工所处岗位等级和薪档确定。

(二)固定工资

1. 基本工资:按照公司每年发布的基本工资标准执行,不低于当地政府发布的基本工资标准;

2. 加点工资:执行综合计时的倒班制员工,按劳动法规定,对其正常倒班产生的加点工作,按基本工资/月计薪天数标准的1.5倍核算加点工资;

3. 综合补贴:根据各级初始档的工资水平和四大系统固定工资和浮动工资的比例确定,即:

综合补贴=员工所在档的薪酬总额—浮动工资—基本工资—加点工资

(三)浮动工资

浮动工资(即奖金)按照岗位初始档的等级薪酬标准及四大系统固定工资和浮动工资的比例确定,即浮动工资(即奖金)=岗位初始档的等级薪酬标准×浮动比例。各大系统固定工资与浮动工资比例详见表10—1。

表10—1　　　　　　　各大系统固定工资与浮动工资比例

固定工资:奖金	行政职能系统	市场营销系统	生产运营系统	技术系统
厂部级干部	4:6	2:8	3:7	4:6
科级干部	4:6	2:8	3:7	4:6
普通员工	4:6	2:8	3:7	4:6

(四)附加薪酬

1. 岗位工龄补贴

为鼓励员工在公司内长期发展,公司对所有岗位员工(不含中层/技术干部)给予岗位工龄补贴(见表10—2)。

表10—2　　　　　　　员工岗位工龄补贴标准

标准＼类别　2010年起岗位工作年限	A	B	C	D
0～1年(含1年)	200元/月	120元/月	120元/月	0元/月
1～2年(含2年)	300元/月	200元/月	180元/月	100元/月

续表

标准 类别 2010年起 岗位工作年限	A	B	C	D
2~3年(含3年)	400元/月	280元/月	240元/月	180元/月
3~4年(含4年)	450元/月	320元/月	270元/月	260元/月
4年以上	500元/月	360元/月	300元/月	300元/月

注：A类：拉丝工、拉丝班组长、短切工、窑炉维护队各岗位。

B类：络纱工、络纱班组长、找头工、摆托工、跟班包装工、跟班包装组长、织布工、制毡工。

C类：一、二、三、四分厂其他除前两类外的跟班辅助岗位（不包括跟班勤杂工）、机修工、各类工艺员、漏板安装工。

D类：以上三类岗位外的其他岗位（不含中层/技术干部）。

2. 加班工资

主要是为员工正常职责工作以外的公司中心工作、工程建设、突发事件等发生的加班所支付的工资。对加班工资，公司实行额度申报管理，合理控制加班工资总额。其发放办法和标准均依据基本工资除以月计薪天数（即21.75天/月）发放；法定休假日加班，按加班工资标准的300％发放；休息日加班，按加班工资标准的200％发放；工作日加班，按加班工资标准的150％发放。

3. 一线岗位学历津贴

一线岗位学历津贴指对具有教育部认可的大专及以上学历，并且在一线岗位从事管理、技术、生产工作的普通员工，包括各分厂和窑炉维护队的一线管理、技术、生产岗位（除统计、综合管理员、分厂仓库管理员、仓库辅助工、日班辅助工、勤杂工），经考核合格正式定岗后次月起（实习、试用期间不享受）所给予的学历津贴。学历津贴采取与考核相结合的方法确定（见表10—3）。

表10—3　　　　　　　　　　岗位学历津贴标准

等级	考评排名	享受标准(元/月)	
		大专学历	本科及以上学历
优	前15％	300	400
良	15％~80％	200	280
合格	80％~95％	140	200
差	后5％	不予享受	

4. 年终全勤奖/年终考核奖

年终全勤奖适用对象：本部三班二运转岗位及一至六分厂日班非行政类岗位；年终考核奖适用对象：本部除以上岗位外的中层及日班行政类岗位（销售人员另行考核）。

(1) 年终全勤奖岗位等级划分

年终全勤奖岗位等级划分见表10—4。

表10—4　　　　　　　　　年终全勤奖标准

类　别		日常出勤（元/天）	法定节假日出勤		年度平均标准（元/年）
			春节（元/天）	其他（元/天）	
A类岗位		8	90	45	2 200
B类岗位		6	90	45	1 800
C类岗位	日班	5.5	5.5	5.5	1 400
	跟班	4.5	90	45	1 400
D类岗位	日班	4	4	4	1 000
	跟班	2.8	90	45	1 000

注：A类：拉丝工、络纱工、手动摆托工、短切工。

B类：织布工、制毡工、跟班熔化工、跟班（副）组长、找头工、内外圈整理工、自动摆托工、打包工、跟班化工、跟班保全、跟班输送线维护、跟班工艺、布毡包装工、短切包装工、跟班吹膜工、跟班制袋工、PP制带工、合成工、乳化工、跟班警卫。

C类：日班组长（副）、工艺员、机修工、电工、漏板安装工、日班化工配制、日班包装工、技术员、环境治理日班操作工、木制品操作工、纸制品操作工、塑料制品工段、操作工、粉料输送工、废丝处理工、板链工、跟班烘制工、跟班调度、跟班质检、叉车司机、号数全检工、跟班生产辅助工、捧纱工、跟班仪表工、跟班送纱工、公用值长、运管员、纸制品跟班操作工、塑料制品跟班操作工、塑料制品检装工、磨碎操作工。

D类：除以上3类岗位的分厂非行政人员及其他跟班岗位。

年终全勤奖不出勤则不发，考核时间内因各类休假（年休假除外）产生缺勤的，按以下标准，缺勤一天少发一天，直至归零（见表10—5）。

表10—5　　　　　　　　　年终全勤奖扣减

类　别	日常休假		法定节假日休假	
	休假≤5天（元/天）	休假>5天（元/天）	春节（元/天）	其他（元/天）
A类岗位	8	60	270	135
B类岗位	6	50	270	135

续表

类别		日常休假		法定节假日休假	
		休假≤5天（元/天）	休假>5天（元/天）	春节（元/天）	其他（元/天）
C类岗位	日班	5.5	45	45	45
	跟班	4.5	35	270	135
D类岗位	日班	4	30	30	30
	跟班	2.8	25	270	135

（2）年终考核奖

员工年终考核奖标准及发放办法见表10—6。

表10—6　　　　　　　员工年终考核奖标准及发放办法

类别	年度标准（元/年）	类别	年度标准（元/年）	类别	年度标准（元/年）
6级及以上岗位	1 800	4级和5级岗位	1 400	3级及以下岗位	1 000

中层年终考核奖标准及发放办法见表10—7。

表10—7　　　　　　　中层年终考核奖标准及发放办法

类别	年度标准（元/年）	类别	年度标准（元/年）
厂部级正职	5 300	正科级	3 700
厂部级副职	4 800	副科级	3 100

（五）福利

员工福利除特别注明外，其适用范围为公司所有正式员工。

试用期/退休返聘、外单位派驻人员、临时劳务人员和个别特殊人才等按双方约定执行。公司的福利包括法定福利、常规福利和激励福利三类，具体如下：

1. 法定福利

公司按嘉兴市社会保险相关规定缴纳，包括基本养老保险、基本医疗保险、失业保险、工伤保险、生育保险。随着经济发展，企业和员工缴费比率按照国家相关法律法规调整。

2. 常规福利

补充医疗保险：补充医疗保险是基本医疗保险的补充部分，公司为所有在职及退休员工缴纳。

劳动保护：公司根据各岗位的实际需要配置劳动保护用品，具体按照公司相应规定执行。

　　交通费报销:公司根据相关职务人员的车辆配置及工作需要确定标准,具体按照公司相关规定执行。

　　住房公积金:按照员工自愿原则,公司为入司工作满两年的员工、中层以上干部职务人员、博士缴纳住房公积金。

　　独生子女费:公司给予入司满一年的在职职工,且子女年龄在14岁周岁以下的独生子女依据有效的证件发放补贴,具体标准为每年50元。

　　保教费:公司给予入司满一年的在职职工符合国家生育规定的子女上幼儿园期间保教费的25%费用补贴,每个子女以200元为上限。

　　节日实物:公司每年将在春节、中秋两个传统节假日发放节日实物,价值约为400元/人。

　　体检:公司为新入司员工提供健康体检,工作满6个月后凭票给予报销相关费用;对于职业病岗位的员工,公司按照职业健康安全体系要求对其入职、在职、离职均给予每年一次的免费职业病岗位体检。

　　探亲补助:探亲补助对象为公司本部工作满一年且探亲路程300公里以上的在职员工。

　　3. 激励福利

　　为工作满10个月的在职人员每年安排一次健康体检;针对加入工会的员工,每年组织开展旅游活动,并给予一定的补助,具体按下发文件执行。

四、尾声

　　中国巨石已经取得的成果与公司自上而下重视薪酬福利制度是分不开的。在制定这套薪酬福利制度之前,公司进行了详尽的调查,结合浙江省工资指导线和嘉兴市工资指导线,参考了本地区类似行业相同工种的工资水平。同时,在员工内部进行了广泛深入的调查,发放了薪酬制度调查问卷并深入分析问卷。在集体协商的基础上,公司确定了实行岗位等级工资制以及具体细则内容。一套科学完善的薪酬福利制度对于企业人力资源管理起着关键的作用,体现了公平性、激励性、补偿性原则,激发了广大员工的工作积极性,实现了组织目标和员工个人目标双赢。中国巨石还将继续总结经验,不断完善员工薪酬福利制度,以更好地实现新的战略目标。

案例使用说明：

一、教学目的与用途

1. 本案例主要适用于人力资源管理、薪酬管理等课程。

2. 本案例是一篇介绍中国巨石薪酬福利制度的教学案例，其教学目的在于使学生对企业如何制定薪酬福利制度等问题具有感性的认识及深入的思考，从群体特征和个体特征两个角度分析问题，并提出解决方案。

二、启发思考题

1. 中国巨石薪酬福利制度的优势主要体现在哪些方面？
2. 中国巨石薪酬福利制度主要存在哪些问题？
3. 请结合本案例，说明企业推行岗位等级工资制应当注意哪些问题。
4. 科学合理的薪酬福利制度应体现哪些基本要求，才能发挥激励员工的作用？
5. 结合该公司面临的内外部环境及未来发展战略，提出薪酬福利制度发展的新思路。

三、理论依据及分析

制定薪酬福利制度，首先要进行岗位评价。岗位评价是一个系统测定每一岗位在单位内部工资结构中所占位置的技术。它以岗位任务在整个工作中的相对重要程度的评估结果为标准，以某具体岗位在正常情况下对工人的要求的系统分析和对照为依据，而不考虑个人在工作中的表现。岗位评价的原则包括系统原则、实用性原则、标准化原则、能级对应原则、优化原则。薪酬福利制定的步骤包括薪酬调查、薪酬结构设计、薪酬分级和定薪、薪酬制定的控制与管理。影响薪酬设定的因素包括企业的经营性质与内容；企业的组织文化；企业的支付能力；员工；社会意识；当地生活水平；人力资源市场状况等。

无论在分配薪酬构成的哪一部分，都应坚持以下原则：

补偿原则：保障员工收入能足以补偿劳动力再生产的费用。

公平原则：考虑员工的绩效、能力及劳动强度、责任、外部竞争性、内部一致性等因素，使员工感受到薪酬的横向公平和纵向公平。

激励性原则：薪酬能对员工产生强烈的激励作用。

适度性原则：薪酬系统应该接受成本控制，在成本许可范围内制定，并要有上限和下限,以便在一个适当区间内运行。

合法性原则:薪酬要符合国家相关法律,同时还要使大多数员工知晓并认可。

平衡性原则:薪酬构成中的各个方面要考虑并平衡,如既要考虑金钱报酬,又要考虑非金钱奖励。

四、关键要点

1. 有效的薪酬福利制度是激发员工工作积极性的根本。在本案例中,正是科学合理的薪酬制度提升了中国巨石员工的士气。

2. 有效的薪酬福利制度应当结合补偿、公平、激励原则,并具有一定的动态适应性。

五、建议课堂计划

本案例可以作为专门的案例讨论课来进行。整个案例课的课堂时间控制在 80～90 分钟。

课前计划:提出启发思考题,请学员在课前完成阅读和初步思考。

课中计划:简要的课堂前言,明确主题(2～5 分钟);

     分组讨论 (30 分钟,告知发言要求);

     小组发言 (每组 10 分钟);

     引导全班进一步讨论,并归纳总结(15～20 分钟)。

课后计划:采用报告形式给出更加具体的解决方案。

第 11 章　雅莹集团的员工福利

概念导读

员工福利是企业人力资源薪酬管理体系的重要组成部分,是企业或其他组织以福利的形式提供给员工的报酬。员工福利一般包括健康保险、带薪假期或退休金等形式。

音频

员工福利的概念

导入案例

摘　要:本案例以雅莹集团为例,在简要介绍公司背景的基础上,着重描写了其现有员工福利计划的主要内容,如福利提供的理念、福利提供的项目、福利提供的水平、福利实施的主体、福利的纵向结构等,尤其是其特色福利项目。员工福利作为间接薪酬的主要形式、企业一项重要的制度安排,在增强企业的凝聚力、保持员工队伍的稳定性等方面发挥着不可替代的作用,受到企业越来越多的重视,科学合理地设计员工福利计划,是保证员工福利实施效果的重要手段。

关键词:员工福利;人文关怀;特色福利

1. 本案例由嘉兴学院的陈野撰写,未经允许,本案例的所有部分都不能以任何方式与手段擅自复制或传播。
2. 由于企业保密的要求,在本案例中对有关名称、数据等做了必要的掩饰性处理。
3. 本案例只供课堂讨论之用,并无意暗示或说明某种管理行为是否有效。
4. 本案例资料由案例企业提供。

一、公司背景

(一)雅莹集团简介

雅莹集团诞生于江南,始于 1988 年。集团致力于引领时尚、优雅的生活方式,打造中国精致生活美学,传扬中国时尚创意文化,传递"平衡·爱·幸福"的价值理念,缔造代表中国最美的高端时尚品牌集团,引领并推进中国时尚产业发展,为中国消费者带来高品质、时尚的生活方式。

雅莹集团是一家集研发、营销、信息、物流、生产于一体的女装品牌企业,依托国际化的品牌经营理念、专业化的研发设计、规模化的生产物流,现已发展成为多品牌运作的现代化时装集团。雅莹集团专注于美丽的事业,是中国时尚产业的先驱,集团旗下拥有包括 EP 雅莹、GRACE LAND 雅斓名店等知名品牌。集团主要经营业务包括:自主高端品牌运营、国际精品品牌代理、时尚产业供应链建设、时尚产业教育与培训和其他时尚产业投资。雅莹集团现有员工近 5 000 人,通过多元化的时尚产业发展策略和零售网络的扩张,在中国内地及澳门拥有优质门店近 800 余家,主要分布于一线及省会城市,形成了覆盖中国内地的,以专卖店、Shopping Mall、百货店、时尚生活馆为一体的自营营销网络及加盟网络有机结合的营销体系,实现了企业与员工双赢。

(二)雅莹集团企业文化

雅莹集团重视企业文化建设,建立了国内领先的人才开发培养体系,拥有时尚女装行业 10 多年商业运作经验和国际化的品牌价值管理理念的资深管理团队。集团誓将缔造国际化著名时装品牌集团,打造触手可及的、时尚的、亲民奢侈品零售品牌。

使命:引领时尚、优雅的生活方式,传递"平衡·爱·幸福"的价值理念,让我们共享人生出彩的机会!

愿景:专注于美丽的时尚事业,打造中国精致生活美学,传扬中国时尚创意文化,缔造代表中国最美的高端时尚品牌集团,为顾客和社会创造美!

创业理念:专注、创新、用心成就未来!

环境理念:绿色环保,愉悦舒心!

发展目标:未来雅莹要打造成一个充满艺术、文化与创意的时尚集团,为顾客和社会创造美的集团,让我们共享人生出彩的集团,倡导绿色环保、愉悦舒心的集团,代表中国最美的高端时尚品牌的集团!

(三)雅莹集团发展历程

1988—1994 年嘉兴洛东红政服装厂:1988 年,雅莹集团创始人张宝荣先生创建了洛东红政服装厂,从最初的三四十名员工、家用缝纫机开始创业之路。

1994—1997 年嘉兴永利来时装有限公司:现任总裁张华明先生依靠智慧和努力,顺利打开了北京市场,积累了服装销售和现代商品经营的技巧,并创建"雅莹"品牌。1996 年,张华明先生接手企业,担任公司总经理,以丝绸服装为核心,全面启动了"雅莹"品牌女装的研发之路,为后来企业的腾飞拉开了序幕。

1997—2004 年嘉兴雅莹服装有限公司:1998 年公司创始人张宝荣先生去世,公司又受到金融危机的影响,更遭受产品研发失败的重创,面临巨额亏损、濒临倒闭,但凭着对美丽梦想的那份执着,通过技术改良,品质大幅提升,残局开始扭转,企业的生产经营有了明显起色。其间,也经历了"非典"时期的全国商业低迷,企业再次遭遇寒冬;但凭借着专注和创新、不断超越的信念和精神,公司在涅槃中一次次重生。至此,一个集产销研于一体的时尚女装企业初具雏形。

2004—2012年主力发展浙江雅莹服装有限公司:2004年嘉兴雅莹服装有限公司更名,组建了浙江雅莹服装有限公司。通过与国际公司的合资合作,全面引入时尚前沿的国际化品牌运作理念,奋发向上,构建了良好的学习型组织,雅莹与世界女装业发展的潮流同步。公司在信息管理、人力资源建设、供应链建设、渠道模式创新、商业模式创立等多方面引领变革,为集团化运作打下了扎实的基础。

2012年浙江雅莹集团起航:2012年9月雅莹集团新总部的落成和象征着雅莹集团精神的火凤凰揭幕,标志着集团正式起航。集团专注于EP雅莹系各品牌经营的同时,Double Love自主品牌优雅转型、Graceland雅斓名店顺利开启、Outlets专业平台陆续诞生,多元化的时尚产业发展策略使集团国际化概念得以发展。

1988年至今,雅莹历经两代人的创业历程,遭遇过各种困难和诱惑,见证过市场的变迁、环境的调整,却从未动摇过对美丽事业的那份执着和专注。未来的雅莹集团将是一个充满艺术、文化与创意的时尚集团,为顾客和社会创造美的集团。

二、集团员工福利

(一)集团员工一般福利项目

目前集团员工一般福利项目主要有养老保险、医疗保险、失业保险、工伤保险、带薪休假、节日礼品、用餐补贴、探亲费报销、免费健康体检、优惠内购、住房公积金、高温补贴、自备车补贴,以及室外篮球场、现磨咖啡、免费浴室等。集团员工一般福利项目分为四部分。

1. 法定社会保障计划

国家法定的社会保障为养老保险、医疗保险、失业保险、工伤保险,企业员工入职后满足相关条件开始缴纳社会保险,享受相关的福利待遇。

2. 全员基础福利项目

(1)带薪休假。除春节期间法定的3天外,企业都会安排更长的假期,为10~11天,另外,在每年的7—8月企业会安排一周的统一年休假。

(2)节日礼品。在重要的节日,除了享受带薪休假外,企业还会提供丰富的节日礼品和购物券。

(3)用餐补贴。企业为员工提供午餐和晚上加班餐补贴,标准为正常出勤:6元/餐×出勤天数;出差、请假:因请假月累计缺勤8小时以上视为一天无餐贴;因出差时间月累计 8 小时以上视为一天无餐贴。

加班餐补贴。办公室人员必须经部门主管统一安排,并由部门专人统一领取;生产部员工加班餐补贴以月度分析数据为准。

(4)探亲费报销。合同期满一年,其父母或配偶、子女在外地的均可享受补贴,但根据职级的不同,报销的标准也有所不同(见表 11—1)。

表 11—1　　　　　　　　　　　　探亲费报销标准

职　级	交通工具	报销标准	备　注
总经理/副总经理 部长 总监 三级部门负责人	自由选择 (除飞机头等舱外)	实报	选择自驾车出行。根据探亲路线过境费实报,汽油费按每公里 0.8 元×50%计算
除上述职级外的经理、主管	自由选择 (只限普通仓位)	实报 80%	选择自驾车出行。根据探亲路线过境费按 70%实报,汽油费按每公里 0.8 元×50%计算
员工	火车、汽车、轮船 (普通仓位)	按费用的 50%报销	不享受自驾车报销

(5)互助基金。这是一项由员工和企业共同出资成立的福利基金,对法定福利未能覆盖的方面提供一定程度的物质帮助。

(6)免费健康体检。企业每年组织全体员工进行健康体检,保障员工的身体健康。

(7)企业内购优惠。企业会定期组织内购服装,提供丰富的、低折扣货品供内部员工购买。除了定期的内部特卖会外,在平日,员工可以享受优惠购买当季产品的待遇。

(8)结婚礼金和丧葬金。员工结婚时,除了享受带薪婚假外,企业也会送去祝福及礼金。员工本人直系亲属丧亡,除了享受到带薪丧假外,企业也会送上慰问及丧葬金。结婚礼金和丧葬金的金额根据每年的实际情况所定。

(9)住院探望。企业员工发生了因公或非因公住院治疗,企业会根据实际情况安排相关人员探望,包括女职工生育住院。

(10)8 年服务奖。在企业连续工作满 8 年,每年年终评定,给予一定额度的现金奖励。

除了上述福利,企业在每年夏季按照标准以实物形式(或代价券)为全体员工准备饮料;在每年企业成立的纪念日,企业为每一名员工准备免费丰盛的午餐和丰厚的礼品,如代购券、纪念品等;企业为每一名生日员工准备生日面及美好的祝福,对于转正员工,企业除准备生日蛋糕(蛋糕券)外,经理级以上员工会收到生日鲜花。

3. 差异化福利项目

和全员基础福利相比,差异化福利项目不是针对全体员工,而是不同层级的员工享受不同标准的福利,这体现了员工承担不同的责任,对企业不同的贡献的回报,也实现了企业对员工努力敬业的鼓励和引导。目前设立的差异化福利项目包括住房公积金、通信费补贴、自备车补贴等。

(1)住房公积金。住房公积金制度为参加者贷款购房提供了一定的支持和便利,但住房公积金作为一项补充性的福利安排,对享受待遇有着诸多的条件限制,如稳定工作的状态及合适的工作地点等。

(2)通信费补贴。享受对象为已和企业签订劳动合同且试用期结束,经常用移动电话与外界联系业务的员工,并且在部门费用预算中有计划的,移动话费补贴将每月在工资中发放。

(3)自备车补贴。对于企业人资部任命的,担任主管以上管理者享受自备车补贴(见表11—2)。

表11—2　　　　　　　　　　集团自备车补贴

职　级	综合补贴费
部长、总监	1 500元/月
三级部门负责人	1 000元/月
三级部门以下经理级	600元/月,主管400元/月

(4)高温补贴。为补贴和保护在高温作业环境下的员工(包括仓库员工、保安和其他室外高温作业的员工),企业提供补贴,补贴标准为30~120元/月,共3个月,统一在工资中发放。

(5)人身意外伤害保险。为保障员工的生命安全,企业为部分经常出差的员工提供了年全天候之高额意外及健康风险保障,保险标准为88元/月,飞机意外伤害最高保额50万元,火车意外伤害最高保额30万元,汽车意外伤害最高保额10万元(有营运证的),轮船意外伤害最高保额15万元。

4. 自助化福利项目

(1)时尚生活馆咖啡吧。在生活馆设咖啡吧,设计时尚大气,服务细致入微,凭工卡打对折消费。(2)提供现磨咖啡。(3)室外篮球场。(4)免费浴室。(5)俱乐部员工待遇。开办足球、篮球、羽毛球、乒乓球俱乐部。

(二)集团员工特色福利项目

公司一直倡导以人为本理念,营造"平衡·爱·幸福"人文环境,始终把"企业爱职工,职工爱企业"放在重要位置,让员工深深体会到"企业兴则经济兴,职工稳则企业稳"的科学道理。公司在2012年3月建立人文关怀委员会,由党工团妇及人资部领导担任成员,下设人文关怀中心,设置心灵关怀、健康关爱、文体活动、爱心传递4个执行组,开展相应活动,为员工提供特色福利。

1. 心灵关怀

(1)小翅膀信息平台沟通。咨询妇产科诊疗、中医把脉、就学、居住证、家属安排、预约挂号、孕妇健康等。

(2)单独约谈。约谈多批需单独约谈的员工,解决离职、转岗、小孩就学、子女教育、乒乓场地、新居民证等问题。

(3)意见箱收集。在集团三个区域醒目位置设置意见箱,真诚了解员工的所需所求所盼,想方设法帮助员工解决一些实际问题。2012年,共收到意见、建议119条,85%得到了改善,员工意见逐渐减少。通过真诚听取员工意见建议,用心解决实际问题,员工的怨气少了,工作积极性提高了,为推进"双爱"活动起到了积极作用。

(4)员工座谈会。公司定期开展各层级员工座谈会,在座谈中,有员工提到生产线拖班比较严重,回家比较晚,家也照顾不上。座谈会后,事业部部长仇瑛(现集团副总裁)即召开班组长以上干部会议,要求每个班组长表态,把解决拖班问题作为班组长的绩效考核指标,最后拖班问题得到有效改进。召开单身青年座谈会,组织集团单身青年进茶室开展联谊活动。

(5)定期接访及热线电话。开通了"527"关怀热线,听取意见建议,员工工作积极性提高了,有力地推动了公司发展。

(6)开展"关爱留守儿童、助力微梦想"活动。参加对象为集团新居民员工中暑期来嘉兴与父母团聚的小学阶段的留守儿童。

(7)开展心理解压讲座。为进一步关心关爱员工,激励员工以积极的心态面对生活和工作,聘请心理学老师对需求员工开展心理解压讲座,参加对象以时尚园员工为主,以缓解员工压力,营造健康、积极向上的阳光心态,提升员工心理素质。

2. 健康关爱

(1)各类讲座。开设员工养生及医疗保健讲座,定期邀请名医到司开展各类健康讲座,如养生保健、颈椎腰椎防治、甲状腺防治、妇科病防治、乳腺疾病防治、艾滋病防治、幼儿常见病防治、美容知识讲座、孕产妇保健讲座、少儿教育辅导讲座等,深受员工欢迎。

(2)中医把脉。每月一次邀请名中医为员工面对面把脉,员工的健康意识得到增强。

(3)保健按摩。员工通过小翅膀预约平台,在每周二、四和单周六下午享受40分钟的颈椎按摩,使颈椎病得到缓解。

(4)开展职工健康体检及跟踪服务。组织公司员工及部分家属体检,并对体检报告进行解读。

(5)积极开展有益于员工身心健康的活动,提高员工自我保健意识,使其拥有好的身体,快乐工作,幸福生活。

3. 文体活动

(1)主题文体活动。公司定期开展员工参与的各类文体活动,每月开展一次主题文体活动,如3月"三八"妇女趣味运动会和亲子长跑、4月亲子采摘活动、5月俱乐部活动比赛、6月员工之夜、7月员工子女暑假兴趣班、8月党工团妇竞赛互动、9月DIY食品创意大比拼、10月"雅运会"、11月职工技能大赛、12月新年酒会。通过开展丰富多彩的文体活动,员工的凝聚力和向心力不断增强,劳动关系更加和谐,幸福指数不断攀升。根据美国翰威特公司的调研报告,雅莹公司员工的敬业度从2007年的62%上升至2011年的80.33%,连续2年一线员工春节返岗率达到95%。

(2)党工团阅览室。公司定时开放党工团阅览室,鼓励员工通过学习不断提高个人素质。

(3)俱乐部活动。公司建立了五个俱乐部,即篮球俱乐部、足球俱乐部、羽毛球俱乐部、乒乓球俱乐部、舞蹈俱乐部,定期开展瑜伽培训、羽毛球培训、户外运动等活动,员工的凝聚力和向心力不断增强。

(4)优雅女人会。开展花卉养护知识、红酒品鉴、书画诗词品鉴、茶文化知识、古董瓷器品鉴、插花艺术等活动,培养优雅女人的审美能力,提升艺术品位,增强女人由内而外的高贵气质。优雅女人会的参加对象为总经办及相关人员。

(5)子女假期班。在暑假和寒假举办子女美术班。

公司每年文体活动经费超过百万元。通过积极开展丰富多彩的文体活动,员工的文化素养、文明程度得到很大提高。

4. 爱心传递

(1)喜事祝福。员工喜事祝福主要包括新婚祝福、生日祝福、生宝宝祝福、子女上大学祝福等。开展新婚祝福送鲜花、生育宝宝送礼品、子女高考中榜送学习用品等活动。

(2)集团单身青年联谊活动(相亲会)。积极创造条件,组织多次未婚青年参加交友会,尽力解决他们的后顾之忧。

(3)奉献爱心。积极组织员工义务献血活动,参加献血人数近500人,得到广泛好评。

(4)排忧解难。帮助返乡员工购买火车票,申办居住证,解决符合条件员工子女入学问题;帮助员工办理签证,解决一些急事难事。

(5)危机处理。对员工突发事件及时到达现场协调处理,如员工医疗纠纷及车祸事件等。

（6）走访慰问困难员工，用好"爱心基金"。建立特困员工信息库，对特困员工给予重点关注及帮助。如公司员工徐美英患肾病比较严重，每月通过透析维持生命，一直病休在家。5年来，公司除了每月发给基本工资外，每年人资部与工会会进行2次联合慰问，给予上万元的慰问金，并预支她订肾源的费用5万元，解决根本问题。公司在得知另一位员工也患了肾病后，由人资部及时送上预订肾源资金5万元，她非常感动，向集团送来了一面写有"爱心奉献、真情相助"的锦旗，对公司的援助表示衷心感谢。

（7）注重员工生活品质的提升。利用公司的规模采购优势，拓展更多更有竞争优势的服务项目，体现公司的人文关怀。

食品安全是关乎员工健康的重要因素。在保证食堂食品安全的同时，公司通过与生态农业的结合，为员工提供优质、安全的食品，利用公司的规模采购优势，集中采购米、油、净菜、放心肉等并向员工出售，逐步形成"爱心超市"，让员工及家属享受到来自公司的关爱。

从员工的健康角度出发，加大对饮用水安全的投入，购买净水设备，提高水质，主要用于三个食堂日常的做菜、做饭等。购买、引入"千岛湖"优质水源、桶装水，用于员工的日常饮用，同时还可特供给员工及家属。

组建家政服务团队。为了让员工能够安心工作，不被家务烦扰，公司组建了一支能够提供高质量家政服务的团队。团队平常在公司工作，在员工有需要的时候可以提供有偿的家政服务，如个人及家庭体检、健康咨询及预约、协办租房、协助解决子女入学服务、车辆保养、验车、紧急救援，生日关怀及工作减压等，帮助员工消除后顾之忧，让员工能够安心工作和生活。

人文关怀中心现已成为员工的依靠，"有困难找关怀中心"已成为员工的口头禅，员工深切感受到了"职工之家"的温暖。

案例使用说明：

一、教学目的与用途

1. 本案例主要适用于社会保障学、员工福利、薪酬管理等课程。

2. 本案例是一篇描述雅莹集团员工福利的教学案例，其教学目的在于使学生对企业员工福利管理问题具有感性的认识及深入的思考，从企业和员工两个角度出发，能够理论联系实际，为企业设计具有针对性与灵活性的员工福利项目，以更好地满足员工福利需求，同时适当控制员工福利的增长幅度，最大限度地发挥员工福利的积极效用。

二、启发思考题

1. 你如何看待雅莹集团员工一般福利计划？
2. 你如何看待雅莹集团员工特色福利计划？
3. 试概括总结雅莹集团员工福利计划的主要内容。
4. 如何设计员工福利计划以便更好地发挥其激励作用？

三、分析思路

教师可以根据自己的教学目标(目的)灵活使用本案例。这里提出本案例的分析思路，仅供参考。

根据本案例透露的信息，雅莹集团作为嘉兴当地一家集研发、营销、信息、物流、生产于一体的中意合资女装品牌的知名企业，其发展进入了一个比较成熟的阶段，其员工福利管理已达到比较高的水平。为了更好地激励员工，增强企业的凝聚力，提高工作效率，满足员工的不同福利需求，针对不同群体，公司设计了一套项目众多、待遇水平差异化、体现人文关怀的员工福利计划。通过有效的组织实施，员工福利计划发挥了积极作用。

四、理论依据及分析

1. 马斯洛需求层次理论

马斯洛认为人的需求是有层次的，归结起来，可以分为五个层次，从下到上依次为：生理需求，这是人类维持自身生存的最基本的要求；安全需求，是指人类有要求保障自身安全，摆脱失业和丧失财产威胁，避免职业病的侵袭，解除严酷监督等方面的需要；社会需求，包括对于友爱的需要和归属的需要，这些需要如果得不到满足，就会影响人们的精神，导致工作效率下降、情绪低落；尊重需求，包括内部尊重和外部尊重，希望自己有实力、能胜任、充满信心、能独立自主，有威信、受到别人的尊重、信赖和高度评价；自我实现需求，这是最高层次的需要。马斯洛认为这五个层次的需求是像阶梯一样逐层上升的，一般来说，只有在较低层次的需求得到满足之后，较高层次的需求才会有足够的活力驱动行为，即只有满足较低层次需求，高层次需求才能发挥激励作用。

2. 成就需求理论

成就需求理论是美国哈佛大学教授麦克利兰于20世纪50年代在一系列文章中提出的，他把人的高层次需求归纳为对权力、亲和以及成就的需求。权力需求是影响或控制他人且不受他人控制的需求；亲和需求是友好亲密的人际关系的需求，是寻求被他人喜爱和接纳的一种愿望,高亲和动机的人更倾向于与他人交往,至少是为他人着想,这种交往会给他带来快乐,他们对环境中的人际关系更为敏感;成就需求是争取成功并希望做得最好的需求,具有强烈的成就需求的人渴望将事情做得更为完美,提高工作效率,获得更大的成功。麦克利兰指出,金钱刺激对高成就需求者的影响很复杂,一方面,如果他们在组织中工作出色而薪酬很低,他们是不会在这个组织工作很长时间的;另一方面,金钱刺激究竟能够对提高他们的绩效起多大作用很难说清,他们一般总以自己的最高效率工作,所以金钱固然是成就和能力的鲜明标志。但是由于他们觉得这配不上他们的贡献,因此可能引起不满。

3. 双因素理论

双因素理论是美国心理学家赫茨伯格在需求层次理论基础上进一步发展并创立的。他通过大量的调查、访谈和研究,得出了影响员工工作态度的两种因素:一种是使员工对工作满意的因素,称为激励因素,包括工作本身、认可、成就和责任,这些因素涉及人们对工作的积极感情,又和工作本身的内容有关,是与工作相联系的内在因素;另一种是使员工对工作不满意的因素,称为保健因素,包括公司政策和管理、技术监督、薪酬、工作条件以及人际关系等,这些因素涉及工作的消极因素,也与工作的氛围和环境有关,属于与工作相联系的外在因素,主要取决于正式组织。赫茨伯格认为保健因素只有不满意和没有不满意之分,也就是说,不满意因素消除之后,防止产生问题,但不一定会带来满意,只有激励因素得到充分发挥,才能给员工带来工作满意感,并产生有效的激励作用。

五、关键要点

1. 员工福利除了继续扮演保健因素的角色外,还日益成为一种重要的激励因素。在本案例中,激励因素受到企业越来越多的重视。

2. 员工福利中的特色福利更能彰显企业的竞争力和凝聚力。

六、建议课堂计划

本案例可以作为专门的案例讨论课来进行。如下是按照时间进度提供的课堂计划建议,仅供参考。

整个案例课的课堂时间控制在 80～90 分钟。

课前计划:提出启发思考题,请学员在课前完成阅读和初步思考。

课中计划:简要的课堂前言,明确主题(2～5 分钟)

    分组讨论 (30 分钟,告知发言要求)

    小组发言 (每组 5 分钟,控制在 30 分钟)

引导全班进一步讨论,并归纳总结(15～20分钟)

课后计划:实地调研某个企业后,为其设计一套员工福利计划。

测试题　　　测试题答案　　　案例面对面

第 12 章　雅莹集团的员工激励

概念导读

员工激励是指通过各种有效的手段,对员工的各种需要予以不同程度的满足或者限制,以激发员工的需要、动机、欲望,从而使员工形成某一特定目标并在追求这一目标的过程中保持高昂的情绪和持续的积极状态,充分挖掘潜力,全力达到预期目标的过程。

音频

员工激励的概念

导入案例

摘　要:本案例以雅莹集团为背景,描写了该公司基于快乐工作理念的员工激励体系与措施。文章分别从实施合理的人才绩效管理与流动机制、重视员工的情感管理、注重企业文化建设、建立科学的员工培训与成长计划四个方面全景式展示了雅莹集团注重科学管理、人性化管理和文化管理的激励机制。学习该案例,可以启发人们思考企业如何解决员工稳定性与有效激励问题。

关键词:员工激励;快乐工作;人才队伍建设

有关研究表明,制造业近年来薪酬涨幅最大,但员工流失率却最高。企业发展到现阶段,纯粹依靠薪酬已经不能完全解决员工稳定性与有效激励问题,需要思考新的管理理念、管理方式来应对新局面。

---

1. 本案例由嘉兴学院的顾惊雷老师指导,邵高飞撰写,未经允许,本案例的所有部分都不能以任何方式与手段擅自复制或传播。

2. 由于企业保密的要求,在本案例中对有关名称、数据等做了必要的掩饰性处理。

3. 本案例只供课堂讨论之用,并无意暗示或说明某种管理行为是否有效。

4. 本案例资料由案例企业提供。

一、雅莹集团概况及人力资源管理现状

雅莹集团是一家集研发、营销、信息、物流、生产于一体的中意合资女装品牌公司,依托国际化的品牌经营理念、专业化的研发设计、规模化的生产物流,已发展成为多品牌运作的现代化时装集团。集团旗下拥有包括 EP、雅莹、GRACE LAND 雅斓名店等知名品牌。集团主要经营业务包括:自主高端品牌运营、国际精品品牌代理、时尚产业供应链建设、时尚产业教育与培训和其他时尚产业投资。如今,集团已拥有员工近 5 000 人,通过多元化的时尚产业发展策略和零售网络的扩张,在中国内地及澳门地区拥有优质门店近 500 家,主要分布于一线及省会城市。

雅莹集团建立了短期、中期、长期的人力资源体系建设目标(见图 12—1)。

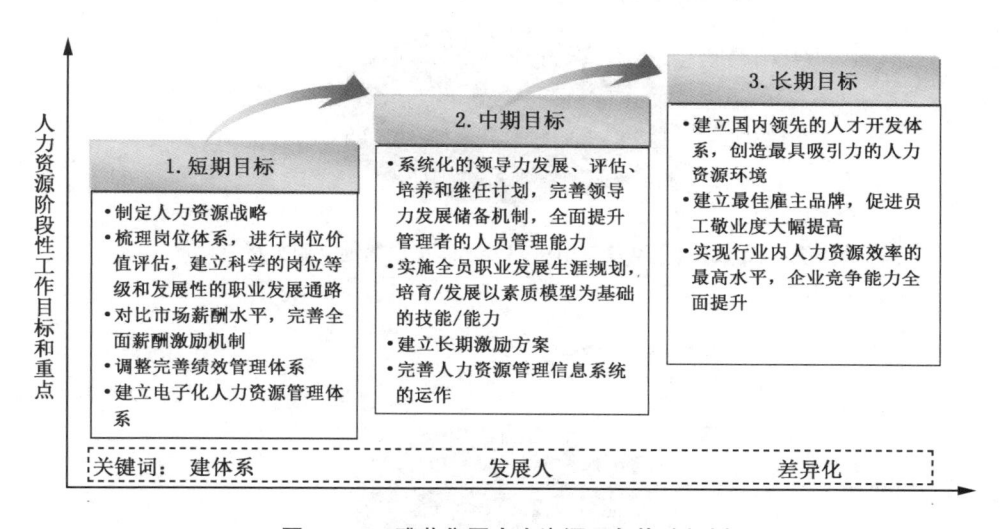

纵轴: 人力资源阶段性工作目标和重点

1. 短期目标
- 制定人力资源战略
- 梳理岗位体系,进行岗位价值评估,建立科学的岗位等级和发展性的职业发展通路
- 对比市场薪酬水平,完善全面薪酬激励机制
- 调整完善绩效管理体系
- 建立电子化人力资源管理体系

2. 中期目标
- 系统化的领导力发展、评估、培养和继任计划,完善领导力发展储备机制,全面提升管理者的人员管理能力
- 实施全员职业发展生涯规划,培育/发展以素质模型为基础的技能/能力
- 建立长期激励方案
- 完善人力资源管理信息系统的运作

3. 长期目标
- 建立国内领先的人才开发体系,创造最具吸引力的人力资源环境
- 建立最佳雇主品牌,促进员工敬业度大幅提高
- 实现行业内人力资源效率的最高水平,企业竞争能力全面提升

关键词: 建体系　　发展人　　差异化

图 12—1　雅莹集团人力资源五年战略规划

2012 年雅莹集团共有近 5 000 名员工,其中总部有 1 000 多人,生产子公司有 900 多人(生产线工人),销售子公司有 2 000 多人(店铺员工)。总部包含了设计、研发、采购、物流、信息、管理版块等重要部门。以下是总部人员的现状分析(见图 12—2 至图 12—5)。

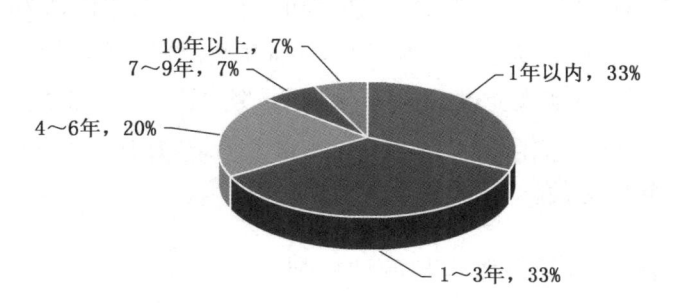

- 10 年以上,7%
- 7～9 年,7%
- 4～6 年,20%
- 1 年以内,33%
- 1～3 年,33%

图 12—2　雅莹集团总部人才队伍工龄分析

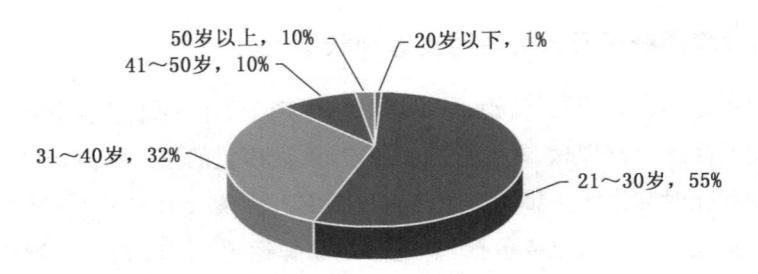

图 12—3　雅莹集团总部人才队伍年龄分析

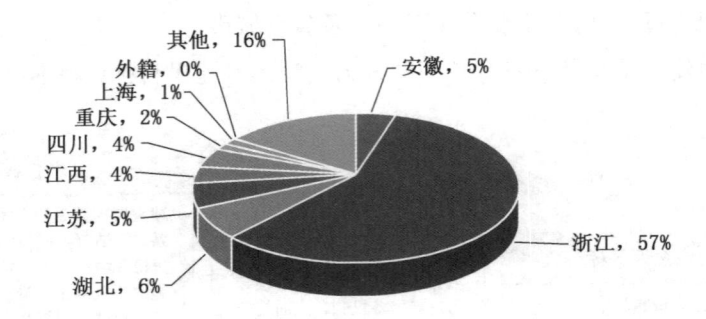

图 12—4　雅莹集团总部人才队伍户籍地来源分析

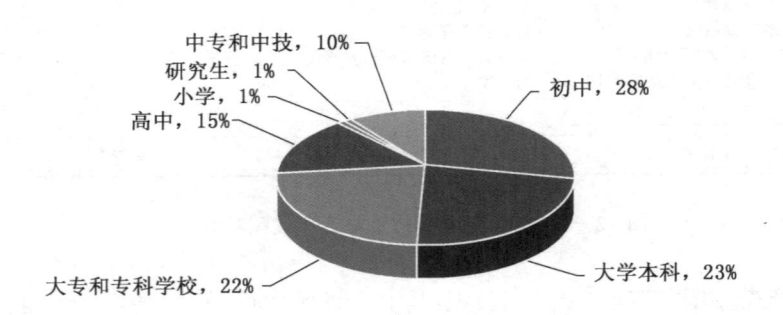

图 12—5　雅莹集团总部人才队伍学历分析

"快乐工作,幸福生活"一直是雅莹集团倡导的文化。雅莹集团认为,工作和生活只有做到相应的平衡,员工才能真正快乐工作,幸福生活。在工作领域,要努力让各级员工找到梦想、追寻梦想、实现梦想;在生活领域,要努力让每个员工找到兴趣。只有把快乐工作的理念贯彻到工作的方方面面,深入每个员工的内心,人才队伍建设才能拥有牢固的基石,企业也才能不断发展壮大。

二、实施合理的人才绩效管理与流动机制

绩效管理是雅莹集团实现战略发展落地和员工激励的有效工具。自 2007 年与国际

知名咨询公司翰威特(Hewitt)合作建立起现代化的绩效管理体系以来,雅莹集团不断完善,将绩效结果逐渐应用于员工奖金、调薪、晋升和培训发展等多个方面。集团让优秀员工在工作中得到鼓舞,同时也淘汰部分绩效不合格的员工,建立起合理的人才流动机制。

(一)雅莹集团绩效管理体系研究

为了更好地将公司战略落地,不断提高员工工作技能和工作效率,雅莹集团在 2007 年即开始与国际知名人力资源咨询公司翰威特合作,引入和建立起科学的绩效管理体系。同时,为了规范和有序推进绩效管理工作,2008 年集团又携手东软,构建了 E-HR 系统平台,实现了绩效管理的电子化。雅莹人力资源管理系统的绩效管理模块界面见图 12—6。

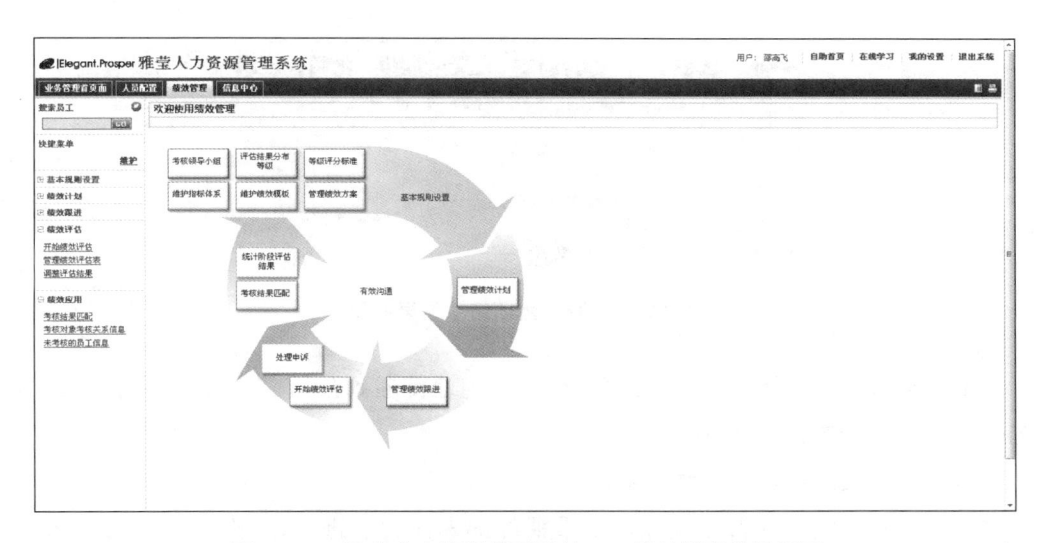

图 12—6　雅莹人力资源管理系统——绩效管理模块界面

雅莹集团的绩效管理分为四个步骤,即制定绩效计划、绩效反馈与指导、绩效回顾和绩效结果应用(见图 12—7)。

图 12—7　雅莹集团绩效管理四步骤

每年年初,雅莹集团开始启动新一年的绩效计划。集团通过将战略逐级向下分解,让更多的人参与绩效管理,认识到绩效管理的作用。

为了能够将绩效结果充分运用到集团管理之中,雅莹集团十分重视评估结果的应用。雅莹集团的评估结果应用广泛(见图12—8)。

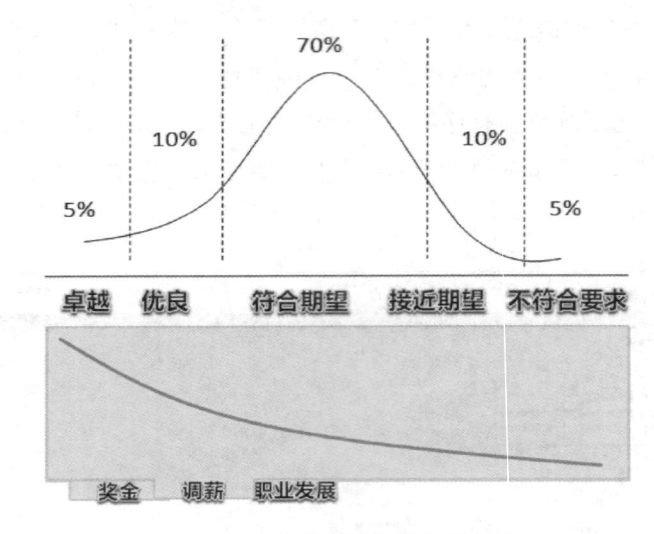

图12—8 雅莹集团绩效结果应用

系统平台可用来将绩效相关信息及时、准确地传递到公司、事业部、部门和员工,进一步促进公司的良好运营。

(二)雅莹集团人才流动机制研究

雅莹集团自成立以来一直都非常重视外部人才的引进工作,围绕"信任人、培养人、善用人、成就人"的人才观积极吸引人才。作为服装行业的知名品牌公司,雅莹集团不仅在全国招聘有能力、有专业背景、经验丰富的行业专家,同时也愿意花时间培养有专业知识背景的应届毕业大学生。自2009年开始,公司启动"英才计划"专门招聘应届大学生。2012年为了储备集团发展的高层次人才,公司以硕士研究生为起点启动了"雏鹰计划",为集团的持续发展壮大做好准备。除此之外,集团积极探索海外人才或项目的引进。在此基础上,集团跟进下一步员工发展工作,最终希望把合适的员工放在合适的岗位上,最大限度地发挥员工自身潜能。

雅莹集团通过人才盘点,了解当前岗位员工是否胜任该项工作,为后续的人才培养发展和梯队建设提供依据(见图12—9)。

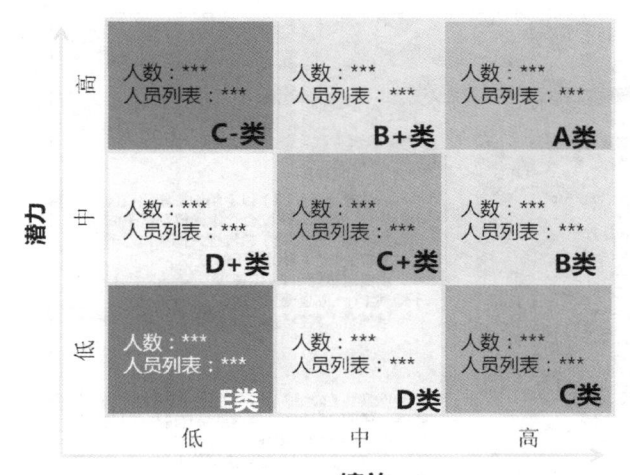

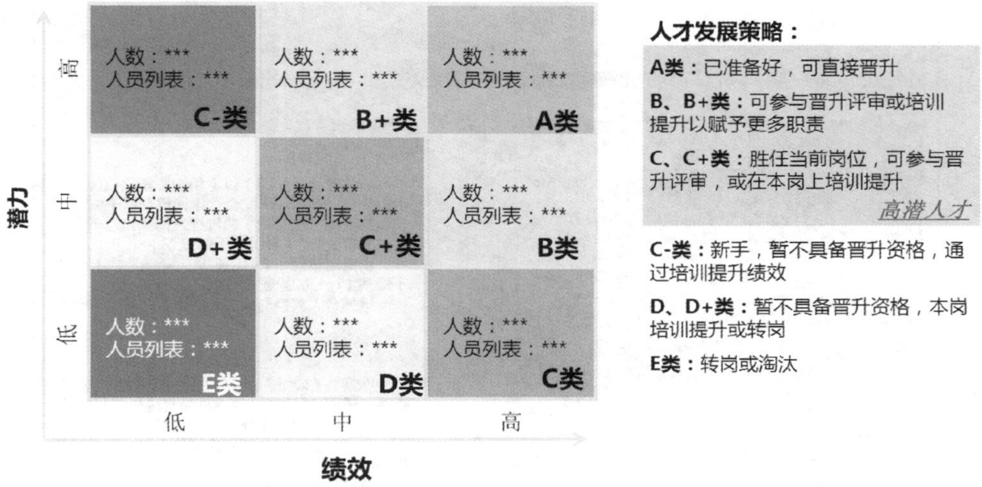

图 12—9 雅莹集团人才盘点矩阵

雅莹集团人才盘点使用的工具为潜力评价(见图 12—10),根据不同层级,采用不同的人才盘点方式(见图 12—11),盘点工作完成后形成核心人才信息汇总表(见图 12—12)。

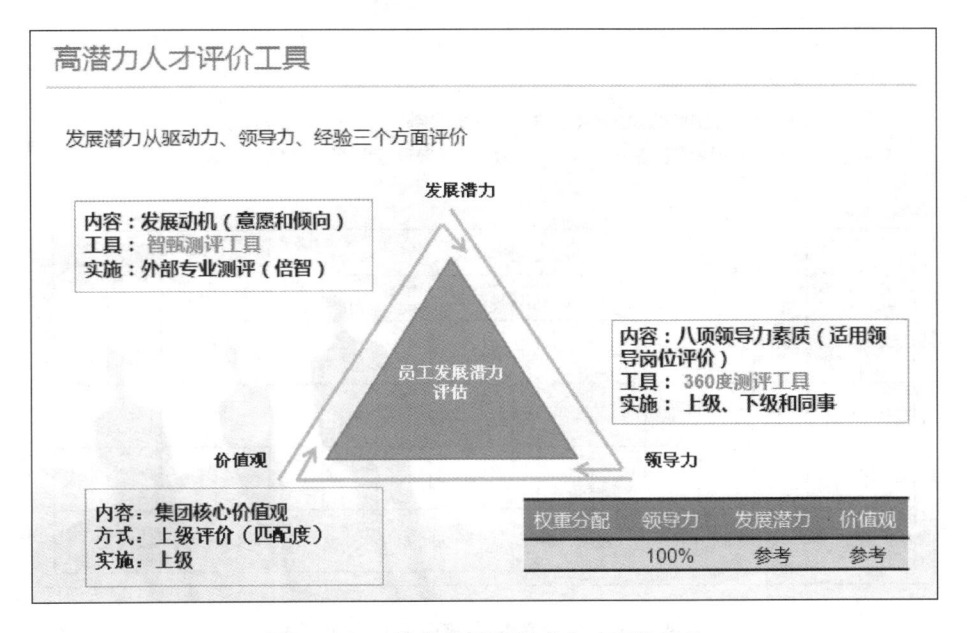

图 12—10 雅莹集团高潜力人才评价工具

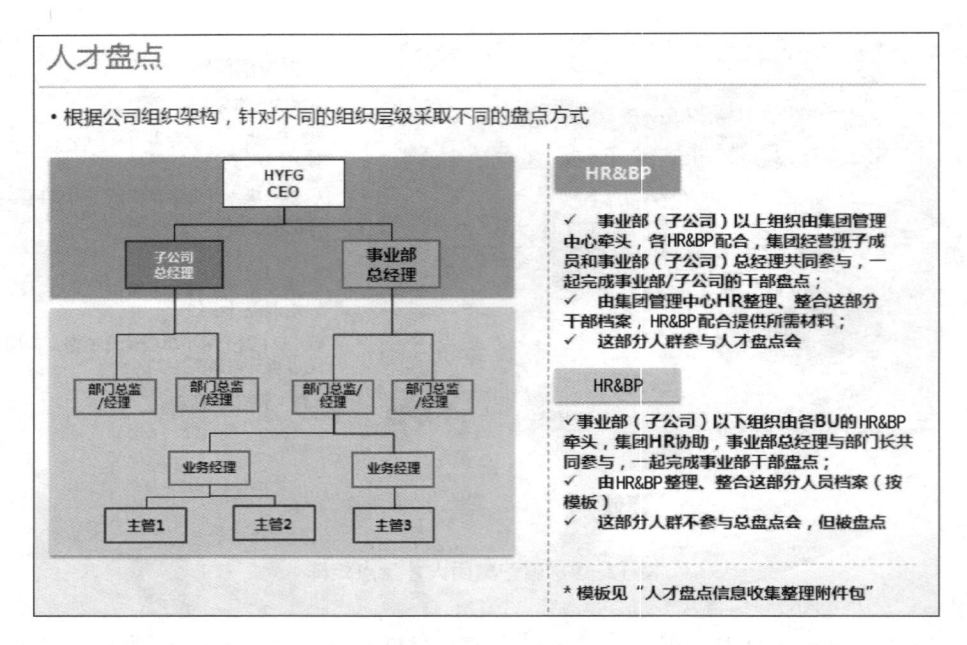

图 12—11　雅莹集团不同层级人才盘点方式

图 12—12　雅莹集团核心人才信息汇总

三、重视员工的情感管理

重视员工的情感管理是雅莹集团推行快乐工作理念的重要组成部分。2012年雅莹集团专门成立了"人文关怀中心",为员工开展座谈会、文体活动、社会公益、医疗保健等丰富多彩的服务项目。人性化的福利体系同样也是员工情感管理的一部分。雅莹集团通过情感管理为员工创造一个温馨、幸福的工作、生活与人际环境,增强了员工的主人翁意识,提高了员工的归属感和幸福度。

1. 优秀员工座谈会　　　　2. 英才大学生员工座谈会　　　3. 行政部一线员工茶话会
4. 时尚圈新员工茶话会　　5. 走进终端听心声　　　　　　6. 联络员座谈会
7. 意见建议反馈座谈会

(一)心灵关怀职能小组工作开展情况

雅莹集团心灵关怀职能小组制定了详细的工作计划。集团定期召开座谈会,面对面与员工沟通交流,真诚听取员工的意见和建议。集团通过落到实处的员工心灵关怀行动,减少了员工怨气,提高了工作积极性。

(二)健康关爱职能小组工作开展情况

2012年雅莹集团健康关爱职能小组开展的活动主要包括关注孕妇健康和营养、健康体检、健康讲座、中医把脉等,以上活动均受到员工的一致欢迎和好评。

1. 陆文彬副主任医师中医养生保健
2. 杨阿宝医师颈椎保健讲座
4. 葛加美主任医师孕产期保健讲座
5. 陈自强副主任医师甲状腺防治讲座
6. 区疾控中心来司艾滋病防治讲座
7. 朱娟英主任医师乳腺疾病防治讲座后员工一对一咨询
8. 保健室按摩颈椎现场

（三）文体活动职能小组工作开展情况

雅莹集团建立了五个员工文体俱乐部，分别为足球俱乐部、乒乓球俱乐部、羽毛球俱乐部、篮球俱乐部、排舞俱乐部，定期开展各类比赛。2012年足球俱乐部在嘉兴市足协11人制联赛中荣获团体第一名，获"秀洲之星"杯足球联赛中团体第一名；乒乓球俱乐部在"新万利杯"秀洲区新居民乒乓球团体比赛中获团体第三名，在秀洲工业园区总工会乒乓球比赛中荣获团体第二名。

雅莹集团面向员工本人相继组织开展了新年酒会、三八妇女节活动、夏季员工之夜晚会等系列活动，有效地缓解了员工工作压力，提高了工作积极性。

雅莹集团也面向员工子女开展了一系列别开生面的活动。

(四)爱心传递职能小组工作开展情况

2012年雅莹集团爱心传递职能组开展的活动主要包括:积极开展喜事祝福,如结婚祝福、生育祝福、上学祝福等;举办公司内部未婚青年相亲会;设立爱心基金,走访慰问困难职工;为新居民购买车票,解决员工回家难的问题。通过开展各类活动,员工的幸福指数不断上升,凝聚力和向心力不断增强。

雅莹集团践行情感管理除了体现为人文关怀中心的各项工作，完善的福利体系也是其中重要的组成部分。福利人性化是雅莹集团一直倡导的理念。除了法定的"四险一金"外，集团在全年重要的节假日都会为员工提供假期及礼品。

四、注重企业文化建设

文化是一个企业历史发展的积淀，是将员工凝聚在一起的内在动力。雅莹集团经过多年的发展，沉淀出了"热爱时尚、创造幸福；拥抱变化、超越自我；低调谦和、高效执行"的核心价值观。雅莹集团每年都会围绕集团价值观开展一些文化主题活动，通过活动让企业文化渗透到每一个员工的心中。

（一）雅莹集团企业文化理念研究

雅莹集团的企业愿景是"缔造国际化、亲民奢侈的时尚品牌"，企业使命是"引领时尚、优雅的生活方式，传递'平衡·爱·幸福'的价值理念"，企业信条是"专注、创新、用心成就未来"，核心价值观是"热爱时尚、创造幸福；拥抱变化、超越自我；向上向善、合作共赢；低调谦和、高效执行"。这些愿景、使命、价值观并非只在墙上，而是真正落实到了工作之中。集团领导始终以人为本，让员工快乐工作，有尊严地生活，使员工感觉在公司上班有"家"的感觉，并全力打造"平衡·爱·幸福"的企业文化。企业文化体现在员工的衣着装扮、行为举止、工作表现，及办公室的结构布置等各个方面。

1. 筑牢全面完善的文化阵地

雅莹集团于2007年9月起先后建立了党支部、工会、团支部、妇代会，同时建立文化大使体系，为开展各项活动提供强有力的组织保证。

2. 传播先进时尚的文化理念

雅莹集团用内刊、广播、宣传长廊传播公司动态，宣导雅莹文化，使员工感受到浓浓的文化氛围。

（二）雅莹集团企业文化落实研究

雅莹集团落实企业文化的具体举措包括以下几个方面。

1. 创建学习型组织

集团通过晨读、早会、职工书屋、观看励志片、分层次开展员工培训等，构筑起学习型企业的良好氛围。

2. 创新氛围

雅莹集团一直以"创新"为推动力。创新意识、创新行动、创新成果广泛体现在雅莹企业运作的各个层面，从设计研发到生产物流，从品牌经营到公司管理……集团内部孕育了一种叫作"创新力"的文化。

3. 举办文化活动

雅莹集团始终以人为本，把员工放在首位。除了建立员工关怀机制外，集团为弘扬企业精神、宣扬企业文化，还开展了一系列文化活动。职工在积极参与活动的过程中，充分感受到了大家庭的温暖，从而使劳动关系更加和谐。

4. 社会公益

致富思源，富而思进。雅莹集团积极投身社会公益事业。在汶川、玉树等地震灾害发生的第一时间，党工联动组织员工为灾区捐款，献上一份爱心，先后为灾区捐款80万元，捐献价值72万元的服装。集团内设立互助基金，当员工遭逢困难时，党工联动及时帮助他们消除后顾之忧。近年来，集团更借助EP雅莹这一辐射全国的平台，积极开展爱心传递活动，号召更多的社会人士参与进来，一起帮助需要帮助的人。近年来，集团先后为各级慈善机构捐款249万元，并积极支持教育事业发展，与市区七所学校签订了助学奖学金协议，每年资助金额达到78万元。同时，集团在数所高校设立"雅莹就业奖教金"和"雅莹就业助学金"，感谢做出突出贡献的优秀教职工，帮助品学兼优家庭困难的学生完成学业。同时，集团还为助学金获得者提供实习和就业的机会，切实做到诚信经营、回报社会。

五、建立科学的员工培训与成长计划

雅莹集团通过发展"双通道"员工晋升体系，构建新员工培训、核心能力培训、专业能力培训、领导力培训四大培训模块,利用学习地图(Learning Maps)等先进学习工具,制定了较为科学完整的员工培训与成长计划。集团通过拓宽员工职业晋升渠道,不断提升员工能力,有效减轻了员工的工作压力和心理压力,在帮助员工学习与成长过程中增强了团队凝聚力。

(一)员工发展通道研究

"天花板"效应是职业生涯发展中普遍碰到的情况。在帮助员工树立正确职业发展观的同时,建立和完善员工发展通道十分重要。雅莹的双通道体系,让员工改变"发展就是当官"的传统思维,为专业技术型人才的发展提供了广阔的空间(见图12-13)。

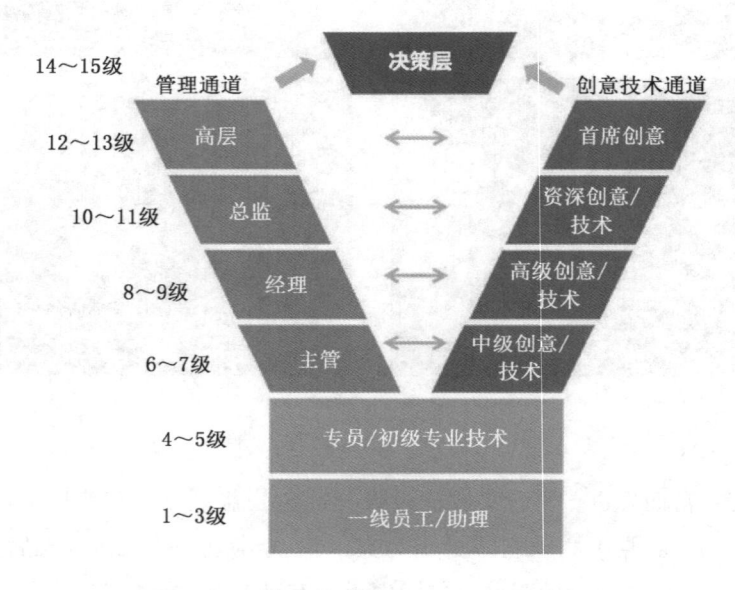

图12-13 雅莹集团员工"双通道"发展体系

(二)培训体系研究

经过多年实践和不断完善,雅莹集团已建立起以全员任职资格培训为核心,以独立发展项目为补充的培训体系(见图12-14)。这一培训体系的构建有力地支持了公司的高速发展,在帮助员工实现职业理想的过程中发挥重要作用。

图 12—14　雅莹集团全员培训体系

（三）学习地图工具研究

学习地图是指企业基于岗位能力而设计的员工快速胜任学习路径图，同时也是每一个员工实现职业生涯发展的学习路径图和全员学习规划蓝图。GE 公司应用学习地图结合行动学习的 30/30 模式取得了巨大的成功，公司每一个关键岗位通过 30 天的学习路径再设计流程，能使所有关键岗位人才的培养周期缩短 30%，解决了公司最关切的人才"瓶颈"问题。

雅莹集团学习地图由精通国际及国内前沿培训管理理念的众行专业顾问集团研究设计而成。这一学习地图既吸收了国外培训管理领域的精髓，又充分体现了本土化的设计思想；既有实战经验的积累，又有深厚的中西方文化底蕴。雅莹学习地图是众行专业顾问集团 11 年专注学习技术与培训体系的系统成果，包含了数百个培训咨询项目和上万次培训课程的珍贵资讯沉淀。集团学习地图示意图如图 12—15 所示。

（四）企业大学研究

企业大学又称公司大学，是指由企业出资，以企业高级管理人员、一流商学院教授及专业培训师为师资，通过实战模拟、案例研讨、互动教学等实效性教育手段，以培养企业内部中高级管理人才和企业供销合作者为目的，满足人们终生学习需要的一种新型教育、培训体系。由于高等教育体系无法满足企业的各类知识和技能需求，难以培养企业自己需要的合适人才，因而企业希望拥有自己的学习组织，诞生了企业大学。实践证明，企业大学体现了最完美的人力资源培训体系，是最有效的学习型组织实现手段，更是公司规模与实力的有力证明。自 1955 年全球第一所企业大学——通用电气公司克顿维尔学院——正式成立以来，企业大学在全球迅速崛起。在美国，1988 年到 1998 年间企业大学数量由 400 家猛增到 1 600 家。国内许多知名企业也纷纷建

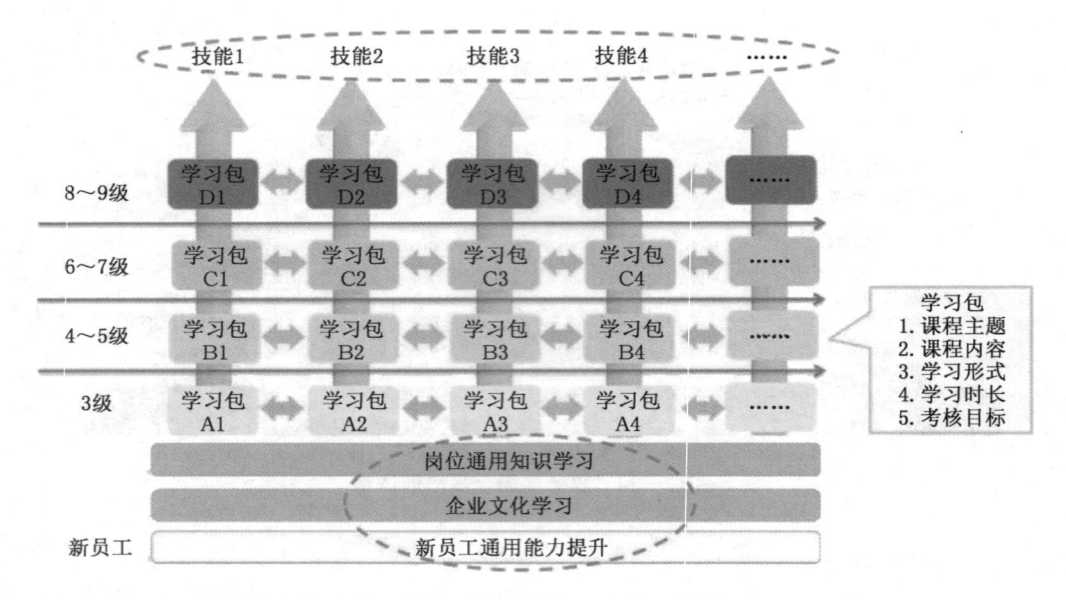

图 12—15　雅莹集团员工学习地图

设起自己的企业大学，如海尔大学、春兰学院、用友大学等。企业大学在内部沟通、留住人才、构建伙伴关系、文化整合与传播等诸多方面都起着重要作用。

雅莹集团经过十几年的快速发展后，发现人才缺乏越来越成为企业进一步壮大的瓶颈。行业人才容量有限，高校人才又缺乏可参照的成功实施路径图。企业发展需要的大量高级经管人才已经无法再大面积从外界获取，迫使雅莹鼓起勇气创办起自己的人才培养基地。通过前期积累，雅莹集团制定了企业大学的发展规划。不同职位序列的员工可以在企业大学中找到自己的学习发展路径。

案例使用说明：

一、教学目的与用途

1. 本案例主要适用于管理学、组织行为学和人力资源管理等课程。

2. 本案例的教学目的在于使学生直观地了解员工激励涵盖了工作、生活、思想、培养与发展等诸多方面，企业充分调动员工的主动性和积极性是一项系统工程。这种概念的形成与牢固掌握为以后各章人力资源管理模块的学习奠定了基础。

二、启发思考题

1. 雅莹集团的绩效管理体系各自有什么特点？

2. 雅莹集团在员工情感管理方面都开展了哪些具体工作？

3. 雅莹集团的企业文化理念是什么？在企业文化落地方面采取了哪些措施？

4. 在竞争日趋激烈的时代背景下，雅莹集团把人才培养问题提到战略高度加以重视。雅莹集团在人才培养方面各有哪些有效的措施值得借鉴与学习？

三、分析思路

教师可以根据自己的教学目标（目的）灵活使用本案例。这里提出的分析思路仅供参考。

企业发展到现阶段，纯粹依靠薪酬已经不能完全解决员工稳定性与有效激励问题，需要思考新的管理理念、管理方式来应对新局面。通过本案例的分析与学习，学生可以直观地感受到员工激励是一项全方位的系统工程。

当认识到员工激励的全方位特性之后，再去细细阅读案例，思路也就豁然开朗。本案例分别从绩效管理、情感管理、文化管理、员工培训与成长四个方面，对员工激励机制进行全景式展开。通过本案例的学习，学生可以从宏观角度把握企业员工激励，为后续人力资源管理模块的进一步深入学习做好铺垫。

四、理论依据及分析

1. 激励的相关原则：(1)个人目标与组织目标相结合原则。只有将个人目标和组织目标结合起来，使个人目标的实现离不开组织目标的实现，才会收到良好的激励效果。(2)物质激励与精神激励相结合原则。职工存在物质需要和精神需要，相应的激励方式也应该是物质激励和精神激励。物质激励和精神激励二者不可偏废。(3)按需激励原则。激励的起点是满足员工的需要，但员工的需要因人而异、因时而异。领导者必须深入调查研究，不断了解员工需要层次和需要结构的变化趋势，有针对性地采取激励措施，才能收到实效。

2. 心理契约："心理契约"是美国著名管理心理学家 E. H. 施恩（E. H. Schein）教授提出的。他认为，心理契约是"个人将有所奉献与组织欲望有所获取之间，以及组织将针对个人期望收获而有所提供的一种配合"。它虽然不是一种有形的契约，但它确实又发挥着一种有形契约的影响。心理契约是员工以自己与组织的关系为前提，以承诺和感知为基础，自己和组织间彼此形成的责任和义务的各种信念。企业"心理契约"的建立，必须以科学的职业生涯管理为前提。达成与维持"心理契约"要以以人为本的企业文化为基础。建立"心理契约"要认识到员工的特定需要和有效激励方式。管理柔性化的心理契约，往往产生事半功倍的效果。

3. 组织的内部环境：组织的内部环境是指处于管理系统边界之内的直接制约管

理活动的因素的总和,它的各个变量与外部环境各变量之间是相互关联的。组织的内部环境由那些处于组织内部的要素共同构成,如员工、管理模式、企业文化等。其中企业文化是企业内部环境最为重要的部分,因为企业文化制约着包括决策者在内的所有组织成员的思想和行为,它通过影响人们的认知模式和态度,对组织成员的工作方式和管理者的计划、组织、领导、控制方式起作用。

五、关键要点

1. 有效的激励机制是激发企业活力的根本。在本案例中,正是有效激励机制的形成与实施才使企业蓬勃发展。

2. 有效的激励应当包括物质激励和精神激励两个部分,企业发展到现阶段,纯粹依靠薪酬已经不能完全解决员工稳定性与有效激励的问题。

六、建议课堂计划

本案例可以作为专门的案例讨论课来进行。如下是按照时间进度提供的课堂计划建议,仅供参考。

整个案例课的课堂时间控制在80～90分钟。

课前计划:提出启发思考题,请学员在课前完成阅读和初步思考。

课中计划:简要的课堂前言,明确主题(2～5分钟)

    分组讨论　　(30分钟,告知发言要求)

    小组发言　　(每组5分钟,控制在30分钟)

    引导全班进一步讨论,并归纳总结(15～20分钟)

课后计划:如有必要,请学员采用报告形式给出更加具体的解决方案,包括具体的职责分工,为后续章节内容做好铺垫。

测试题　　　　测试题答案　　　　案例面对面

第 13 章　卫星石化的员工激励

概念导读

员工激励的意义：

1. 有利于形成员工的凝聚力。组织的特点是把不同的人统一在共同的组织目标之下，使其为实现目标而努力。因此，组织的成长与发展壮大，依赖于组织成员的凝聚力，激励则是形成凝聚力的一种基本方式。激励可以使人们理解和接受组织目标，认同和追求组织目标，使组织目标成为组织成员的信念，进而转化为组织成员的动机，并推动员工为实现组织目标而努力。

2. 有利于提高员工的自觉性和主动性，个人的行为不可避免地带有个人利益的动机。利益是调节员工行为的重要因素，通过激励可以使员工认识到在实现组织最大效益的同时，也可以为自己带来利益，从而可以将员工的个人目标与组织目标统一起来，二者统一的程度越大，员工的工作自觉性就越强，其工作的主动性和创造性就越能得到发挥。

3. 有利于员工开发潜力和保持积极状态。在客观条件基本相同的前提下，员工的工作绩效与员工的能力和激励水平有关。激励可以使员工充分挖掘潜力，利用各种机会提高自己的工作能力，这是提高和保持高水平绩效的重要条件，另外，激励还可以激发员工持之以恒的工作热情。

导入案例

摘　要：本案例以浙江卫星石化股份有限公司为背景，描写了该公司基于个人与企业共同发展理念的员工激励体系与措施。本章分别从实施合理的绩效管理、关爱员工的健康和生活、注重企业文化建设、健全培训体系和员工发展计划四个方面全景式展示了浙江卫星石化股份有限公司推行的激励机制。学习该案例，可以启发人们思考企业如何通过加强人才内部管理、培养与选拔，充分发挥人才的作用。

关键词：员工激励；共同发展；核心价值观

> 1. 本案例由嘉兴学院的顾惊雷老师指导，林巧撰写，未经允许，本案例的所有部分都不能以任何方式与手段擅自复制或传播。
> 2. 由于企业保密的要求，在本案例中对有关名称、数据等做了必要的掩饰性处理。
> 3. 本案例只供课堂讨论之用，并无意暗示或说明某种管理行为是否有效。
> 4. 本案例资料由案例企业提供。

随着业务的快速发展，企业对于高素质人才的需求也变得日益迫切。现阶段很多企业"求贤若渴"，多擅于通过外部招聘的方式来获取高素质人才，但人才引进后在如何通过加强内部管理、培养与选拔，充分发挥人才作用方面做到位的却不多见。外部招聘虽然可以较快地获取高素质人才，但也存在较大风险，主要表现为由于人才与企业文化不融合而导致的人才快速流失。人才不仅要引得进，更要留得住、用得好。本案例介绍浙江卫星石化股份有限公司（以下简称卫星石化）基于个人与企业共同发展理念的员工激励体系与措施。

一、企业概况

卫星石化是一家集研发、生产、销售、液体化工港口及物流于一体的大型石化企业，是国内第一家形成C3产业一体化格局的民营企业，于2011年上市。经过二十余年的发展，形成了"1+2"模式，即以嘉兴总部为中心，以嘉兴工业园和平湖独山港区两大生产基地为支柱。其主营业务是以丙烯为原料，积极稳妥推进产业链延伸和产品结构优化，通过技术进步提升丙烯酸及酯高分子新材料性能，致力于成为国内最优秀并具有全球影响力的丙烯酸及酯高分子新材料产业链大型制造商。公司已通过ISO9001、ISO14001、OHSAS18000一体化管理体系认证。

截至2013年年底，卫星石化员工总数为1 612人，学历结构不断优化。其中：本科及以上学历236人，占比15%；大专学历412人，占比26%；高中及同等学力444人，占比27%；初中及以下520人，占比32%（见图13-1）。

卫星石化员工来自全国27个省、市、自治区，分布十分广泛，体现了企业用人注重能力、五湖四海的原则。其中以浙江省内最多，共计687人，占比42.6%；安徽其次，177人，占比11.0%；然后依次是河南133人，占比8.3%，四川119人，占比7.4%。

卫星石化员工队伍以中青年为主，年龄结构日趋合理。其中：18~20岁7人，占比0.43%；20~30岁612人，占比37.97%；30~40岁377人，占比23.39%；40~50岁462人，占比28.66%；50~60岁137人，占比8.5%；60岁以上17人，占比1.05%（见图13-2）。

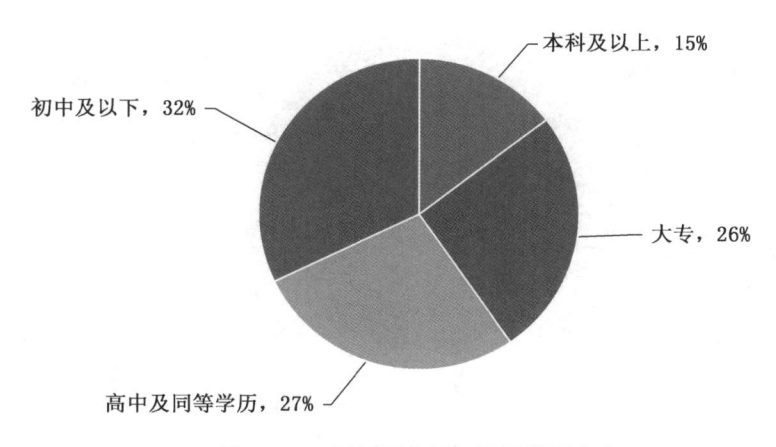

图 13—1 卫星石化员工队伍学历分布

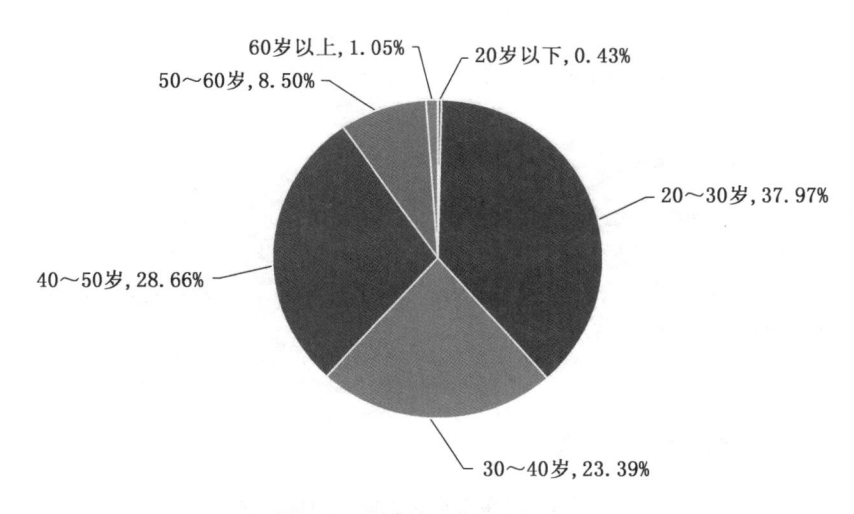

图 13—2 卫星石化员工队伍年龄分布

图 13－3 为卫星石化员工队伍工龄分布,从中可以看出:随着近年来的快速发展,一方面企业在不断大量地引进人才,显示出很好的成长性;另一方面工龄在 5 年以上的群体也是员工队伍的主力军,显示出很好的稳定性。

图 13－4 为卫星石化员工队伍岗位分布图,较好地反映出企业从微笑曲线底部不断向两端延伸的成长态势。

二、卫星石化推动个人与企业共同发展的举措之一:实施合理的绩效管理

绩效管理是企业人力资源管理的核心职能之一,科学、公正、务实的绩效管理是提高员工积极性和公司生产效率的有效手段。"绩效"中"绩"指的是业绩,即员工的工作

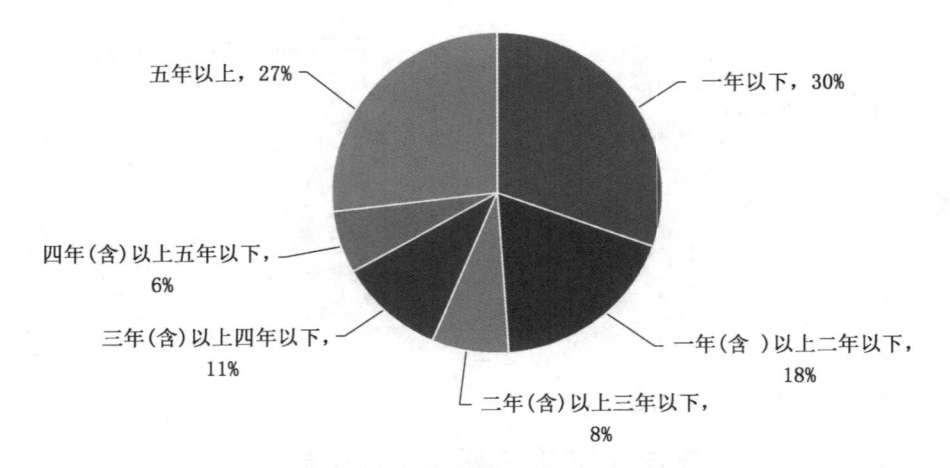

图13—3 卫星石化员工队伍工龄分布

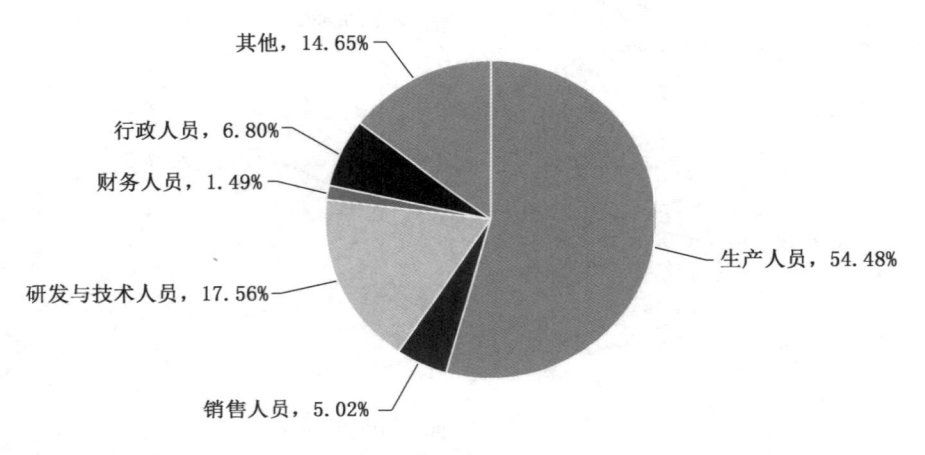

图13—4 卫星石化员工队伍岗位分布

结果;"效"是指效率,即员工的工作过程。绩效管理是指管理者与员工之间在责任目标与如何实现目标上达成共识、提高员工成功达到目标概率的管理实践,以及促进员工取得优异绩效的梳理过程。总体来说,绩效管理的目的在于激发员工的工作热情、提高员工的能力和素质、改善公司绩效。

2012年卫星石化与华彩咨询公司合作,结合企业现状制订了相对系统、完整的绩效考核管理制度,较好解决了绩效管理不到位的问题,使绩效管理体系与激励机制有效互动,充分发挥绩效激励的作用。

为促进员工队伍成长和企业效率提高,充分调动全体员工的工作积极性,卫星石化进一步完善了员工岗位绩效考核体系,健全了相关内容,在队伍建设和员工管理工作中发挥出了实实在在的作用。

(一)完善绩效考核,促进科学管理

(1)注重完善体系、健全内容。创新科学考核模式,采取"双线"考核方式。所谓"双线"是指:一条线考核员工工作实绩,内容主要涵盖关键业绩指标完成情况;另一条线考核员工思想作风,内容主要涵盖遵守工作制度、工作作风等方面。"双线"考核明确界定考核内容,既考察员工个人工作能力,又将工作作风等指标纳入考核视野,相辅相成,组成完整的考核评价体系。

(2)注重把握节奏、循序渐进。人资行政中心负责考核工作的组织实施,战略投资中心负责内部监督。经过绩效考核试点,听取各方意见和建议,发现问题,及时修正。新出台的考核细则分段实施,稳步推进,引导全体员工逐渐适应和接受,确保绩效考核工作平稳有序。

(3)注重科技支撑、灵活考核。充分利用信息化管理,加大简便有效的高科技投入。加强绩效考核的痕迹化、现代化,保证绩效考核工作可以全天候、无间隙进行。

(4)注重动态管理、过程控制。一方面,人资行政中心实施了绩效考核通报制度,由战略投资中心在绩效考核中肩负绩效监控、动态检查的责任,通过定期检查、发布通报,对全体员工绩效计划的完成情况进行日常监督检查。另一方面,建立绩效反馈机制,通过询问和面谈等形式,搭建起管理者和被管理者之间沟通的桥梁,及时发现和解决绩效计划完成过程中存在的问题,促进个人绩效与团队绩效同步提高。

(5)注重结果运用、有效激励。抓住两个方面实现考核结果的有效运用:一是将绩效考核成绩作为员工晋档升级的重要依据;二是将绩效考核成绩作为评先评优的重要依据。公司按公开、公平、公正原则,实施考核奖惩措施。

(二)绩效沟通搭"桥梁",和谐关系促提升

绩效考核是一个 PDCA 循环过程,每一个阶段都是考核者和被考核者的双向沟通过程。从考核开始,就注意严格避免"黑箱操作",坚决贯彻公平、公正、公开三原则。

为了化解考核者与被考核者之间的矛盾,卫星石化积极开展管理层与基层员工的绩效沟通工作,有效提高了绩效管理工作效率,增强人员工作积极性和创造性,促进各项工作持续提升。

(1)定期召开座谈会,听取基层意见。定期召开绩效沟通座谈会,以通报阶段绩效评估结果。以事实为依据,公开打分结果,增强说服力。管理层充分发扬民主,听取员工自我评价和对评估结果的意见。

(2)深入分析不足,制定改进措施。管理层针对员工未完成的绩效目标进行深入、集中分析,查找绩效评估产生差距的原因,并帮助员工制定有针对性的绩效改进计划,促进员工在下一阶段工作中达成目标。

(3)巧用沟通方式,力争最佳效果。采用正式与非正式相结合的方式开展员工绩

效沟通,必要时采取单独沟通的方式。了解员工的心理倾向和绩效差距产生的真实原因,帮助员工解决困难,实现绩效提升。

三、卫星石化推动个人与企业共同发展的举措之二:关爱员工的健康和生活

卫星石化秉持"以人为本"、把员工当作家人的原则,积极构建和谐劳动关系。公司为员工营造良好的工作氛围和环境,重视员工民主沟通与交流,支持员工职业发展,增强员工归属感,实现员工与企业共同成长,企业与社会共同发展。

(一)保障员工权益

卫星石化通过严格遵守法律法规、坚持平等用工、完善薪酬管理体系、加强职业健康与安全管理、构建企业民主管理体系、践行平等协商制度等方式,尊重和维护员工合法权益。企业内部还建立起了工会、职代会、员工之家、员工心理辅导室等组织。

1. 保障员工基本权益

卫星石化严格贯彻落实《中华人民共和国劳动合同法》,坚持男女平等,规范薪酬分配秩序,营造和谐的企业文化。

(1)尊重员工就业意愿,遵循平等雇佣原则,依法与员工签订劳动合同,劳动合同签订率、集体合同覆盖率均达到100%。

(2)社会保险参保率和缴费率达100%;组织实施企业年金计划,为员工建立多层次养老保险体系。在政策范围内,增加其他保险等。

(3)严格执行《员工带薪休假条例》。对孕产期、哺乳期的女性员工,落实法规规定的假期和相关待遇。

2. 注重职业健康与安全

卫星石化重视员工职业健康安全,努力预防安全事故和职业危害的发生,不断提高员工的身心健康水平(见图13—5)。

(1)设立安环中心,统筹负责员工职业安全健康保障工作。卫星石化通过多种渠道和方式识别工作环境可能产生的危害,针对不同工作场所以及特殊工种的工作环境与危险点,采取相应的改进与保护措施(见表13—1)。

(2)根据职业禁忌证的要求,做好新老员工工种分配和调整,认真执行有害工种定期轮换、脱离岗位休养的规定。

(3)工作场所环境达标情况达到100%,员工每年定期体检,健康体检覆盖率100%。

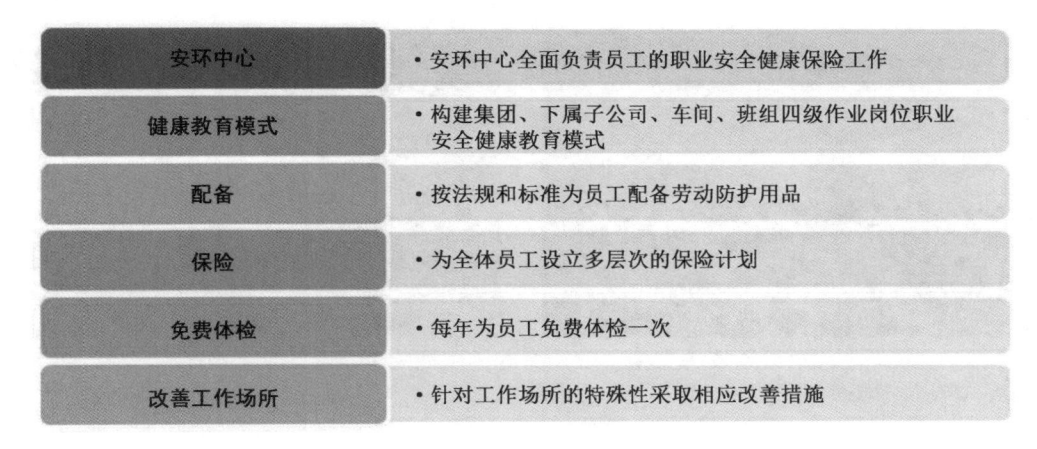

安环中心	• 安环中心全面负责员工的职业安全健康保险工作
健康教育模式	• 构建集团、下属子公司、车间、班组四级作业岗位职业安全健康教育模式
配备	• 按法规和标准为员工配备劳动防护用品
保险	• 为全体员工设立多层次的保险计划
免费体检	• 每年为员工免费体检一次
改善工作场所	• 针对工作场所的特殊性采取相应改善措施

图 13－5　卫星石化采取的主要劳动保护措施

表 13－1　卫星石化员工在不同工作场所可能导致的伤害及企业采取的改进措施

工作场所	可能导致员工伤害的事故	改进措施 健康	改进措施 安全、环保
行政办公区域	空气质量、卫生状况、工伤、火灾	绿化、定期清洁	紧急疏散演练、安装门禁管理系统
车间	工伤、火灾、设备、坠落	改善设备工艺	视频监控、安全警示、佩戴安全帽
DCS 室/监控室/机房	火灾	空调、绿化	视频监控、灭火器、定期线路巡检和设备维护
装卸、灌装	工伤、火灾、设备、泄漏	避高温作业，夏季发放防暑降温药物、饮料	视频监控、安全警示、安全帽、现场应急个人防护用具

（4）对新员工实施岗前职业安全健康教育培训；举办职业安全健康技术培训班；开展职业安全宣传活动，采取现场职业安全健康教育和事故案例教育等多种形式的培训教育。

（二）实施人性化管理和沟通

卫星石化注重发挥员工在民主管理、民主监督中的作用，积极营造公平、民主、务实、和谐的氛围，有效保障员工的民主权利。企业全年未发生重大劳动争议事件。

（1）企业高层重视关键决策的沟通，对重大决策实行股东大会决策、董事会决策、总裁办公会决策三种主要集体决策。高层通过各种正式和非正式途径与员工坦诚、双向沟通（见表13－2）。

表 13—2　　　　　　　　卫星石化公司高层与员工沟通情况

方式渠道	主要目的	频　次
信息管理系统（OA、移动信息平台）	传达政令、布置任务、信息共享、信息反馈	实时
经营工作会议	了解公司经营情况，部署工作安排	定期
各种专项会议	沟通了解专项工作情况和进展	不定期
年报、季报等各种报告	披露公司经营情况和重大事项进展	定期
总裁信箱	听取员工心声，受理员工意见和建议	适时
《卫星报》内刊	宣传企业理念，报道公司动态，传递知识	月度
现场办公会	了解经营情况和员工动态，解决专项问题	不定期
高层领导民主生活会、务虚会	工作思路、方法、态度解剖与自我解剖	年度、月度
座谈会、交流会	经验介绍、了解情况、交换意见	不定期
职代会	通报公司经营情况，就重大决策征求意见	每年
问卷调查	了解员工意见和诉求	不定期
基层调研	深入基层调研，了解员工心声	不定期
接待员工面谈	听取员工意见和建议	不定期
生日会、聚餐、文体活动	增强相互了解，促进员工契合	每月、每年
旅游、体检等团队建设	增强团队凝聚力	每 2 年

(2) 充分发挥工会组织在基层民主方面的作用。在各生产车间设立党工小组，广泛收集采纳员工意见。

(3) 开展合理化建议活动，为公司发展献计献策。2011—2013 年，卫星石化共收集员工各种合理化意见和建议 150 多条，为企业创造效益 5 000 多万元，累计发放奖金 100 余万元，极大地增强了员工参与企业发展的积极性。

(三)增强员工归属感

卫星石化科学设立员工福利项目,注重加强人文关怀,关心员工及其家属生活。公司通过开展丰富多彩的活动,不断提升员工满意度,增强员工归属感。2013年,企业完成了平湖基地200套员工公寓建设,实现员工拎包入住、零房租入住,员工人均居住面积达到25平方米。

1. 科学设立员工福利项目

卫星石化每年组织员工问卷调查和员工座谈会,收集汇总员工意见和建议。企业根据生产、经营和管理的特点,兼顾不同员工群体的利益,结合福利经费预算,拟定员工福利项目和标准并适当调整。

表13—3　　　　　　　　　　卫星石化为员工提供福利情况

福利项目	标　准
入户政策	为骨干员工解决购房补贴、子女入学等问题
慰问金	对困难员工、受灾员工和离退休老员工发放慰问金
提供员工宿舍	为新入职大学生和符合条件的员工免费提供住宿,安装空调、电视、洗衣机、淋浴器
班车	提供上下班班车接送
生日祝福	为员工送生日祝福和礼物
免费工作餐	为员工提供"二荤一素"免费工作餐
节日福利	春节、端午、中秋节固定发放水果、食品
旅游	每两年组织一次海内外旅游
体检	每两年组织一次免费体检
五险一金	为员工缴纳"五险一金",给员工提供更多保障

2. 落实员工帮扶

卫星石化本着为员工办好事办实事的原则,完善困难员工和特殊群体的帮扶救助机制,用实际行动关爱员工生活。

(1)帮助困难员工。工会每年汇总困难员工情况,及时发放慰问金。在春节组织慰问困难员工并发放一定补助金。2013年共资助特困员工、生病员工36人次,资助金额约15万元。

(2)关爱员工子女。企业在回馈员工的同时,也关爱他们的子女,包括为员工子女解决入学问题,送学习用品等。

(3)关爱离退休人员。逢年过节,工会组织慰问活动。

3. 丰富员工生活

帮助员工实现工作与生活的平衡是卫星石化履行员工责任的重要方面。企业每年持续开展活跃精神文化生活的系列主题活动，营造积极健康的企业文化氛围。

(1) 推进企业文化落地建设，开展"卫星与我"企业文化征文和演讲比赛。

(2) 组建篮球队、乒乓球队、足球队，每年参加镇、区比赛；每年开展趣味运动会、元旦晚会等大型活动，丰富员工的业余文化生活。

(3) 开展员工满意度调查，近5年员工满意度不断上升（见图13－6）。

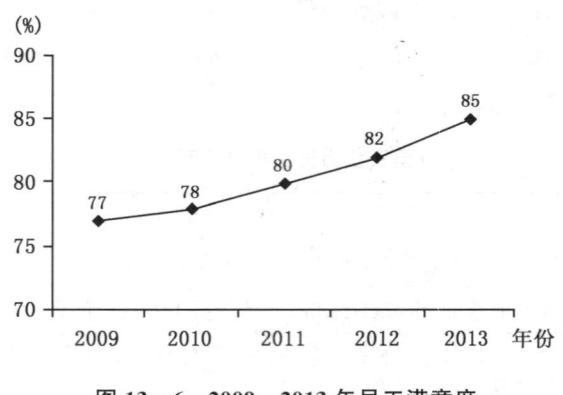

图13－6　2009—2013年员工满意度

(4) 走入社区、企事业单位，开展形式各异的联谊活动。

四、卫星石化推动个人与企业共同发展的举措之三：注重企业文化建设

重视统一服装标志、开展文体活动、口号标语展示等是企业文化建设的外在形式，要使企业文化"落地"，就必须深刻理解企业文化内涵，准确把握企业文化建设的本质要求和建设目的。卫星石化一直注重企业文化内涵建设，坚持在企业价值和理念上下功夫，坚持在文化制度上下功夫，坚持在形成和保持文化能力上下功夫。卫星石化的企业愿景是"百年卫星，卓越标杆"，企业使命是"化工让生活更美好"，企业核心价值观是"个人与企业共同发展，企业与社会共同发展"，卫星幸福梦想是"员工的素养在区域中胜人一筹，员工的待遇在区域中高人一筹"。

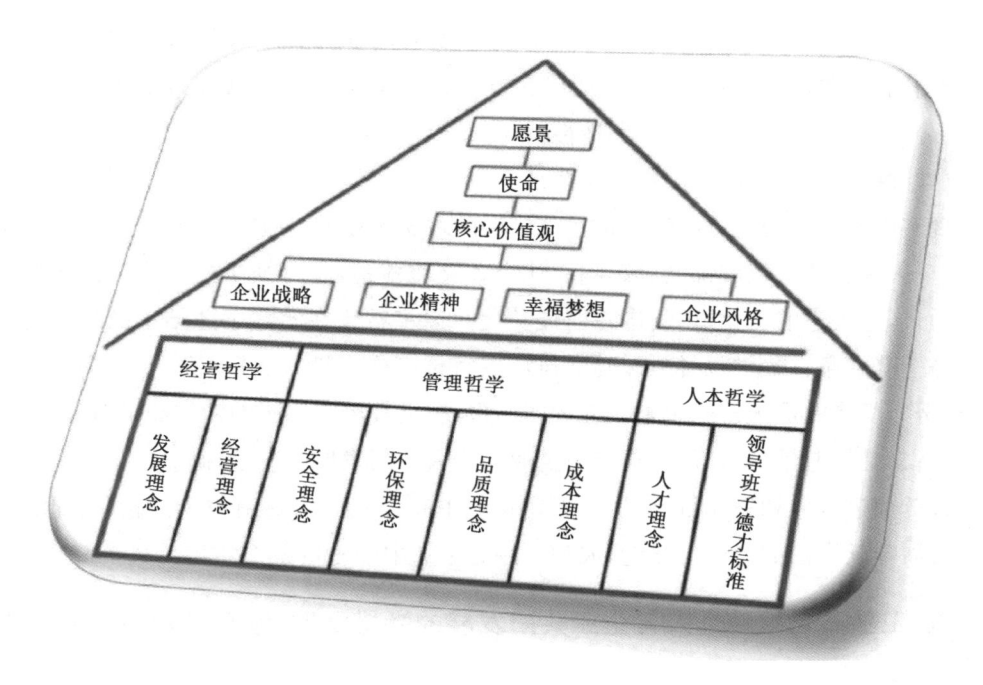

图 13—7　卫星石化企业文化体系

(一)丰富文化生活,体现人文关怀

落实企业文化建设必须坚持以人为本,为员工提供尽可能宽松的工作和生活环境。卫星石化通过建设文化体育活动场所,丰富企业物质文化、精神文化生活,为员工生活休闲提供方便等措施,营造起充满信任与亲情感的文化氛围。这一文化氛围又直接感染到员工,让员工团结友爱、精神饱满、情绪高昂,积极投入企业文化建设,形成良性循环,不断推动企业和谐发展。

(二)强化制度文化建设,规范企业管理

制度是文化的一种表现形式。在推进企业文化落地的过程中,企业要将企业文化内容形成相关的企业管理制度,即变无形为有形、变柔性为刚性,形成规范化、人性化的约束机制,为企业文化的持续推进提供有力的制度保证。卫星石化在制定企业战略时,注意保持严谨的态度,不朝令夕改,以便执行者能坚定地按照既定方向执行下去。同时,其在庞大的业务网络中,找出几条主线,根据实际情况明晰每一个工作流程。企业把复杂的东西简单化,把简单的东西定量化,用流程来推动执行者的工作;此外,让执行者通过该流程就知道自己该做些什么,应该怎么做,使企业管理不断向科学化、制度化方向发展,让企业文化真正落实到企业的各个工作流程中。

(三)传播企业文化,提升企业形象

企业文化理念向外界的传播,不仅是提升企业形象、塑造品牌的需要,也是鼓舞和激励企业内部员工的需要。企业通过实践自己良好的社会责任承诺"做得好",再通过文化理念和文化造势"说得好",塑造出良好的社会形象。员工以身为企业一员而自豪,充分激发出内在的积极性和创造性。

(四)改善职工心智模式,提升工作效率

现实中不少人的上进心经常被一些错误的理念包裹着,妨碍了他们正确地认识事物,使个人和企业的发展都受到影响。让企业文化落地,不可缺少的一步是改善职工心智模式,用先进的文化抵制、排除消极文化。卫星石化在实践中总结出的最重要的成功经验有两条:一是树标杆,即奖励与重点宣传工作态度好、效率高、业绩突出的个人,让努力工作的员工获得更丰厚的物质回报,满足其更深层次的精神需求,提高员工忠诚度;二是塑愿景,即为员工描绘出企业与个人共同发展的愿景,确立员工与企业共同成长的前进方向和奋斗目标,让员工在企业中有强烈的归属感与责任感,自愿为企业的发展奉献自己的忠诚与才能,成为企业竞争的中坚力量。

五、卫星石化推动个人与企业共同发展的举措之四:健全培训体系和员工发展计划

(一)健全培训体系

卫星石化在健全培训体系方面的主要做法包括以下几个方面。

(1)将培训贯穿于员工职业生涯的整个过程,丰富培训内容、创新培训方式,将企业发展和员工成长紧密结合。

(2)分层次培训与开发。对一线员工、基层管理者和专业技术人员及高级管理者分别实施不同的培训计划。

(3)为新入职员工提供企业文化、公司制度等系列培训,为新员工安排带班师,帮助其尽快融入团队。

(4)培训经费保障。逐年加大培训经费,2014年计划培训经费420万元(见图13—8)。

(5)延续"师带徒"传统。2013年共培养48名优秀员工。

(6)扩大学历教育范围。2013年共有202名员工参加了公司与相关院校合办的专科班、专升本的继续教育。

(7)建立内部讲师制度。选拔内部优秀员工,划分不同专业对员工进行内部培训,提升公司员工的整体专业水平和职业素养,实现"个人与企业共同发展,企业与社会共同发展"的价值理念。

(二)建立和完善发展通道

激励员工和稳定员工不能只靠薪酬这一种方法,特别是对于80后、90后的员工

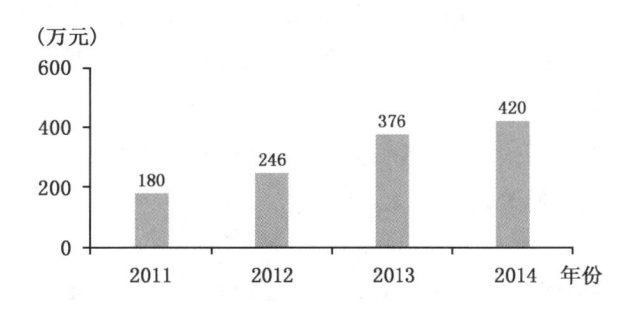

图 13—8　卫星石化 2011—2013 年培训经费

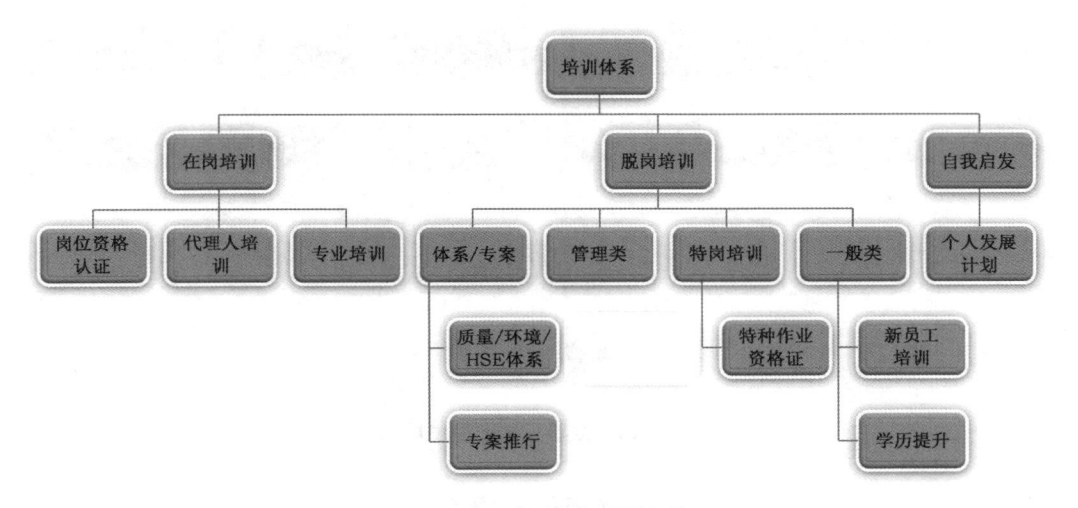

图 13—9　卫星石化培训架构

来说,除了工资之外他们关注更多的是发展。基于此,卫星石化依据岗位情况共建立了 6 条职务发展通道(见图 13—10)。

(1)管理职系:以组织资源、控制资源、协调关系或提供管理支持为主要特征的公司中高层管理人员,包括副总裁及享受副总裁待遇以上高管人员、总部各中心负责人及其副职、基地各部门负责人及厂长,其他中高层管理人员。

(2)职能职系:以组织、协调资源,通过专业化管理和服务完成企业赋予的管理和服务职责人员,包括战略发展、财务、审计、人力、行政综合、物资采购、信息化等中高层管理者以下人员。

(3)研发职系:以新产品开发和产品改良为主要特征的技术研发人员,包括研发部门负责人及其副职以下所有研发人员。

(4)生产管理职系:以运用专业技术知识进行生产技术服务的人员,包括技术服务、生产工艺、质量控制、设备管理专业人员。

(5)生产及生产辅助职系：以按时、保质保量完成产品生产为主要目的生产及生产辅助人员，包括生产操作、机电仪、公用工程三废处理、仓储管理、化验检测、安全环保中高层管理者以下人员。

(6)营销职系：以产品销售、销售服务以及市场营销为主要特征的人员，包括销售人员、销售服务人员、销售策划人员。

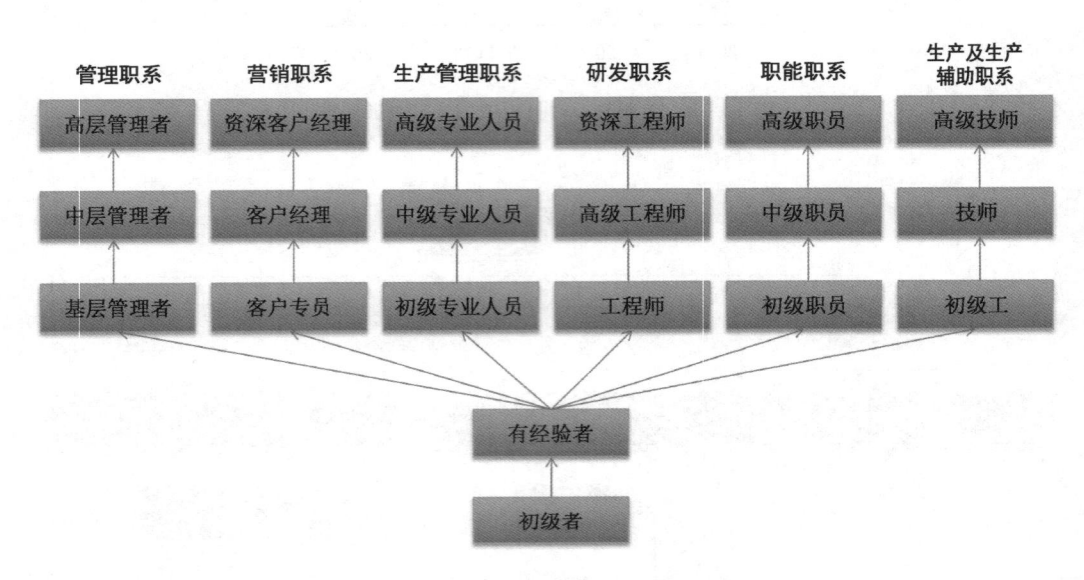

图13－10　卫星石化职位发展通道

表13－4　卫星石化职位体系

职位系别		职位类别
职位体系	管理职系	领导决策类、经营职能类、执行监督类
	营销职系	市场类、销售类、客服类
	生产管理职系	行政管理类、质量管理类、投资管理类、财务管理类、人力资源管理类、物流管理类、采购管理类、审计类、法务类
	研发职系	研发技术类、工艺技术类
	职能职系	文秘类、计算机及网络类、后勤类、司机类、保安类、仓储类、运输类、档案类
	生产及生产辅助职系	生产类、质量检验类、设备检修类

(三)健全人才培养体系和人才梯队建设

人才培养体系和人才梯队建设一方面可以解决企业人才断层的问题，另一方面也为员工的职业生涯的发展指明方向。为了实现卫星石化"夯实C3产业布局，2020年企业实现产值500亿元"这个战略,解决尽快发掘培养新干部的问题,建立后备人才造血机制成为当务之急。卫星石化采取以内部培养为主、以外部培养为辅,内外相结合、持续循环上升的培训模式。在操作模式上,用人部门负责所在部门的人才培养、配合人资部实施相关人才培养工作;人力资源部负责组织施行人才培养工作,并为各个用人部门人才培养工作提供支持。

人才培养体系由"雏鹰计划""飞鹰计划""雄鹰计划""精鹰计划"和"头鹰计划"五个部分组成(见图13—11)。这五个部分共同构成公司人才培养梯队(见图13—12和图13—13)。

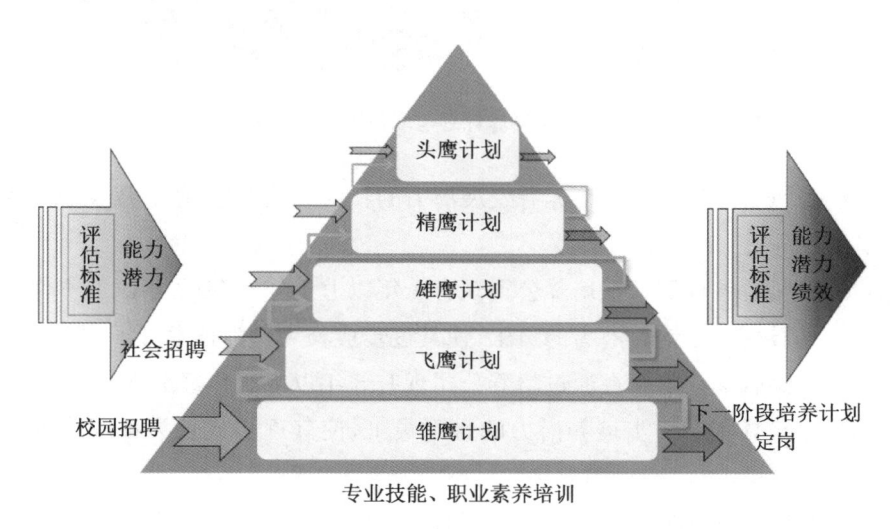

图13—11　卫星石化"卫来之星"人才培养体系战略构成

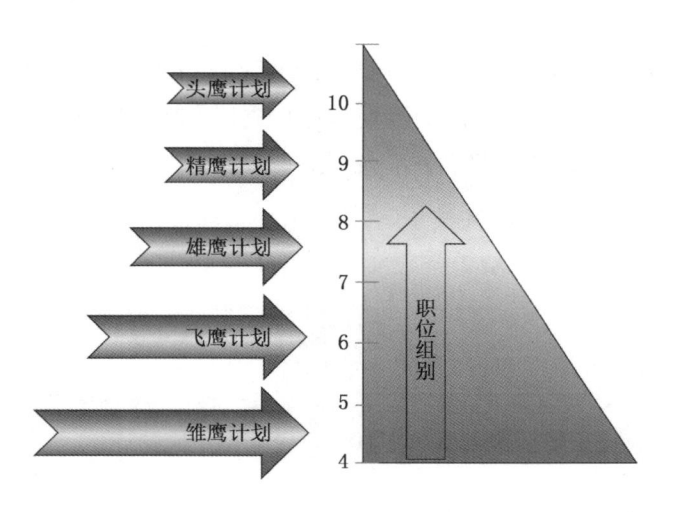

图13—12　卫星石化人才培养成果与职位级别的对应关系

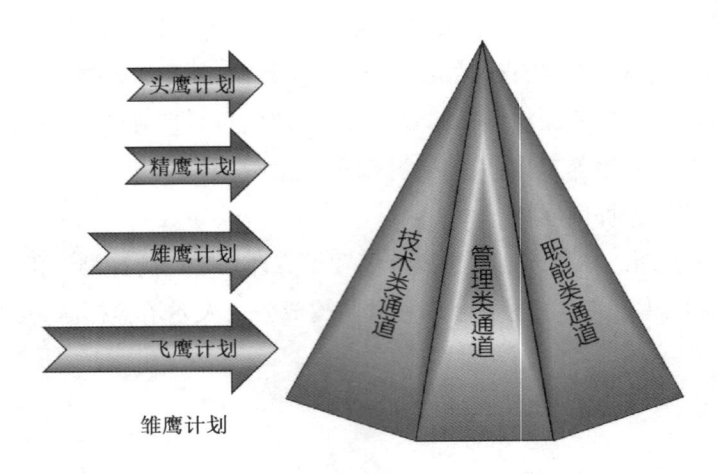

图 13—13　卫星石化培养计划与职位晋升通路的对应关系

（1）雏鹰计划：该计划旨在培养有发展潜力的新入职大学生，使其逐步成长为一名合格的员工。

（2）飞鹰计划：该计划旨在培养公司现有 1 年以上工作经验（2 年以上工作经验的社招人才），具有进一步培养潜力的员工，使其逐步成长为部门技术骨干、业务骨干。

（3）雄鹰计划：该计划旨在通过培养公司现有 3 年以上工作经验（4 年以上工作经验的社招人才），具有进一步培养潜力的骨干员工，使其逐步成长为各职能部门的负责人。

（4）精鹰计划：该计划旨在培养公司现有 5 年以上工作经验（6 年以上工作经验的社招人才），具有进一步培养潜力的部门负责人，使其逐步成长为公司能够独当一面的人才，为公司副总、总监一级的岗位储备人才。

（5）头鹰计划：该计划旨在培养公司现有 8 年以上工作经验，具有战略眼光、领袖气质的高级管理人员和技术领军人物，使其逐步成长为既懂管理又懂技术的全面战略性人才，为公司今后的战略扩张做好准备。

图 13—14 为人才甄别模型。

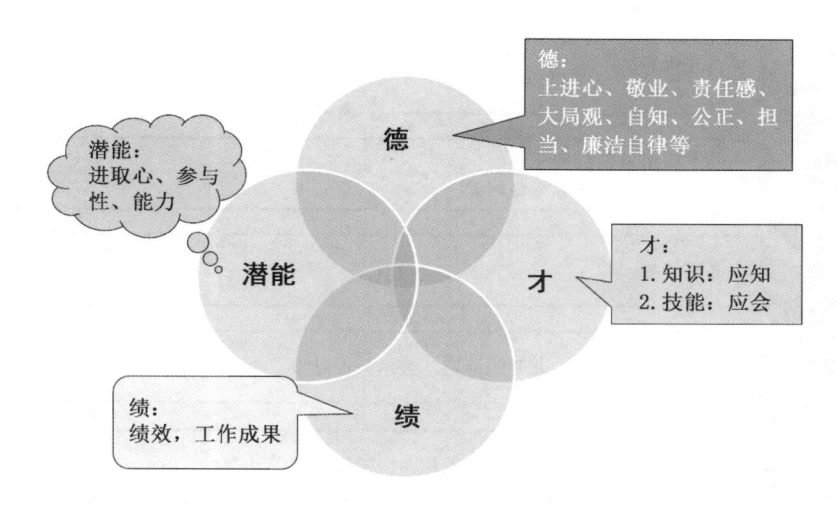

图 13－14　卫星石化人才甄别模型

表 13－5 为人才培养计划体系评估维度说明。

表 13－5　　卫星石化人才培养计划体系评估维度说明

序号	评估维度	维度说明	权重
1	德	符合公司领导班子"德"的标准，认同卫星石化文化、符合卫星石化的价值观和行为风格 评估方式：观察法、人事记录、民主评议、关键事件法等	30%
2	才	胜任岗位工作的能力，掌握岗位操作的知识、技能，并能不断学习、创新的能力 评估方法：应知、应会测试，关键操作、管理等技能的观察	30%
3	绩	绩效考核和贡献状况 评估方法：岗位日常考核（异常处理、节能降耗、生产安全等）、绩效管理考评表、合理化建议贡献等	20%
4	潜能	结合进取心、参与性、能力等考核评估 评估方法：根据日常表现进行综合考评	20%

图 13－15 为人才甄选流程。

卫星石化人才培养的方式包括：(1)教育培训：课堂教学、学历提升、外部考察等；(2)个人提高：交流研讨、书籍阅读、职业资格认证等；(3)导师辅导：师带徒辅导、高层示范等；(4)行动学习：工作历练、离岗测试、见习培养、轮岗培训等。

图 13－16 为卫星石化人才培养内容。

图 13－17 为卫星石化人才培养过程控制。

人才梯队建设将带动卫星石化实现四个方面的转变，从而更好地造就大批企业所需的人才，即从被动地依据工作岗位需要选拔人才，向主动地依据战略发展需要选拔

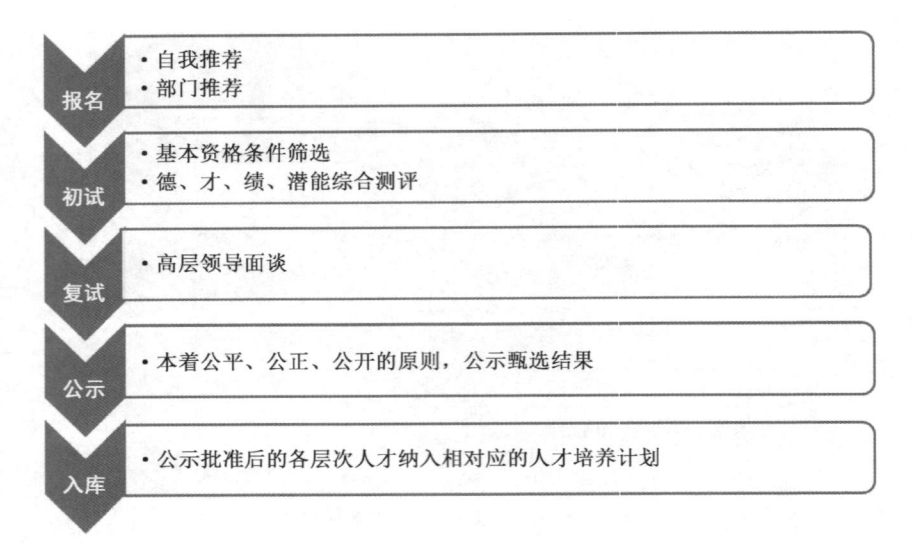

```
┌─────┐  ・自我推荐
│ 报名│  ・部门推荐
└─────┘

┌─────┐  ・基本资格条件筛选
│ 初试│  ・德、才、绩、潜能综合测评
└─────┘

┌─────┐  ・高层领导面谈
│ 复试│
└─────┘

┌─────┐  ・本着公平、公正、公开的原则，公示甄选结果
│ 公示│
└─────┘

┌─────┐  ・公示批准后的各层次人才纳入相对应的人才培养计划
│ 入库│
└─────┘
```

图13－15　卫星石化人才甄选流程

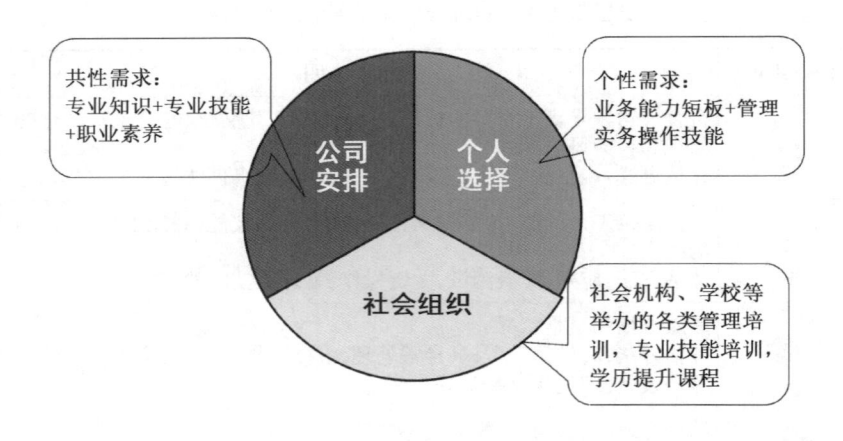

共性需求：专业知识+专业技能+职业素养 —— 公司安排

个性需求：业务能力短板+管理实务操作技能 —— 个人选择

社会机构、学校等举办的各类管理培训，专业技能培训，学历提升课程 —— 社会组织

图13－16　卫星石化人才培养内容

人才转变；从出现缺口再来应急的低层次人才运作，向重视内部选拔关键人才，外部引进储备战略型人才、管理型人力资源在职研究生人才转变；从满足企业当前生产经营需要，向满足企业获取未来竞争优势的高度培养人才转变；从几个部门、少数人才的培养，向各个层次、各个序列的人才培养转变。

更为重要的是，人才梯队建设是一个长期过程，必须与企业的人力资源战略密切结合，与企业发展战略和人才规划保持一致；人才梯队建设是一个长期的工作，需要常抓不懈；人才梯队建设需要根据人才稀缺性和岗位重要性采取分级培养与管理机制；人才梯队库还要定期进行人才更新管理，保证人才库动态发展。

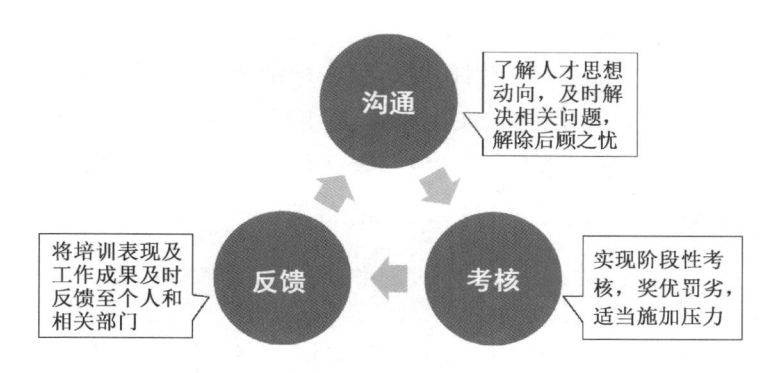

图 13—17　卫星石化人才培养过程控制

案例使用说明：

一、教学目的与用途

1. 本案例主要适用于管理学、组织行为学和人力资源管理等课程。
2. 本案例教学目的在于使学生直观了解员工激励涵盖了工作、生活、思想、培养与发展等诸多方面，企业要充分调动员工的主动性和积极性是一项系统工程。这种概念的形成与牢固掌握为以后各章人力资源管理模块的学习奠定基础。

二、启发思考题

1. 卫星石化的绩效管理体系有什么特点？
2. 卫星石化在员工情感管理方面都开展了哪些具体工作？
3. 卫星石化的企业文化理念是什么？在企业文化落地方面采取了哪些措施？
4. 在竞争日趋激烈的时代背景下，卫星石化把人才培养问题提到战略高度加以重视。卫星石化在人才培养方面各有哪些有效的措施值得借鉴与学习？

三、分析思路

教师可以根据自己的教学目标（目的）来灵活使用本案例。这里提出本案例的分析思路，仅供参考。

企业发展到现阶段，纯粹依靠薪酬已经不能完全解决员工稳定性与有效激励问题，需要思考新的管理理念、管理方式来应对新局面。卫星石化提出了基于个人与企业共同发展理念的员工激励模式。分析与学习该案例，可以让学生直观地感受到员工激励是一项全方位的系统工程。

当认识到员工激励的全方位特性之后,再去细细阅读案例,思路也就豁然开朗。本案例分别从绩效管理、情感管理、文化管理、员工培训与成长四个方面,对员工激励机制进行全景式展开。通过本案例的学习,学生可以从宏观角度把握企业员工激励,为后续人力资源管理模块的进一步深入学习做好铺垫。

四、理论依据及分析

1. 激励的相关原则:(1)个人目标与组织目标相结合原则。只有将个人的目标和组织目标结合起来,使个人目标的实现离不开组织目标的实现,才会收到良好的激励效果。(2)物质激励与精神激励相结合原则。职工存在物质需要和精神需要,相应的激励方式也应该是物质激励和精神激励。物质激励和精神激励二者不可偏废。(3)按需激励原则。激励的起点是满足员工的需要,但员工的需要因人而异、因时而异。领导者必须深入调查研究,不断了解员工需要层次和需要结构的变化趋势,有针对性地采取激励措施,才能收到实效。

2. 心理契约:"心理契约"是美国著名管理心理学家 E. H. 施恩(E. H. Schein)教授提出的。他认为,心理契约是"个人将有所奉献与组织欲望有所获取之间,以及组织将针对个人期望收获而有所提供的一种配合"。它虽然不是一种有形的契约,但它确实又发挥着一种有形契约的影响。心理契约是员工以自己与组织的关系为前提,以承诺和感知为基础,自己和组织间彼此形成的责任和义务的各种信念。企业"心理契约"的建立,必须以科学的职业生涯管理为前提。达成与维持"心理契约"要以以人为本的企业文化为氛围。建立"心理契约"要认识到员工的特定需要和有效激励方式。管理柔性化的心理契约,往往产生事半功倍的效果。

3. 组织的内部环境:组织的内部环境是指处于管理系统边界之内的直接制约管理活动的因素的总和,它的各个变量与外部环境各变量之间是相互关联的。组织的内部环境由那些处于组织内部的要素共同构成,如员工、管理模式、企业文化等。其中,企业文化是企业内部环境最为重要的部分,因为企业文化制约着包括决策者在内的所有组织成员的思想和行为,它通过影响人们的认知模式和态度对组织成员的工作方式和管理者的计划、组织、领导、控制方式起作用。

五、关键要点

1. 有效的激励机制是激发企业活力的根本。在本案例中,正是有效激励机制的形成与实施才使得企业蓬勃发展。

2. 有效的激励应当包括物质激励和精神激励两个部分,企业发展到现阶段,纯粹依靠薪酬已经不能完全解决员工稳定性与有效激励问题。

六、建议课堂计划

本案例可以作为专门的案例讨论课来进行。如下是按照时间进度提供的课堂计划建议,仅供参考。

整个案例课的课堂时间控制在 80~90 分钟。

课前计划:提出启发思考题,请学员在课前完成阅读和初步思考。

课中计划:简要的课堂前言,明确主题(2~5 分钟)

    分组讨论 (30 分钟,告知发言要求)

    小组发言 (每组 5 分钟,控制在 30 分钟)

    引导全班进一步讨论,并归纳总结(15~20 分钟)

课后计划:如有必要,请学员采用报告形式给出更加具体的解决方案,包括具体的职责分工,为后续章节内容做好铺垫。

测试题 测试题答案 案例面对面

第 14 章　民丰特纸的员工关系管理

概念导读

员工关系管理是企业采用各种管理手段和管理行为,来调节企业与员工、员工与员工之间的相互关系,使之良性循环和发展,以实现组织目标的过程。

导入案例

摘　要:本案例以民丰特纸为背景,描写了该公司在员工关系管理方面的现状,包括劳动合同签订,员工流失率和企业制度管理方面的成功经验。尤其是该企业在创建劳动关系和谐企业方面,总结了一整套有效的党政工合力推进劳动关系的经验,值得借鉴。

关键词:劳动关系;学习型组织;职工满意度

> 1. 本案例由嘉兴学院的蒋懿撰写,未经允许,本案例的所有部分都不能以任何方式与手段擅自复制或传播。
> 2. 由于企业保密的要求,在本案例中对有关名称、数据等做了必要的掩饰性处理。
> 3. 本案例只供课堂讨论之用,并无意暗示或说明某种管理行为是否有效。
> 4. 本案例资料由案例企业提供。

员工关系,可以从广义上理解,经常与雇佣关系、雇主—雇员关系、产业关系以及劳动关系等概念混用;而狭义的员工关系主要表现为企业或管理者与其内部员工之间的关系,并将其作为人力资源管理的一项管理职能。

一、企业概况

民丰特种纸股份有限公司(下称民丰特纸)位于杭嘉湖平原的嘉兴市,是由有 90 余年历史的民丰集团公司(前身民丰造纸厂)为主发起人,将其与主营产品生产相关的优质资产进行重组改制,于 1998 年 11 月正式创立。

2000年6月,"民丰特纸"股票在上交所上市。公司目前占地面积382 424平方米,建筑面积为84 985平方米,拥有世界先进的造纸生产线9条,以及与之相配套的供水、产汽、发电、机加工维修制造、造纸污水处理等辅助设施。企业现有员工1 600余人。民丰特纸设有浙江省级技术中心。公司投资15亿元创建高新科技园区,引进具有世界先进水平的3150和9952等高档造纸生产线。民丰特纸素以品种多、质量优、管理严、技术精而享誉全国造纸界。

二、劳动合同签订方面

民丰集团原属国有企业,1992年实施全员劳动合同制时公司与所有员工签订了劳动合同,大部分员工的合同期限为至法定退休,小部分员工的合同期限为10年、20年。2006年民丰集团公司整体改制,实施了员工劳动关系转换方案,其中1 621人重新签订劳动合同,106人选择买断工龄离厂。此次转换劳动关系之所以能够成功,主要是因为:(1)员工转换劳动关系后,新签订劳动合同的期限原则上与原劳动合同未履行的期限一致;(2)较好的福利制度让员工对公司有较高的认同感与归属感。

公司新聘员工后,按劳动合同法有关规定与其签订劳动合同,首次劳动合同期限一般为3年,到期后公司根据员工的工作表现决定是否续签合同。

以公司2013年6月在岗职工人数为准,劳动合同期限为至法定退休或无固定期限的共1 247人,占72.2%;签订固定期限合同的共479人,占27.8%。

三、员工流失方面

公司员工流失率一直均较低,表14-1是公司2006—2012年以来员工流失率统计情况。

表14-1　2006—2012年员工流失率

2006年	在岗总人数	2 071	管理技术人员人数	335	管理技术人员离职人数	37	管理技术人员离职率	11.04%	总离职率 7.63%
			工人人数	1 736	工人离职人数	121	工人离职率	6.97%	
2007年	在岗总人数	1 707	管理技术人员人数	300	管理技术人员离职人数	28	管理技术人员离职率	9.33%	总离职率 3.51%
			工人人数	1 407	工人离职人数	32	工人离职率	2.27%	
2008年	在岗总人数	1 613	管理技术人员人数	306	管理技术人员离职人数	12	管理技术人员离职率	3.92%	总离职率 2.48%
			工人人数	1 307	工人离职人数	28	工人离职率	2.14%	

续表

			管理技术人员人数	306	管理技术人员离职人数	7	管理技术人员离职率	2.29%	总离职率 1.15%
2009年	在岗总人数	1 565	工人人数	1 259	工人离职人数	11	工人离职率	0.87%	
2010年	在岗总人数	1 544	管理技术人员人数	299	管理技术人员离职人数	8	管理技术人员离职率	2.68%	总离职率 1.75%
			工人人数	1 245	工人离职人数	19	工人离职率	1.53%	
2011年	在岗总人数	1 602	管理技术人员人数	302	管理技术人员离职人数	12	管理技术人员离职率	3.97%	总离职率 2.62%
			工人人数	1 300	工人离职人数	30	工人离职率	2.31%	
2012年	在岗总人数	1 761	管理技术人员人数	347	管理技术人员离职人数	18	管理技术人员离职率	5.19%	总离职率 2.04%
			工人人数	1 414	工人离职人数	18	工人离职率	1.27%	

注：2006年离职人数158人中，106人因民营企业进入而选择买断工龄离职，52人正常离职。

公司员工流失率较低的主要原因有：(1)公司规范的用工制度，保证了双方的合法权益。公司一直严格按照劳动法、劳动合同法等国家有关法律法规的规定与员工签订劳动合同，明确双方权利义务，保障双方合法权益。(2)标准作业时间及稍优于劳动力市场的工作报酬，保证了公司具有一定的竞争力。公司实行的是一天工作8小时，一周休息2天的工时制度，每月按时支付工作报酬。(3)公司较好的福利制度让员工有较高的归属感。公司按国家有关规定为员工缴纳社保和公积金，让员工在工作的同时无后顾之忧，同时实行长期服务津贴制度及职工带薪年休假、婚丧假、探亲假、员工生日礼券、新婚纪念品、员工子女医疗劳保卡等福利制度，让员工对公司有较高的认同感和归属感。

四、公司创建劳动关系和谐企业的经验

公司在创建和谐劳动关系方面一直表现优异，2011年荣获"嘉兴市和谐劳动关系示范企业"称号，2010年获"全国造纸行业劳动关系和谐企业"称号，2009年获"嘉兴市劳动关系和谐企业先进单位"称号，2005年获浙江省"'创建学习型组织，争做知识型职工'活动示范单位"称号。2004年获"省企业文化先进集体""省先进团委"称号，2003年获"全国模范职工之家"称号。

（一）党政工团齐抓共管，突出工会的传统优势

首先由工会创造氛围。公司提出了"培训就是福利，教育就是维权"的口号，使职工对活动有深刻的认识和发自内心的需要。在抽样调查中，94%的职工认为需要进行

岗位技能培训,90%的职工需要有继续学习的机会。

其次,公司内部形成了管理制度、考核制度、评比表彰等一整套的运行机制。公司加大了知识在分配中的含量,加大了素质在干部选拔任用中的分量,加大了能力在聘用中的分量。

最后是全面面向基层。公司工会把工作的重点放在了班组,把活动的主要内容和职工、班组的日常生活、生产、安全等有机地结合起来,做到学习工作化、工作学习化。

(二)学习的内容与时俱进,和企业的经营发展紧密结合

首先是提高职工道德素质。一是大力弘扬新时期劳模先进的精神,2002年、2004年在全公司范围内开展了评选劳模、先进的活动,组织了老劳模看新民丰活动和新老劳模出国参观、休养活动。二是利用"民丰之光"职工教育基地、工会宣传橱窗、图书馆等窗口以及各类职工文体协会等载体开展丰富多彩的职工道德教育和文化宣传。

其次是提高职工文化素质。一是强抓职工科学文化知识。把学历教育、短期培训、专题讲座、引导自学等不同形式的培训结合起来。公司现有本科班、研究生班;两年共举办了211期培训班;专题讲座近年来在各条线上更是数不胜数。二是大力提倡一专多能。三是围绕企业发展的重点,开展劳动竞赛、合理化建议活动。两年里,二级工会共举办了163场劳动竞赛,收到合理化建议869条。四是开展了创建学习型小组活动。各分工会小组每月组织不少于一次的集中学习。公司工会结合形势,每季度下发一份学习手册,每半年互查和抽查一次,2003年年底,公司评出学习型小组24个,通过评优促进了活动的开展。五是硬件软件同时启动,硬件硬做软件实做。公司把民丰90多年历史所形成的企业文化、民丰精神,贯穿于素质工程的全过程;把创建学习型小组活动和建职工小家联系起来,不仅将各项硬件设计到位,还积极创造学习氛围。

最后,提高职工身体素质。工会制订了民丰特纸职工全民健身计划,每两年召开一次全民健身运动会。公司特请了省、市体育局的专业测试老师对职工进行体质测试,每两年对全体职工进行身体健康检查,并加强对职工的健康教育。

素质工程的开展,使公司获得技师的职工比两年前提高了100%,在职工满意度调查中,职工对目前从事的岗位满意度为98.72%。同时,公司通过素质工程的深化,学习型组织的逐步完善,提高了职工的凝聚力,激发了职工的生产积极性,企业经济效益一年一个台阶稳步增长;2003年公司实现利润7 500万元,职工年收入1.75万元。公司工会荣获了"全国模范职工之家"等荣誉称号。

(三)党政工团合力推进,职工满意度逐年提高

公司于2006年成立了创建劳动关系和谐企业的活动领导小组和办公室,领导小组组长由党委书记亲自担任,工会主席任副组长,办公室设在工会。为了有效地开展活动,办公室还制定了活动方案,设立了活动的主题和目标。自活动开展以来,企业和

职工建立了规范有序、公正合理、互利双赢、和谐稳定的新型劳动关系,真正做到了推进工厂、工人、工会的共同发展,实现企业、职工、社会的多赢。

在近两年的职工满意度调查中,职工对企业、对企业领导的满意度全面提高,其中提高幅度最大的是企业的分配制度、工资收入和对领导干部的工作作风。

(四)企业规范经营,真正实现共建关系的和谐发展

企业依法经营,嘉兴市税务局授予公司2006年度A级纳税信誉等级,中国农业银行认可企业为2007年度AA+级资信企业,2006—2008年公司连续三年被评为嘉兴市城市节水工作先进单位,2006—2008年公司及个人多次被评为先进,具有良好的社会信誉。

公司严格执行劳动合同法等法律法规,依法建立健全劳动合同制度。在集体合同框架下,公司与所有员工依法签订劳动合同,劳动合同签订率为100%,同时将集体合同与劳动合同文本上报行政部门备案,使得合同内容合理、全面。公司内部建立完善的劳动合同管理台账,规范管理,有效履行。

公司严格按国家相关规定,不使用童工,不违法用工。公司多年被上级行政监察部门评为A级劳动保障信用企业。

公司依法保障员工劳动权益,依照国家规定建立集体工资协商机制,每年定期积极开展工资集体协商。同时公司以保企业、保就业、保稳定为目标,每年以各种形式开展企业与员工互谅共保、共谋发展的各类合理化建议。2008年工会组织的合理化建议与意见共收到2 202条,大部分建议与意见都反馈到有关职能部门进行落实。

2008年、2009年两年公司工资增资比例均达8%。同时在增资的基础上,公司2008年起建立了在岗员工长期服务激励,在调动员工积极性的同时,鼓励员工为公司长期服务。公司每月按时支付员工工资,从无工资拖欠情况。

在2008年、2009年全球经济形势相对紧张的情况下,公司做到不减薪、不裁员,立足内部消化,加强内部管理,2008年员工平均工资为28 320元,比上年增长7.19%。

公司依法建立平等协商的集体合同制度,严格依照集体合同内容规定,做到程序规范、内容具体。同时,公司将集体合同上报行政主管部门审批备案,使得集体合同操作性强、履约率高,员工满意率达99%。

公司依照相关法律法规规定,建有公司内部劳动争议调解委员会,负责调解公司内部劳动争议,协调劳动关系。委员会组织人员合理,相关制度完善,无集体上访、无员工群体事件。

公司严格执行国家劳动安全卫生法律法规和政策,劳动条件和劳动保护符合国家有关标准。在此基础上,2009年引进GB/T28001职业健康安全管理体系,通过体系

来进一步消除或减少员工可能面临的职业健康安全风险,增强对风险的控制。公司近几年来未发生重大伤亡和职业危害事故。2008年公司事故发生率控制在4%以下。同时,公司严格执行国家休息休假制度,依法维护女职工的各项特殊利益。

(五)工会依法有为,职工综合素质不断提高

公司依法建立工会,组织健全,员工入会率100%,并积极参加各项工会活动。公司行政重视和支持工会依法开展工作,每月按时按全部员工工资总额的2%拨缴工会经费。

公司实行以职工代表大会为基本形式的民主管理制度,具有健全的企业民主管理制度,积极推进厂务公开。2008年召开员工代表大会2次,召开民主管理联席会议6次,听取了公司年度工作报告、计划的讨论,充分发挥企业民主管理作用。

公司重视职工技术技能培训,建有专门的培训中心及相应的培训设备,具有健全的员工发展和培训工作制度。2008年公司共举办员工技术、技能及相关业务理论知识培训94期,其中公司级培训24期,7 003个课时,717人次参加培训,分厂、分公司二级培训共70期,103批次,4 753个课时,2 373人次参加培训;2008年出国培训、学习共2批,10人次,送高校硕士研究生培训7人。2008年公司共有210名班组长,分2次7期进行理论培训,同时分5批组织参观了优秀制造企业。通过"班组生产管理""班组质量管理""班组设备管理""班组安全管理""班组长素质与班组建设"等培训和分组讨论,公司组织全体学员分别去宁波卷烟厂、桐乡巨石集团、平湖景兴纸业、嘉善晋亿实业和加西贝拉等相关单位参观学习。班组长通过参观提高了处理实际问题的能力,了解了相关企业先进的管理方式与方法,为打造百年民丰和提高市场竞争力再铸良好基础。

公司积极开展劳动竞赛、岗位比武练兵等多种形式的活动,注重培养知识型工人和一线创新人才,以提高员工文化技能素质。2008年,公司开展了第二届员工技能运动会,组织公司层面的劳动技能竞赛活动7次、各分工会层面的各类竞赛百余场。特别是和装备能源处、人力资源处联合举办的公司电工操作竞赛,创新竞赛形式,采取了从外引进理论试题和走出去进行操作比赛的办法,组织公司电工64人到技工学校比赛,收到了良好的效果。同时工会组织部分技师、"三长"到知名企业海尔集团参观考察,使基层管理人员开阔了眼界,增长了知识,员工队伍素质逐年有所提高。

公司坚持以人为本,营造"企业关心员工权益,员工关心企业发展"的环境和氛围,企业和员工的利益得到最大限度的保障,实现互利双赢。公司设有"爱心基金"资助特困员工;设有职工两年一次体检、特殊工程体检、女职工体检制度;在节假日期间对员工予以特别慰问补助;对员工子女考上大学给予一次性奖励;每年组织员工疗养;为每位员工送上生日蛋糕祝福;在员工结婚时赠送纪念品;每年"六一儿童节"时为员工子

女送上祝福等。

民丰特纸劳动关系的和谐为企业经济效益的取得打下了坚实的基础。2008年，公司实现利润2 314万元，同比增长20.46%。2009年公司更是呈现出了良好的发展趋势。在企业经济效益增长的前提下，公司职工的收入和福利也同步提高。

案例使用说明：

一、教学目的与用途

1. 本案例主要适用于人力资源管理和员工管理关系等课程。
2. 本案例是一篇描述民丰特纸员工关系管理问题的教学案例，其教学目的在于使学生对企业员工关系管理问题具有感性的认识及综合性的思考，从以人为本的管理模式和劳资关系的处理模式两个角度总结本案例的成功经验。

二、启发思考题

1. 如何理解规章制度在企业员工关系管理中的作用？
2. 民丰特纸如何通过规章制度改善员工关系，效果如何？
3. 作为一个由国企转制而来的股份制企业，工会的作用是如何发挥的？
4. 请综合评价民丰特纸的员工关系管理状况。

三、分析思路

教师可以根据自己的教学目标（目的）来灵活使用本案例。这里提出本案例的分析思路，仅供参考。

根据本案例透露的信息，民丰特纸是一个国企转制而来的股份制企业，在转制过程中，公司通过员工劳动关系转换方案，顺利地过渡了员工的劳动关系，重新签订了正规的劳动合同。民丰特纸本身是一个制度规范的企业，在转制以后，其更加注重员工关系管理，党政工多管齐下，制度建设和企业文化并重，在员工关系管理方面取得了多项全国、省、市的荣誉。

学生在分析本案例时应关注两个员工关系管理的基础：一是以人为本的管理模式对以工作（职位）为本的人力资源管理模式的替代，二是以冲突和寻求外部解决途径为特征的劳资关系处理模式向以利益相关者之间的合作和追求内部矛盾化解为特征的员工关系管理的转化。

四、理论依据及分析

1. 员工关系管理的目标与职能。(1)推行以员工为本的管理,如关注员工工作价值观的变化、员工个体和群体的差异,员工工作满意度的提升以及和谐工作关系和家庭关系的构建等。(2)实现人力资源管理宏观与微观目标的结合,更强调员工的态度、行为、情绪和心理契约管理,以及倡导民主管理和员工自我管理。(3)促进人力资源管理职能的深层次开发,超越传统的人力资源管理框架,更强调对员工的服务功能,更注重提升人力资源部门在企业中的地位和作用。(4)员工倡导组织和谐及员工与企业的双赢。成功的员工关系管理能激发员工的工作投入和敬业精神,提高员工忠诚度,同时将企业与员工的共同发展作为管理的核心目标。

2. 员工关系管理的工作内容。(1)劳动合同及其相关的员工关系管理。(2)员工离职和裁员管理及相关的员工关系协调。(3)纪律、惩戒及员工不良行为管理。(4)员工参与和沟通管理。(5)员工抱怨、申诉和劳动争议管理。(6)员工保护与员工援助。(7)员工满意度调查与分析。(8)非正式员工关系管理。

3. 员工关系管理的发展趋势。(1)人本管理成为人力资源管理的哲学基础。(2)知识员工成为员工关系管理的主要对象。(3)将工作与生活方式纳入员工关系管理视野。(4)人员和管理多样化成为企业员工关系管理的新挑战。

五、关键要点

1. 企业的规章制度是企业员工关系管理的基础,企业培训和企业文化塑造共同的价值观。

2. 以人为本,促进员工能力发展,增强员工的职业成就感,实现企业员工双赢是和谐员工关系的保障。

六、建议课堂计划

本案例可以作为专门的案例讨论课来进行。如下是按照时间进度提供的课堂计划建议,仅供参考。

整个案例课的课堂时间控制在 80~90 分钟。

课前计划:提出启发思考题,请学员在课前完成阅读和初步思考。

课中计划:简要的课堂前言,明确主题(2~5 分钟)

    分组讨论(30 分钟,告知发言要求)

    小组发言 (每组 5 分钟,控制在 30 分钟)

    引导全班进一步讨论,并归纳总结(15~20 分钟)

课后计划：如有必要，请学员采用报告形式给出更加具体的解决方案，包括具体的职责分工，为后续章节内容做好铺垫。

走近HR视频			
劳动关系	测试题	测试题答案	案例面对面

第15章　禾欣实业的员工关系管理

概念导读

改善员工关系的意义：

1. 员工关系的改善对企业盈利和长久发展具有重要意义

员工关系的改善会使员工在工作中更忠于职守，保障产品的质量，降低不必要的成本开支，也会使员工在服务客户的过程中时刻保持良好的精神风貌和服务意识，赢得客户的忠诚，为企业的长久发展打下基础。

2. 员工关系的改善有利于促进员工身心健康

员工的工作状态会对其生理和心理都产生极大的影响，因此改善员工关系，为员工营造安全、健康、舒心的工作环境，对其身心的健康发展有帮助，同时也有助于提高员工的幸福感和对企业的归属感。

3. 员工关系的改善有助于增进员工对企业的理解与信任

员工关系管理是构建良性心理契约的重要过程和手段。良好的员工关系管理体系既可以促进员工与企业之间增进互信，又可以带来良好的组织氛围，这种氛围能有效地增进组织成员之间的互信与合作。

导入案例

摘　要：本案例以禾欣实业为背景，介绍了公司在入职管理、在职管理、离职管理各个环节的员工关系管理现状，重点分析了公司在绩效管理系统、员工培训、员工满意度方面的管理技巧和人力资源管理成效方面的数据对比，最后提出了对公司员工关系管理未来的展望。

关键词：入职管理；员工激励；员工手册

> 1. 本案例由嘉兴学院的蒋懿撰写，未经允许，本案例的所有部分都不能以任何方式与手段擅自复制或传播。
> 2. 由于企业保密的要求，在本案例中对有关名称、数据等做了必要的掩饰性处理。
> 3. 本案例只供课堂讨论之用，并无意暗示或说明某种管理行为是否有效。
> 4. 本案例资料由案例企业提供。

一、公司背景

浙江禾欣实业集团股份有限公司(下称禾欣实业)地处浙江嘉兴，东邻上海，南接杭州、宁波，与沪、杭、苏、湖等城市相距均不到100公里，居长三角一小时经济圈核心位置，是一家生产经营PU合成革的企业。

公司拥有多条意大利、中国台湾生产线，并具备完善的配套设施和后整理设备，是目前国内综合实力最强的PU合成革生产厂家之一。公司产品以高端PU合成革产品为主，占据了我国高档PU合成革市场较大的市场份额，稳居行业首位。公司客户多为国内国外著名品牌企业，并与之建立了长久稳定的合作关系。

"禾欣牌"合成革先后被评为"中国名牌产品""中国驰名商标"称号。公司于2007年10月获评行业首家"国家认定企业技术中心"，产品屡获国家级和省级科技进步奖。公司也是浙江省"五个一批"重点骨干企业、国家高新技术企业、银行信用"AAA"企业和ISO9001质量体系/ISO14001环境体系/TS16949汽车技术规范认证企业。公司具有行业领先的环保优势，拥有国内第一套具有自主知识产权的干法废气回收系统和行业领先的清洁生产技术。

公司将充分利用已有的行业规模优势，借助资本市场做大做强PU合成革产业规模，继续保持公司在PU合成革行业的领先地位，实现持续、快速、健康发展战略。

二、入职管理

对于员工的管理，关键在于新员工的培养；对于新员工培养，关键在于试用期的管理。公司推行试用期管理制度，通过导师的有力指导，帮助新员工顺利度过试用期，更快地融入新的企业及所在团队。这有助于员工与企业及团队成员之间的良性互动，同时也可以降低新员工的流失率，在公司的平台上越走越远，越走越好。做好入职管理对组织与个人而言，都具有重要意义。

试用期管理项目一览见表15—1。

表 15—1 试用期管理项目一览

时间点	项目	主要内容
入职第一天	公司入职指引	办理入职手续,介绍公司政策、文化
	部门入职指引	介绍新员工,导师与新员工确认师带徒计划表
入职第一周	首周沟通	HR回收师带徒计划表并初步沟通
入职第一月	公司入职培训	进行为期一天的企业文化、规章制度介绍及综合素质类等方面的培训
	月度总结(一)	导师主导安排新员工就试用期工作和学习目标进行周期性回顾和反馈
入职第二月	新老员工交流会	促进新老员工之间的沟通交流
	期中沟通	HR了解新员工各方面是否已经适应
	月度总结(二)	导师主导安排新员工就试用期工作和学习目标进行周期性回顾和反馈
入职第三月	系统培训	岗位技能培训以及内部服务素质培训
	期末沟通	了解新员工指导计划的完成情况
	转正沟通	完成试用期工作总结,对员工的试用期工作表现以及转正考核结果进行反馈

三、在职管理

(一)内部培养制度

公司的技术骨干以及管理人员都从内部培养。从入职开始就会有针对性的轮岗,并针对不同技术人员的成长进度设置不同的培训课程,给新进入的技术人员提供一个良好的发展平台。目前在职的技术骨干以及管理人员,绝大部分都是毕业之后从公司内部培养提拔。

(二)岗位轮换

将员工发展为多面手,增强员工技能,提高员工的工作满意程度,降低员工离职率。

一个是适应性的巡回轮换,其目的是使新来的管理人员尽早了解工作全貌,确定正式的工作岗位并为以后工作中的协作配合打好基础,同时高层管理者也能从中进一步考察新来人员的岗位适应性。

一个是"多面手"的开发轮换。这种轮换可以同时增强个人与组织应对环境变化的能力。老员工通过岗位轮换发展成多面手或全能性员工,可以在日趋复杂的经营环境中保持个人的竞争力,同时使得组织能够从容应对一些突发状况(如经营方向或业务内容的转变),以及解决员工大量流失或请假缺勤时人员替补等问题。

(三)增强文化建设

开展丰富多彩的文化活动,增强员工的归属感和提升满意度。公司目前每年有年末文艺活动,全部节目由员工自编自导;每年举办员工运动会;每年举办篮球赛和员工旅游活动。工会还会组织每月的员工生日祝福活动。

(四)劳动关系管理

劳动合同签订率达100%,员工社保参保率达100%,全方面保障员工的合法权益。

四、员工沟通管理

(一)员工权益

公司成立党总支部和工会,工会代表职工与公司签订了集体合同,维护全体员工的权益。

(二)员工满意度

第一,每月召开员工座谈会,让员工针对存在的问题提出意见和建议,厂部负责对意见进行汇总,对改进措施进行跟踪、反馈。

第二,设置员工意见箱,有问题随时沟通和解决。

第三,每年设计员工满意度调查问卷并发放,根据调查结果对比、分析和改进。

(三)工作环境

不断改善安全生产(劳动保护)环境;落实安全生产责任制,制定应急预案;确保经营的连续性;开展多种形式的群众性质量管理活动。

五、员工绩效管理系统

(一)绩效考核体系

将公司年度目标分解到各分厂,确定销售数量、销售金额、利润、安全生产等绩效指标,并以经济责任状的形式来签约,在次年年初由财务部、人力资源发展部根据分厂实际完成指标的情况对分厂班子进行绩效考核。

分厂将绩效指标按月分解到各车间、部门,每月考核。车间以生产质量、消耗为指标将目标分解到全体员工,每月根据实际完成情况对员工进行考核,考核结果直接与员工的薪酬挂钩。

（二）薪酬激励体系

公司的绩效管理与薪酬紧密相连,为了合理分配员工劳动报酬,逐步建立和完善员工收入与岗位职责、公司效益和本人工作业绩挂钩的滚动型结构工资制度。

（三）丰富多样的员工激励措施

公司制定了丰富多样的员工激励措施,如表15－2所示。

表 15－2　　　　　　　　　　员工激励措施

物质奖励	薪酬体系、年终奖、降本提质奖、新产品开发奖、股权激励
精神奖励	先进集体、先进员工、突出贡献奖评比,多渠道的员工晋升机制
负面激励	员工的处分（警告、记过、辞退）、降职或免职

六、学习和发展

（一）员工的教育、培训和发展

1. 系统识别培训需求

公司开展培训需求调查、培训需求确认、编制培训计划和培训计划实施等工作。

2. 完善的培训管理流程

公司的培训体系与战略规划和经营目标相联系,构建了完善的培训管理流程,明确了培训系统的运作环节,为培训的有效实施提供指引。

3. 科学制定培训计划

公司对培训人员、培训内容均进行了系统分类,根据不同的人员分类确定相应培训内容,根据不同的培训内容确定培训具体实施的部门和方式,从而确保制定的培训计划科学有效。

4. 多种措施确保培训实施

公司建设内部培训师队伍,明确组织分工,提供场地和培训费用保障,创新多种培训方式（见表15－3）。

表 15－3　　　　　　　　　　培训方式

直接传授式培训	以师带徒、个别指导,开办讲座等
参与式培训	班前会议、小组培训、案例研究、角色扮演、模拟训练、拓展训练、参观访问、工作轮换、事务处理训练、影视法等
其他方式	读书活动、函授进修、征文建议等

5. 完善培训效果的评估和考核

培训效果评估的方式有培训心得、考试、取证和测试等。

(二)激励与职业发展

公司设有纵横结合的发展通道、内部招聘机制和技术职务评聘机制。

七、员工能力

(一)识别所需员工的特点和技能、提高员工的技能

公司需要的当前和未来员工能力见表15—4。

表15—4　　　　　　　　　　　当前和未来员工能力

员工类型	当前员工能力	未来员工能力
生产人员	具有良好的身体素质、较强的技能操作水平,个人文化素质和创新能力有待提高	系统了解行业知识,认同公司的企业文化
行政人员	具有一定的沟通和表达能力,有一定的组织协调和总结分析能力	具有一定的沟通能力和计算机操作水平,专业知识和业务水平扎实,富有激情
技术人员	具有专业知识,有较强的主动学习、研发和创新能力	专业知识系统、扎实,有技术创新、吸收、消化的能力,并运用于实际的工作,能将工作经验上升到理论
销售人员	具有较强的沟通和表达能力,营销知识和理念系统、先进,有较强的创新意识和管理能力	具备很强的人际沟通能力,全面的营销知识和理念,具有优秀的市场营销能力和敏锐的市场洞察力

(二)针对性的公开招聘

公开招聘对象及渠道见表15—5。

表15—5　　　　　　　　　　　公开招聘对象及渠道

招聘对象	招聘渠道
专业技术人才	校园招聘会、人才市场专场招聘会、网络招聘、内部员工推荐
普通操作人员	劳动力交流会、劳务服务公司、职业介绍所以及政府劳动部门合作招聘

(三)员工留用措施

员工留用措施见表15—6。

表15—6　　　　　　　　　　　员工留用措施

高学历人才	良好的职业发展平台,具有竞争力的薪酬,提供住房、股权激励
专业管理技术人员、营销人员以及一线工人	提供全面的福利保障和具有竞争力的薪酬,提供教育培训机会,建立健全能上能下、竞争上岗、薪酬与贡献挂钩的人员聘任和激励机制
新进员工	以薪酬留人、以优良的生活环境留人、以情感关怀关心留人、以个人发展空间留人

八、离职管理

离职管理的根本目的是通过离职面谈和自我反思找到企业机制存在的问题,从而打消员工的去意,让员工踏踏实实留在企业里。除了离职前的预防,通过一系列措施留住企业需要的人才,主动控制离职率之外,即便是控制不了的离职现象,公司也在制度、流程上防止员工对公司造成较大的影响。

目前公司每位离职员工都会做离职面谈,特别是重点员工的离职,会由部门和人力资源部两次面谈,让离职员工提出一些问题和建议,以作为公司后期改进的一个方向。

近五年平均每年的员工离职率分别为 4.89%、3.93%、2.81%、2.03%、2.27%。

九、人力资源结果

(一)工作系统绩效的主要测量指标及其当前水平和趋势

(1)近三年来,公司全员劳动生产率和人均利税率不断提高(见图 15－1 和图 15－2)。

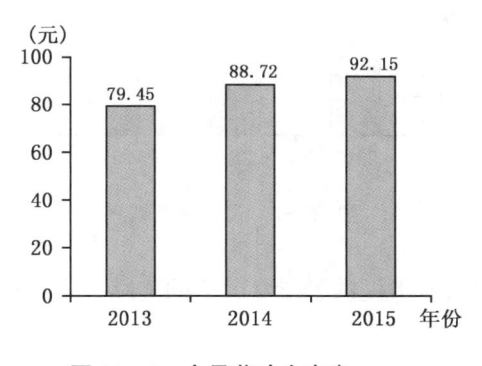

图 15－1　全员劳动生产率

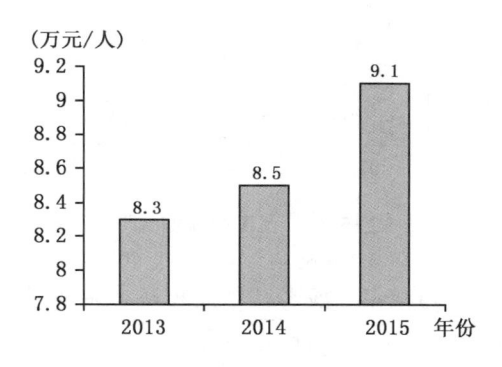

图 15－2　人均利税率

(2)近三年来,公司员工队伍稳定,保持较低流动率,并规划将此比例降低并保持在 2% 以下(见图 15－3 和图 15－4)。

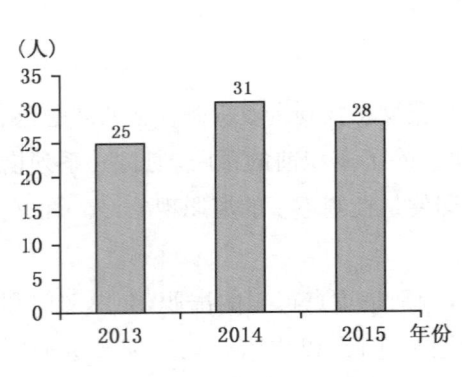

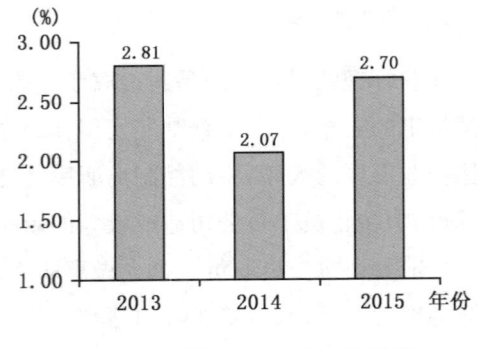

图 15—3　外部引进人才数量

图 15—4　员工流动率

（3）近三年来，公司员工收入保持较高增长，并规划将比例保持在8%以上（见图15—5和图15—6）。

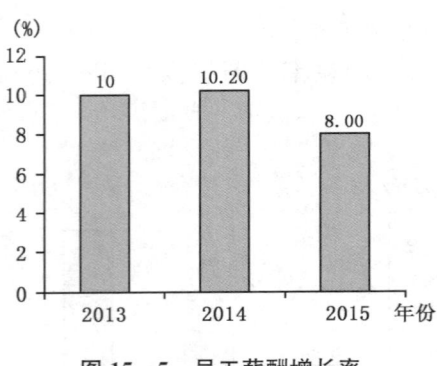

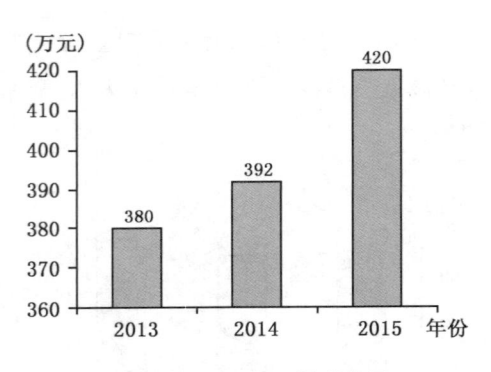

图 15—5　员工薪酬增长率

图 15—6　员工福利费用

（4）根据绩效考核结果和员工表现，公司向员工提供了丰富灵活的奖励方式，设置了多种表彰和奖励（见表15—7）。

表 15—7　公司设置的表彰和奖励

奖 项	2013 年	2014 年	2015 年
先进集体	5	5	5
突出贡献	0	1	1
先进工作者	37	39	39
技术创新成果奖	20	23	37
降本提质奖	14	18	24
安全生产先进集体	2	1	2

(二)员工学习与发展的主要测量指标及其当前水平和趋势

公司提供多种形式的岗位培训,促进员工个人技术和组织绩效的提高和改进,并为培训的有效实施提供场地和经费的支持(见图15-7和图15-8)。

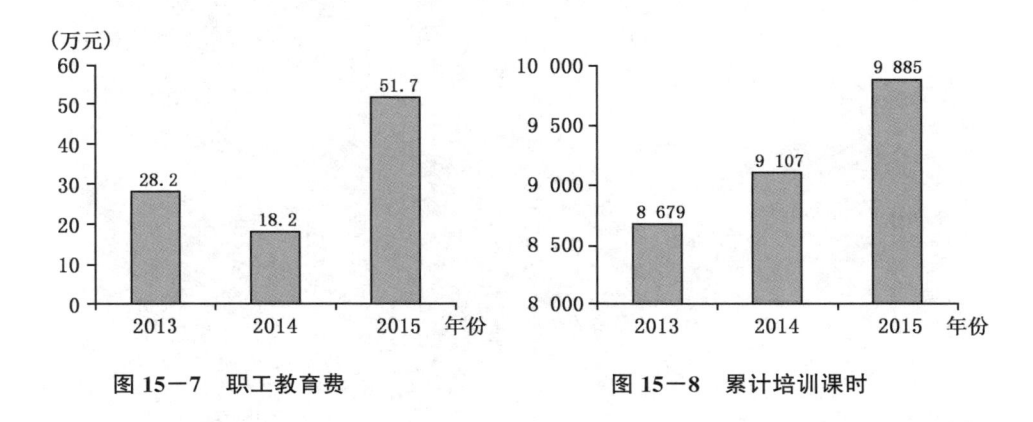

图15-7 职工教育费

图15-8 累计培训课时

(三)员工权益、满意度的主要测量指标及其当前水平和趋势

(1)公司建立了职业健康安全管理机制,对全体员工定期组织职业健康检查,并不断改善工作环境。

高温问题:不断改进和增加岗位送风,对有条件的岗位均装空调。

化学品问题:发放必要个人防护用品,增加生产作业区间换气量。

(2)公司及时、足额缴纳有关保险金,兑现员工福利;关注员工健康,每年安排员工体检,关心员工生活,严格按国家劳动标准安排休假天数(见表15-8)。

表15-8 2013—2015年保险投入、体检人数和休假天数

年 度	2013年	2014年	2015年
保险投入(万元)	695	721	752
体检人数	690	710	698
休假天数	115	115	115

(3)公司每年举办各项文体活动,丰富员工的业余生活,增进公司员工间的交流。

职工运动会

年终职工聚餐

职工文艺汇演

集团篮球赛

以下三、四、五为禾欣实业员工手册(节选)。

三、禾欣职业环境

1. 甄选录用：

公司在员工甄选录用上,注重德才兼备。公司将"有德之才"视为企业最宝贵的资源。

公司人事部门负责员工招聘工作。公司欢迎员工推荐优秀人才,所有应聘人员将被同等对待并纳入评估程序。

凡品行兼优、仪表端正、身体健康并经体检合格,符合公司各岗位对学历要求的,均有机会被公司录用。

凡应聘人员,在被公司正式录用前,均做两次评估,一次是甄选评估,在此过程中,人事部门和用人部门评估核实应聘人员提供的个人情况、工作经历、教育背景、专业技能、综合能力等,应聘人员须经过笔试、面试、资格审查和体检。另一次是试用评估,应聘人员的上级及技术部门对其进行试用考核、身体健康情况复查等。

人事部门对来自社会的应聘人员,要求其如实陈述自己在原工作单位劳动关系的现状,凡是未与原工作单位解除劳动合同的,将不予录用。

应聘人员应诚实守信,如实填写和提供个人资料,如有虚假,一经发现,公司将立即与该员工解除劳动合同,不给予任何经济补偿并需赔偿公司因此受到的损失,包括培训费用。

员工个人信息(如住址、联系电话、婚姻状况、生育状况等)发生变化的,应于7日内通知公司人力资源发展部。由于延误或错误通知而造成的公司相关文件无法送达或其他后果将由员工个人承担。

在公司规定的技术、营销等特殊岗位的应聘人员,在被公司正式录用时,应当在签订劳动合同时一并签订相应保密协议,履行保密义务。员工若拒签保密协议,公司视为其不同意签订劳动合同。

2. 录用条件和要求

(1)遵纪守法,无不良行为记录。

(2)具备良好的职业道德和敬业精神。

(3)具备应聘岗位基本条件,包括知识、能力、经验等,身体健康,无传染病、精神病及其他恶性病,经文化测试、面试、招工体检合格者。

(4)试用期考评合格且体检复检合格者。

(5)有下列情形之一的,为不符合公司录用条件,公司将终止试用期并解除劳动关系:①提供虚假个人资料,隐瞒个人基本情况、工作经历的;②未与原工作单位解除劳动关系或不能提供原工作单位劳动关系解除证明书的;③有兼职行为的;④使用不正当手段隐瞒身体实际健康情况的;⑤与公司企业文化冲突,缺乏应有的认同感的;⑥试用期内违反员工手册的规定或公司其他规章制度或试用期考评不合格的;⑦试用期内未书面告假连续缺勤2天或累计缺勤(含请假)5天的;⑧试用期内在工作中有串岗、私下调岗行为的;⑨公司的规章制度(含员工手册规定)中所规定的应当解除劳动关系的其他情形者。

3. 劳动合同管理

凡被公司录用之员工,公司将在用工之日起1个月内与其签订劳动合同,拒不签订的员工,自签订劳动合同的通知日起双方的劳动关系解除。

公司对新录用员工实行试用期制度,试用期为1～6个月,根据签订劳动合同期限不同而确定,试用期含在合同期内。

公司与员工订立、履行、变更、解除、终止及违反劳动合同的法律责任,按《中华人民共和国劳动合同法》的有关规定执行。

公司根据岗位性质的不同,在签订劳动合同的同时与负有保密义务的员工签订《技术保密协议》,在协议中明确技术保密义务及竞业限制条款,并约定在解除或终止劳动合同后,在竞业期限内按月给予员工相应的经济补偿金。员工违反《技术保密协议》及竞业限制约定的,应当按协议约定向公司支付违约金及赔偿金。

在公司下发劳动合同或员工签订(续订)劳动合同鉴定表5个工作日内员工本人未交回本人签字的劳动合同或员工签订(续订)劳动合同鉴定表的,视为员工本人拒签,公司视为该员工已与公司终止了劳动关系。

公司可根据工作需要或员工的实际工作能力,变更员工的工作岗位、地点或劳动合同中规定的其他有关事项,发生变更时,由人力资源发展部或用人单位通知员工相关的变更事项,员工如有异议的可在接到通知的5个工作日内书面提出异议,逾期不书面提出的,视为同意变更。

在劳动合同期内,员工因自身原因提出辞职,必须按劳动法规提前30天以书面形式通知本部门或公司人力资源发展部,并在规定的时间办理离职手续;未提前30天通知而离职的,赔偿公司一切因此所带来的经济损失。

有下列情况的,公司将立即与该员工解除劳动合同,不给予任何经济补偿,公司因此而受到的经济损失,员工应当赔偿。

(1)在试用期间被证明不符合录用条件的。

(2)严重违反公司规章制度的。

(3)同时与其他单位建立劳动关系的或有兼职行为的。

(4)严重失职、营私舞弊,给公司造成经济损失2 000元(含)以上的。

(5)在签订劳动合同时,提供虚假材料或者做虚假陈述、伪造履历等个人信息资料的。

(6)被依法追究刑事责任或被刑事拘留的。

(7)法律、法规、企业规章制度规定的其他应当解除劳动合同的情形。

4. 职业发展

公司力求为每一位员工创造良好的环境,实现公司与员工的"双赢"。

公司将为每一位新员工指定一名导师,一般是直线经理或资深员工,为新员工提供个性化指导。从新员工进公司的第一天开始,就会接受不同的培训,优秀员工有机会获得公司提供国外、国际一流公司的培训,从而有更多机会接触专业领域的最新技术。

公司为优秀员工安排岗位轮换,以期最大限度提升其职业技能。

5. 工作时间

公司依据劳动法及公司产业特征,不同岗位分别实行全日制工作制、不定时工作制和综合计时工作制等其他工作和休息办法。

公司要求员工做到当日工作当日完成,并以工作效果、工作业绩作为衡量员工工作业绩的标准。

6. 休假

(1)公休假日:每周周六、周日。

(2)法定节假日:按国家规定执行,法定节假日适逢公休日,顺延补假的按公司规定执行。

(3)带薪年休假。

员工依法享受带薪年休假,年休假天数根据员工累计工作时间确定,满1年不满10年的,年休假5天;已满10年不满20年的,年休假10天;已满20年的,年休假15天。

公司根据生产、工作的具体情况,并考虑员工本人的意愿,利用生产淡季或根据生产状况统筹安排职工年休假。员工要申请年休假的,应以不影响生产为前提,必要时公司可以要求员工变动年休假的起始时间或者分段使用。

公司安排员工年休假,但员工因个人原因不休年休假或当年员工本人未申请休假的,视作员工本人自愿放弃年休假,只享受正常工作期间的工资收入。

公司与员工解除或者终止劳动合同时,当年度未安排职工休满应休年休假的,按职工当年已工作时间折算应休未休年休假天数并支付未休年休假工资报酬,折算后不足1整天的部分不计。

员工提出与公司解除或者终止劳动合同的,公司不再安排年休假或支付相关未休年休假工资报酬。年休假除公司统筹安排外,职工需提前15日书面向所在分厂、部门申请,经批准后方可休假,未经批准擅自休假的,均按旷工处理。公司制定了《禾欣实业职工带薪年休假实施办法》,对年休假的享受条件、申请、管理等均做了详细规定并按该办法执行。

（4）婚假。

员工达到法定年龄结婚，享受3天婚假。

员工凭结婚证，提前15天申请婚假，婚假应在领取结婚证半年内或在婚礼仪式后一个月内一次性休完，过期则做放弃处理。

结婚证必须是在本单位工作期间领取，婚假包括公休假日和国定假日。

（5）丧假。

员工直系亲属（双方父母、配偶、子女）去世者，给予3天丧假；旁系亲属（双方外祖父母、祖父母）去世者，给予丧假1天。

（6）产假。

女员工符合国家计划生育政策生育时享受98天产假，其中产前休假15天。

难产者可增加15天产假；多胞胎生育者在98天的基础上，每胎多加15天的产假。

有不满12个月婴儿的女员工，在每天工作时间内给予两次哺乳时间，每次30分钟，可合并使用。

产假包括公休假日和国定假日。

（7）病假。

员工因患病或非因工负伤需停止工作、治疗、休息的可申请病假，病假必须出具县（区）级以上或公司指定医院建休证明并经公司医务室核准，有医院建休证明但未经公司医务室核准的按事假处理；既无医院建休证明又未经公司医务室核准的按旷工处理。病假年累计不得超过30天。住院者以6个月为限。但患重大疾病需要长期疗养，经总经理特别批准者不在此限。特准病假以一年为限。工伤除外。

（8）事假。

员工因个人事务必须亲自处理的可申请事假，当月事假不得超过5天，且全年累计不得超过14天，续假不得超过3天，临时发生意外等不可抗力事件经核实者除外。

7. 员工考勤和请假规定

公司以打卡与书面考勤相结合方式记录工作时间，员工上下班必须自己打卡，不得以任何理由代替他人打卡或委托他人打卡，一经发现，委托人和被委托人各扣奖金50元并记警告处分一次。如发现有私自涂改考勤记录、刁难考勤人员行为的，视情节给予处分。

公司对员工每日考勤情况予以记录，凡请假、迟到、早退均计入考勤，月底按记录数据为准并汇总。

在公司进行职能检查、专职检查中发现有无故脱岗、串岗者，第一次批评教育，第二次扣10%当月奖金，当月累计三次以旷工一天论处。

员工不服从调动、分配工作,没有在指定时间内到指定部门报到,按旷工处理。

上班时间无论因公因私进出厂门,必须开具出门证并经部门领导批准。

员工请假、休假必须事先履行请假手续,经批准后方可离开所在岗位;未办妥请假手续,不得先行离岗,否则以旷工论处。确有急事来不及提前请假者,可电话请假或委托他人请假,事后须补办请假手续,未办请假手续者视为旷工。

请假人所在部门负责考勤人员须据实记录,请假单在每月考勤上交时同时交人事部门存查。请假人应按期到岗,到岗后须及时到所在部门销假。

员工请假期满应提前两天办理续假手续,未办续假手续或办理续假未获批准不按时到岗者,除确因病或临时发生意外等不可抗力事件外(需有相关证明材料),均以旷工论处。

公司员工依公司制度请假,如事后发现有虚假事情者,则所请已休假期以旷工论处。

请假审批规定:

(1)1天(含)以内,由所在的班组同意,经车间、部门负责人批准;

(2)1天以上3天(含)以内的,由车间或部门同意,分厂、部门负责人批准;

(2)3天以上的,由车间、部门同意,分厂、部门负责人、公司主管副总逐级批准。

8. 调动晋升

公司及公司内各部门基于工作或业务上的需要,以及日常对员工工作业绩的考评结果,有权调任或提升员工的岗位。员工接到调动通知后,应按规定办妥移交手续,按时前往调入部门报到。

晋升主要根据该员工本人之工作表现、业务能力的考评以及品德等。员工获晋升后,若因工作不胜任或犯有过失行为给公司带来损害的,公司可视情况做出降职、免职乃至辞退的处理。

公司实行以岗定薪制度,薪资随岗位的调整而调整。

9. 员工培训

公司视人力资源开发为可持续发展的重要基础之一。公司将根据发展需要,为员工持续提供相应的岗位培训,提高员工的工作技能,给予员工平等的竞争地位及发展空间。

公司针对不同阶段的员工给予分级培训,为全部员工提供工作技能的常规培训,为优秀员工提供发展培训的机会。

工作技能培训包括:

(1)新员工培训:时间为三天至一周,内容为公司发展史及人事管理制度讲解;公司组织及业务情况讲解;企业文化及职业道德的宣贯和教育;工作、生活及礼仪常识等。

（2）入职培训：由用人部门培训，包括介绍部门情况、岗位职务职能要求、二级安全教育、岗位规范操作技能等。

（3）在职培训：员工在正式上岗之后，因种种需要而进行在职培训，结合人事考核或工作需要由所在部门或人事部门安排，主要包括制度学习、普及教育培训、专业知识培训、岗位技能技巧培训等。

发展培训包括：

（1）职业队伍培训：根据职业队伍建设及公司发展战略提供的专业培训，并结合到员工的职业生涯设计。

（2）脱产培训：主要包括相应外训、学历教育、专业培训、特殊教育、出国培训等。

凡由公司出资为员工提供的各类专业技术、技能、大专院校在职学习、出国培训考察及其他专业技能培训的，培训结束后为公司继续服务期为5年，员工未满服务期而提前解除劳动合同的，需赔偿公司培训费用。

凡由公司派遣到国内外学习考察、培训的员工，须在返回后7天内将学习或培训情况书面汇报提交直接上级。

公司鼓励员工通过业余时间参加学习和技能培训，员工的自主学习和技能培训应不影响公司的正常工作。

10. 员工离职

员工有依法解除或终止劳动合同的权利，但均须按规定履行工作移交、结清相关费用等相关手续。

员工离职必须在规定的时间内填写离厂需办手续表，并按表中的内容办理工作交接和结清相关费用，办理离职手续。

离职手续必须由员工本人亲自办理，不能代办；涉及与社保局等部门结算、转移手续本人因特殊原因无法亲自办理的，可在办理离职手续时提前书面指定他人办理，但由此带来的不良后果或纠纷由员工自己承担。

擅自离职人员或因旷工符合公司制度规定解除劳动合同条件的，经联系仍不办理相关手续或无法联系的，公司将与其解除合同的通知书在公司内公告，经公告后视为已告知其本人。

员工应积极配合公司办理各项离职手续，因员工原因导致未能转移人事档案、社会保险关系、户口等问题，相关后果及责任由员工自行承担。

员工因违反劳动合同约定、公司规章制度等规定，给公司造成经济损失的，依法承担的赔偿金在办理离职手续时须一次性向公司付清。

11. 薪资福利

公司坚持按劳、按责、按绩的分配原则，员工收入根据员工岗位及贡献大小分配，管理人员的收入结构逐步向保障收入、岗位收入、激励收入过渡。公司有权根据公司规定调整所属员工的收入发放标准。

根据"能上能下、能高能低"的人事管理原则，员工的基本工资按员工的职务和岗位的变更做相应的调整；当月15日前变更岗位的，按新岗位标准执行，当月15日后变更岗位的，在次月执行新岗位标准；相同岗位有不同等级的在首次初定后，每隔一年评定一次，根据评定结果决定是否做相应的调整。

奖金：由人力资源发展部、分厂、车间根据考核制度综合考核当月的产量、质量和消耗指标等，核算员工当月奖金。

实行固定工资的按聘用时与公司约定的报酬标准执行，实行提成工资或计件工资的按公司相对应的经济考核办法执行。

公司实行月薪制，每月10日为工资发放日，如遇节假日提前或顺延；工资公司以货币或银行转账形式发放，公司于工资支付日将工资单交付给员工，员工若对所发放的工资有疑义，可在一周内向所在部门劳资人员咨询核实，超过一周视为认可。

加班工资支付标准：

(1)平时加班：按加班工资计算基数的1.5倍支付。

(2)公休日加班：按加班工资计算基数的2倍支付。

(3)节假日加班：按加班工资计算基数的3倍支付。

(4)实行不定时工作制和综合计算工时工作制的加班计算按国家相关规定执行。

(5)加班工资计算基数由公司和工会在集体合同中约定。

病、事假及各种休假期间的工资待遇：

(1)每周公休日、每年法定节假日待遇：休息不影响工资、福利，如加班的，给予补休或加班工资。

(2)年休假待遇：休假不影响工资、福利。

(3)婚假、丧假待遇：3天(含)以内的，工资、奖金照发。3～7天的扣15%月奖金。

(4)产假待遇：按国家相关生育保险规定处理。

(5)工伤期间待遇：按国家有关规定执行。

(6)病假待遇：3天(含)以内的，扣10%月奖金。3天以上，7天(含)以内的，扣15%月奖金。7天以上，一个月以内的按本市最低工资标准发放病假工资。

(7)事假待遇：事假期间的工资不予计发，3天(含)以内的扣20%月奖金；3天以上的扣当月奖金。

(8)调休待遇：当月间断或连续调休5天(含)以内的工资、奖金照发，5天以上的扣当月奖金。

12. 员工奖惩

(1) 员工的奖励

员工的奖励类别有嘉奖(精神奖励)、物质奖励(奖品、奖金)、晋升。

有下列情形之一者(但不限于),可酌情给予奖励:

①积极认真做好本职工作,成绩突出受到公司表彰的。

②积极向公司提出合理化建议,为公司采纳,并产生重大经济效益的。

③维护公司利益,防止事故或非本人责任挽回损失万元以上的。

④维护财经纪律,抵制歪风邪气,事迹突出的。

⑤节约资金,节俭费用,事迹突出的。

⑥维护社会公德,弘扬正气,为公司树立良好道德风尚,事迹突出的。

⑦在公司发展过程中做出重大贡献或有重大发明创造的。

(2) 员工的惩处

违纪种类分为轻微违纪行为、一般违纪行为、严重违纪行为。

处罚种类有口头警告、书面警告、辞退(解除劳动合同且无经济补偿)。

处罚办法如下。

①轻微违纪行为。

初犯:口头警告并予以经济处罚。

二犯:再次违反同一轻微违纪事由或同时违反两项轻微违纪事由,视为一般违纪行为,按一般违纪行为处罚。

三犯:三次违反同一轻微违纪事由或同时违反三项轻微违纪事由,视为严重违纪行为,按严重违纪行为处罚。

②一般违纪行为。

初犯:书面警告并予以经济处罚。

二犯:再次违反一般违纪事由或同时违反两项一般违纪事由,视为严重违纪行为,按严重违纪行为处罚。

③严重违纪行为。

严重违反公司劳动纪律或规章制度的,公司将予以解除劳动合同,并不支付任何经济补偿,情节特别严重且构成犯罪的移交司法机关处理。

员工有下列行为之一的,视为轻微违纪行为:

①上班迟到、早退且当月累计三次以内的。

②委托或受托他人出勤打卡或签到的。

③上班期间不按要求着装或不佩戴胸卡。

④出入公司厂区不遵守规定或携物品出公司厂区,而拒绝门卫或管理人员查

询的。

⑤因业务疏忽或个人过失导致工作发生差错，情节较轻的。

⑥上班时间私自会客的。

⑦未经许可，携带不必要物品或公司明确禁止的物品进入工作场所的。

⑧不按规定佩戴劳动防护用品，尚未造成不良后果的。

⑨在厂区、宿舍随地吐痰，乱丢果皮、纸屑及其他杂物的。

⑩浪费公物，情节轻微的。

⑪检查或监督人员未认真执行职务的。

⑫在墙壁、机器上胡写乱画，有碍观瞻的。

⑬在车间或生产区晾衣物的。

⑭在上班时间占用公司电话闲聊不听劝阻的。

⑮饭堂用餐不按规定排队、刷卡，不听从管理、起哄、浪费饭菜的。

⑯擅自在厂区内推销物品的。

⑰下班后没有关闭空调、电脑、风扇、电灯等用电设备的。

⑱未按公司要求停放车辆或堆放物品的。

⑲未经许可，不参加公司组织的教育培训、团体活动的。

⑳在工作时间打瞌睡、睡觉的。

㉑工作时坐在产品、货物上。

㉒违反安全操作规程尚未造成不良后果的。

㉓未按规定保障责任区域清洁卫生的。

㉔擅自移用或过失损坏消防措施的。

㉕翻墙越门进入厂区或工作场所的。

㉖其他违反公司规章制度行为，情节轻微的。

员工有下列行为之一的，视为一般违纪行为：

①对上级指示或有期限的指令，未说明理由，而不执行或未如期完成或处理不当的。

②因疏忽导致机器设备或物品材料遭受损害或伤及他人者，经济损失在2 000元以内的。

③未经许可离开工作岗位，致生变故，使公司蒙受损失2 000元以内的。

④不经许可擅自越权做主，致公司工厂蒙受损失在2 000元以内的。

⑤对同仁恶意攻击或诬告、做伪证，而制造事端的。

⑥应当办理工作移交而未能按期办理的。

⑦私自偷拿、撕毁公司公告栏或宣传照片的。

⑧管理人员明知其下属舞弊而隐瞒庇护或不予举报的。
⑨未经许可擅自带外人进入厂区的。
⑩在工作时间内利用电脑、手机等电子产品玩电子游戏或上与工作无关网页的。
⑪偷摘公司花木、果实,践踏草地的。
⑫拒绝服从主管人员的合理指挥监督,经劝导仍不听从的。
⑬携带违禁品或危险品进入工厂的。
⑭私自涂改、仿造考勤记录,刁难考勤人员,请人代打卡,帮他人打卡的。
⑮连续旷工3天,一年内累计旷工5天以上的。
⑯故意损坏厂区装饰或各种标志的。
⑰上班期间利用午餐、晚餐时间喝酒的。
⑱其他违反公司规章制度,情节一般的。

员工有下列行为之一的,视为严重违纪行为,公司有权解除劳动合同:
①利用本公司名义,在外招摇撞骗,致使公司工厂信誉遭受损失的。
②贪污挪用公款的。
③严重失职、营私舞弊,给公司造成经济损失5 000元以上的。
④在公司禁烟场所吸烟的。
⑤连续旷工5天,一年内累计旷工7天以上的。
⑥违反安全操作规程,危害他人安全或造成个人、公司较大经济损失的(万元以上)。
⑦在公司工厂内聚赌或有伤风化的行为者。
⑧同一年度月累计发生三次以上轻微违纪行为或两次以上一般违纪行为被处罚后再犯的。
⑨在公司工厂内打架滋事的。
⑩本人或唆使他人公然威胁主管或以暴力威胁同事的。
⑪罢工、怠工或鼓动他人怠工,情节严重的。
⑫结伙纠众,扰乱公司工作秩序的。
⑬张贴、散发煽动性文字、图画、图书,故意破坏劳资关系的。
⑭调派工作,无故拒绝接受或有公然侮辱上级的。
⑮参加非法组织的。
⑯受雇期间填报虚假履历或使用虚假证件的。
⑰故意隐匿、损毁、涂改重要文件,恶意损耗或破坏机器、工具、原料、产品及其他公司所有物品或泄露技术、经营信息秘密,可能给公司造成经济损失的。
⑱偷窃、盗卖、侵占、故意隐藏同仁或公司财物的。

⑲接受回扣,以权谋私,损害公司利益的。
⑳从事第二职业,经公司提出后,在一个月内仍不改正者。
㉑仿效上级主管人员签名、盗用印章或未经核准擅自使用印章的。
㉒其他严重违反公司规章制度行为,情节严重的。

13. 工作服

员工(以签订合同为准)每人工作服为 4 套。其中秋冬装 2 套、春夏装 2 套。

在公司上班期间,要求一律按公司相关规定着装,佩戴上岗证,工作服不得混装。

四、禾欣实业基本行为准则

1. 行为准则

(1)求知进取,日清日高。

(2)金的人格,铁的纪律。

(3)团结合作,务实创新。

(4)全时间、全身心投入工作,禁止员工从事第二职业。

(5)诚实守信。

(6)珍惜客户,尊重同行。

(7)可宣传自己,不诽谤他人。

(8)不犯同样的错误。

2. 仪容仪表

着装要求:上班时必须穿工作服,正确佩戴工作证。

行为举止:(1)仪表洁净、自然、端庄。(2)仪态稳重、大方、精神。(3)待人接物注重礼仪。

3. 岗位纪律

不旷工,不迟到,不早退,每天提前 10 分钟做岗前准备,不得提前擅自离岗。

服从管理人员行使正当的管理职权,服从工作分配、调动。

上班时间不闲聊,不打瞌睡,不擅离岗位,不怠慢工作,不玩游戏,不打私人长途电话,不干私活,不聚众谈笑打闹,不看与工作无关的书报杂志,不妨碍他人工作以及不从事影响公司生产经营的一切事务。

4. 保密制度

(1)严格遵守国家和公司的保密制度。

(2)公司秘密是指公司采取保密措施的各种生产配方、生产工艺图纸、生产技术方法、计算机软件、经营信息、客户名单、公司发展目标、新产品开发信息等不让公众知晓的秘密及信息。

(3)员工必须严格遵守公司的保密措施并积极履行保守公司秘密和维护公司机密不被窃取的义务和责任,公司将对举报泄密人员、提出对公司秘密采取及时保密及有效保密方式或措施的人员进行奖励。

5. 环境方面

(1)爱护工作、生活的公共环境。

(2)保持办公桌面的整齐、清洁;保持机床及工作台清洁、无油污;保持资料柜、工具箱内整洁、有序。

(3)不随地吐痰,不乱扔垃圾,不摘花(果)折枝,工作场所及其他公共场所不得吸烟。

(4)公司内不可随意张贴物品、不得乱涂乱写,及时清除过期的或已污损的张贴物。

五、安全生产及职业卫生、治安安全方面的内容

1. 新员工进入公司,必须接受安全教育,才能进入生产或工作岗位。

2. 生产(工作)前要做好作业环境、设备的安全检查,确保安全方可作业。操作前必须检查:(1)防护、保险、信号等装置是否缺乏或有缺陷。(2)设备、设施、工具、附件是否有缺陷。(3)个人防护用品用具(如防护服、手套、护目镜及面罩、防毒面具、安全带、安全帽、安全鞋等)是否缺少或有缺陷。

3. 生产操作必须遵守安全操作规程或制度,不得违章作业,否则应承担相应的个人责任。操作中必须杜绝以下不安全行为:(1)操作错误、忽视安全、忽视警告。(2)使用不安全设备。(3)用手代替工具操作。(4)物体(指成品、半成品、材料、工具、刀片、切屑和生产用品等)存放不当。(5)冒险进入危险场所。(6)攀、坐不安全位置[如平台护栏、汽(钗)车档板、吊车钩吊等]。(7)在起吊物下作业、停留。(8)机器运转时进行加油、修理、检查、调整、焊接、清扫等工作。(9)有分散注意力的行为。(10)在必须使用个人防护用具的作业或场合中,忽视其使用。(11)不安全装束。(12)对易燃、易爆等危险品处理错误。

4. 生产中发现问题或发生事故要及时处置或报告班组长及领导。

5. 有义务纠正或制止他人违章作业的行为。

6. 有权拒绝冒险操作和违章作业的指令。

7. 特殊工种(如电工、焊工、钗车工、压力容器和锅炉工等)必须持证作业,不得擅自作业。

8. 必须按岗位要求佩戴劳动防护用品,保证员工的职业安全卫生与健康。

(1)卫生口罩和防毒面具(半面罩)。卫生口罩:公司为生产线每一位员工配发卫

生口罩,需要时可以佩戴。特殊岗位(如浆料制备、涂头)必须佩戴防毒面具。防毒面具内的滤盒或活性炭,应定期更换。

(2)乳胶手套。在手部皮肤有可能碰到各类溶剂、树脂、其他有害物品或化学品时必须佩戴。

(3)防护眼镜。特殊岗位可能对人体眼部造成伤害时必须佩戴防护眼镜。

(4)工作服和工作鞋。上班时间必须按规定穿工作服和按岗位穿工作鞋。

(5)安全帽。在工程设备吊装作业时,必须佩戴安全帽。

(6)安全带。进行高空作业或其他危险检修项目时必须佩戴安全带。

(7)通风设施。应保证通风设施的完好,确保作业环境空气流通。

(8)特殊岗位因工作需要时,必须戴上帆布手套。

(9)紧急冲身洗眼器。如工作时眼睛或身体不慎溅到溶剂或其他化学品时必须用清水冲洗15分钟以上,情况严重时送医院就医。

9. 定期对员工进行健康检查并建立员工健康档案。

10. 对违章发生生产(设备)事故及工伤事故的责任者按相关规定予以处罚。

11. 对消除事故隐患或制止事故发生,减少损失的员工给予奖励。

12. 公司是消防防火重点单位,动用明火,必须按明火作业程序操作。

(1)火灾火源:明火、电气火花、静电火花、雷电、摩擦火花等。

(2)危化品的使用、储存、运输过程中泄漏,遇到火源会迅速燃烧。

(3)离型纸、基布、PU成品、半成品也是易燃品,遇火源极易起火燃烧。

(4)生产线烘箱废气未排净,遇火源也会起火燃烧。

(5)导热油管道泄漏也会造成火灾。

13. 发生火警或火灾后的应急措施:

(1)应立即就近拿取灭火器材灭火,同时向班组、车间或有关部门报告,无法控制时应立即向119报警。

(2)如发现有受伤人员,协助受伤者脱离现场。注意:协助者一定要小心自身的安全。

(3)协助灭火救援人员疏散人员,切断事故点电源。

(4)事故现场如发生在储罐区,则应关闭手机,可能产生电磁场的物品也应关闭或远离。报警和对外联络应与事故点保持一定安全距离。

(5)如易燃易爆物品发生火警,人要站在上风口,用强大的水流首先消灭储罐上下左右前后的火焰,冷却尚未爆炸的储罐。

14. 公司除指定区域可吸烟外,其他区域均为禁烟区,员工应严格遵守禁烟规定。

15. 化学品泄漏事故的应急措施:

(1)发生化学品泄漏事故后应立即向有关部门报告,采取临时必要措施,想尽办法杜绝易燃易爆液体外流和废气扩散。

(2)必要的应急救援措施:①协助救援人员,确定警戒范围。②杜绝在警戒范围内的一切火源(切记要切断电源)。③迅速堵漏,控制流散,采用围、堵、收、导等方法,尽可能减小泄漏范围。④及时疏散有可能受到危害的人员。⑤围起来的化学品能收集的尽量收集,不能收集的用大量清水稀释。注意:在收集或稀释时一定要戴好防护用品(如防毒面罩、橡胶手套等)。⑥有中毒者,应将中毒者转移到安全地带,就地急救或送医院抢救。

16. 人身伤害类事故的应急措施:

(1)人身伤害类事故发生后,应采取必要措施,避免更多的人员受到伤害。对受伤人员要同时进行现场急救和叫救护车转送伤员。

(2)现场急救的几种方法如下。

①查呼吸、心跳,如呼吸、心跳已停止,应立即施行人工呼吸和心脏按压。

②止血:尽量抬高出血部位,用干净的纱布或手帕等扎紧止血。如是动脉出血,则在出血动脉的近心端用手指把动脉压骨面上,予以止血。

③治疗休克:针刺(掐)人中穴,对于休克的患者,应将其平卧、保暖。

④断肢(指)的处理:断肢(指)发生时,除做必要的急救外(止血),还应注意保存断肢(指),以求有再植的希望。将断肢(指)用清洁布包好,不要用水冲洗伤面,也不要用各种溶液浸泡。若有条件,可将包好的断肢(指)置于冰块中间。

⑤眼部伤害:当眼部发生灼伤时,将患眼用干净的手撑开,清水冲洗10分钟以上后将伤员送医院继续治疗。注意:冲洗时间一定要到10分钟,冲洗的水要干净且水流不能太急。

⑥化学中毒:发生化学中毒后,救护者观察好周围情况后(必要时带好防毒面具),迅速将中毒者撤离现场,脱去污染衣服。如毒物污染眼部、皮肤等部位,应立即冲洗。松开患者领口、腰带,呼吸新鲜空气。

⑦烧伤:烧伤主要有热烧伤和化学烧伤。

热烧伤有火焰、开水、蒸汽、导热油等高温灼伤。当发生热烧伤时,应立即将伤员救离热(火)源。救护者也应注意自我保护。对烧伤部位,可浸沐在自来水或冷水中,以减轻损害和疼痛,然后用清洁布或衣服包扎。被强酸强碱灼烧,应立即用大量清水冲洗,然后包扎。

案例使用说明：

一、教学目的与用途

1. 本案例主要适用于人力资源管理和员工管理关系等课程。

2. 本案例是一篇描述禾欣实业员工关系管理问题的教学案例，其教学目的在于使学生对企业员工关系管理问题方面的管理方法和技巧具有直观的认识，对员工关系管理和企业效益的因果关系有综合性的思考。从员工的入职、在职、离职三个环节和员工手册的制定和运用角度分析问题，分析禾欣实业的员工关系管理的成功经验。

二、启发思考题

1. 结合案例，谈谈精细化入职管理应该包括哪些内容。
2. 作为员工关系专员，在员工入职管理中如何规避风险？
3. 结合案例，分析员工手册编写包括的内容和技术要求。
4. 如何有效运用员工手册？
5. 在离职环节如何有效规避法律风险？
6. 综合评价禾欣实业的员工关系管理状况，结合案例，谈谈员工关系管理对企业发展的意义。

三、分析思路

教师可以根据自己的教学目标（目的）来灵活使用本案例。这里提出本案例的分析思路，仅供参考。

根据本案例透露的信息，禾欣实业是一家民营的高科技企业，之所以内部管理稳定，取得骄人的业绩，是因为公司的内部完善，注重管理细节，各个环节有效衔接。良好的员工关系管理为公司的发展奠定了基础。

学生在分析本案例时应关注从入职管理、在职管理到离职管理的各个环节，以及在员工激励、员工能力培训和企业发展之间的因果关系。完善的员工手册的制定和运用也是企业员工关系管理的重点，学生可以重点探讨如何高效使用员工手册。

四、理论依据及分析

1. 员工入职管理。员工入职管理虽然是整个人力资源管理中很小的一部分，但它却是员工关系管理的起点,入职管理成效的好坏直接关系到员工关系管理后续工作的开展。入职管理是一套系统的、经过精密设计的方法,旨在帮助新员工尽快地融入企业并发挥作用。入职管理开始于员工接受聘书的阶段,新员工将在进入公司的第一年中甚至更长的时间内,与他们的上司及其他利益相关者共同经历。

2. 员工离职管理。员工离职,就是双方劳动关系的解除或终止。员工离职涉及双方诸多权利义务的厘清,也意味着劳动关系存续期间权利义务的终结。这个过程如果处理不当,企业将面临相应的法律风险,并要支付相应的成本。此外,从管理的角度来看,员工离职是员工流动的一种方式,员工流动是否合理对企业人力资源的配置至关重要。因此,在管理上,企业人力资源部应当重视员工离职管理和离职状况分析。

3. 员工手册管理。员工手册是用人单位将组织内涉及员工利益的规章制度汇编成册而成的。这样做,一方面可以使规章制度显得比较系统和规范,另一方面也便于员工查询的学习,更为重要的是,也便于企业履行公示或告知程序。完整的员工手册一般包含以下几个方面:前言;企业简介;总则;员工行为规范;人事管理制度(如录用制度、试用制度、劳动合同管理制度、考勤制度、加班值班制度、休假制度、薪酬制度、福利制度、培训制度、考核制度、离职管理制度等);保密制度;安全卫生制度;其他制度(如差旅制度;车辆管理制度;通信费管理制度;借款和报销制度等);奖惩制度;员工申诉与争议处理制度;附则。

五、关键要点

1. 企业的入职管理是企业员工关系管理的起点,完善的在职管理和离职管理是企业良性运转的保证。

2. 员工手册是企业内部的法律,是员工行为规范的依据,完善的员工手册的制定和有效运用是企业员工关系管理的核心。

六、建议课堂计划

本案例可以作为专门的案例讨论课来进行。如下是按照时间进度提供的课堂计划建议,仅供参考。

整个案例课的课堂时间控制在80~90分钟。

课前计划:提出启发思考题,请学员在课前完成阅读和初步思考。

课中计划:简要的课堂前言,明确主题(2~5分钟)

    分组讨论 (30分钟,告知发言要求)

    小组发言 (每组5分钟,控制在30分钟)

引导全班进一步讨论,并归纳总结(15~20分钟)

课后计划:如有必要,请学员采用报告形式给出更加具体的解决方案,包括具体的职责分工,为后续章节内容做好铺垫。

| 测试题 | 测试题答案 | 案例面对面 |

第 16 章　卫星石化的企业文化

概念导读

企业文化,或称组织文化,是一个组织由其价值观、信念、仪式、符号、处事方式等组成的特有的文化形象,简单而言,就是企业在日常运行中所表现出的各个方面。

音频

企业文化的概念

导入案例

摘　要:本案例以卫星石化为背景,描述了该公司企业文化建设的过程及其核心内容。卫星石化在企业文化建设过程中,以企业文化建设为引领,实现了跨越式发展,在长期的发展过程中,在企业使命、愿景、核心价值观、企业理念、幸福梦想、企业风格、领导标准等方面形成了自己独特的企业文化。

关键词:"合"文化体系;价值观;企业理念

> 1. 本案例由嘉兴学院的孔冬撰写,未经允许,本案例的所有部分都不能以任何方式与手段擅自复制或传播。
> 2. 由于企业保密的要求,在本案例中对有关名称、数据等做了必要的掩饰性处理。
> 3. 本案例只供课堂讨论之用,并无意暗示或说明某种管理行为是否有效。
> 4. 本案例资料由案例企业提供。

一、企业概况

卫星人历经 20 年,从单台 300L 反应釜创业,逐步发展成为国内首家开发 DCS 自动控制 50000L 聚合反应釜系统,建设中国单套产能最大的丙烯酸装置和中国第一套引进 UOP 技术丙烷脱氢装置,形成国内领先的全产业链布局,成为国内乃至全球最具活力的 C3 产业链生产商。

卫星石化以 20 年的厚积薄发跨入了中国资本市场的大门,成为国内首家具备丙烯酸全产业链的 A 股上市公司,彰显了其丙烯及下游产业一体化发展的气魄。

卫星石化的故事仍在延续,并精彩上演;百年卫星的梦想,将牵动所有卫星人的心绪并为之锲而不舍地奋斗……

二、卫星石化发展历程

(一)20 世纪 90 年代至 21 世纪初:审时度势,卫星初成

20 世纪 90 年代,中国国内资源紧缺,政府在进一步巩固沿海地区对外开放成果的基础上,相继开放了一批沿边城市、长江沿岸城市和内陆城市。长三角以自古纺织业发达的优势异军突起,并迅速成为全球纺织业中心,应用丙烯酸酯高分子乳液的织造技术兴起。当时高分子乳液依赖进口,货源紧缺,价格居高不下。卫星石化发挥嘉兴的区位优势,着手自主研发高分子乳液,并最终实现国产化,快速替代进口产品。20 世纪 90 年代中期,卫星石化开拓化学贸易渠道,成为华东地区首屈一指的专业化学品供应商,开始工贸一体化发展之路。至此,"卫星"品牌崛起,成为区域内耳熟能详的民营企业。

(二)2001—2010 年:技术升级、产业壮大

随着全球产业的转移和国内经济的快速腾飞,丙烯酸与丙烯酸酯下游产业发展迅速,尤其是华南、华东地区成为国内丙烯酸与丙烯酸酯需求量最大的地区,中国也成为除美国之外,全球最大的丙烯酸酯消费国。与此同时,卫星石化高分子乳液单月销量已突破了万吨,成为国内最大的供应商,其对丙烯酸酯需求大增。为此,卫星石化深思熟虑,实施产业向上游延伸,突破国内央企垄断丙烯酸行业的局势,以 8 个月时间建成年产 4 万吨丙烯酸及 4.5 万吨丙烯酸酯装置,成为国内建设周期最短的生产装置。同期,其全新高分子乳液生产线建成,成为国内单釜产能最大、操作系统最先进的高分子乳液生产商。2007—2010 年,卫星石化连续 4 年实现净利润超 100% 增长。

(三)2011 年至今:资本对接,战略纵深

2011 年 12 月 28 日,卫星石化登陆中国资本市场,在深圳证券交易所上市,成为国内首家具备丙烯酸全产业链的 A 股上市公司。卫星石化高瞻远瞩,审时度势,明确了"一切以发展为中心,持续稳健做强做大"的发展思路,围绕 C3 产业一体化布局,做强做大丙烯酸,做优做深高分子新材料,形成国内领先的丙烯及下游一体化产业格局,立志成为国内乃至全球最具活力的 C3 产业链生产商。2012 年年初,依托平湖独山港专业化工产业定位和海港优势,卫星石化引进全球最先进的丙烷脱氢技术,投资建设年产 45 万吨丙烯项目,以创新驱动打造国内最领先的年产 32 万吨丙烯酸及 30 万吨丙烯酸酯的项目,以产业一体化优势,以清洁能源进行深加工,发展绿色循环经济。

三、卫星石化核心文化体系

（一）卫星石化"合"文化体系结构

卫星石化"合"文化体系结构见图16—1。

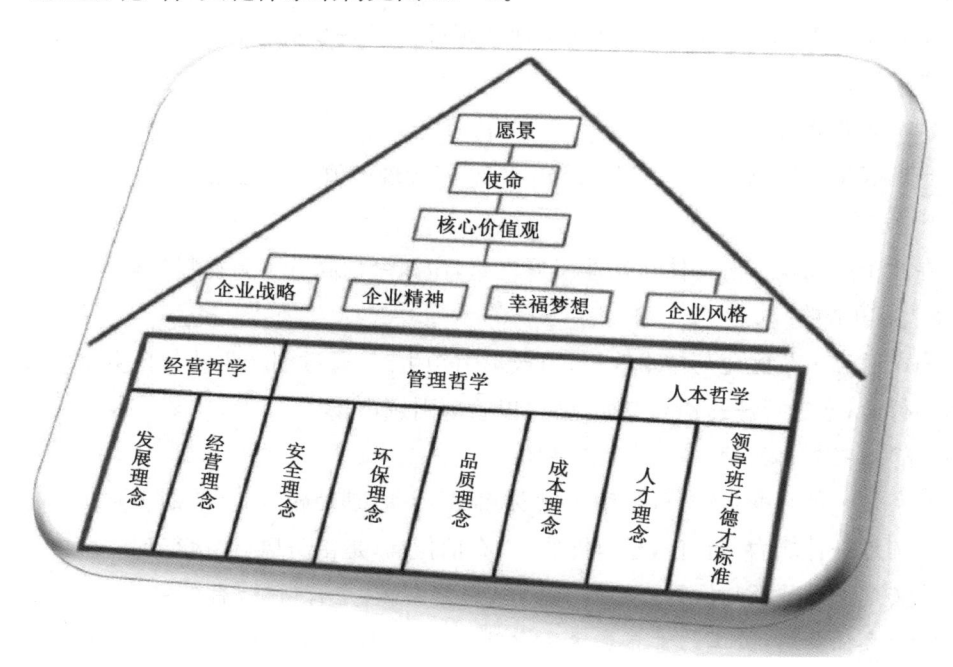

图16—1　卫星石化"合"文化体系结构

（二）"合"文化体系内涵

"合"是自然的，具有全面、包容与胸怀天下的意义。卫星石化的"合"文化包含以下内涵：

(1)"天地合而万物生"，是指卫星石化遵循科学发展规律，与时俱进。

(2)"合则成体"，是指卫星石化人形成一股合力，"一箭易断，十箭难折"。

(3)"合"谐音"禾"，亦是禾商文化的一种诉求。

四、卫星石化企业文化内容

（一）使命：化工让生活更美好

卫星石化以产业报国为己任，致力于打造高品质产品和服务，使之更贴近人类生活，从而改变生活形态，提升生活品质，让生活更加多姿多彩。

（二）企业愿景：百年卫星，卓越标杆

卫星石化以创新驱动做强做大，打造百年企业；促使与时俱进，实现责任与繁荣共存，人文和自然融合，成为卓越企业的标杆。

（三）核心价值观：个人与企业共同发展，企业与社会共同发展

卫星石化力求个人成长、企业发展与社会和谐的相互促进与融合。个人跟上企业的发展节奏，员工职业素养和专业水平满足企业发展的要求，通过卫星石化的发展造就卫星石化员工；卫星石化通过创新驱动紧跟社会发展步伐，通过卫星石化的发展造福一方经济。

（四）企业战略

当期战略目标：夯实 C3 产业布局，2020 年实现产值 500 亿元。

1. 发展战略

专注于丙烯及下游一体化产业发展之路，做深做精高分子新材料产业。

2. 竞争战略

公司通过工艺优化与技术改进，以成本引领生产；通过创新驱动与自主研发，以技术引领行业；通过智慧营销与专业运营，以管理引领市场。

（五）卫星石化精神：务实、落实、核实

务实是一种态度与细节，是精于谋划、细于行动，是兢兢业业、踏踏实实。

落实是一种能力与责任，是有能履职、有信担当，是雷厉风行、执行到位。

核实是一种验证与提升，是勤于思考、总结突破，是有目标、有结果。

（六）幸福梦想：员工的素养在区域中胜人一等，员工的待遇在区域中高人一等

卫星石化致力于让员工"学得更多、赚得更多"。

卫星石化的幸福梦想要靠每一位卫星人努力创造来实现。只有实实在在把卫星石化做强做大，才能不断提升员工专业化、职业化素养，才能不断提升员工的收入、品位和生活质量。

（七）企业风格

（1）做人风格：敢说、敢作、敢担当

敢说，是倡导正言正气，每一位员工都应以公司利益为重，敢于直言不讳。不妄言、不绮语、不恶口、不两舌。

敢作，是敢于作为，有能力作为。以实干抓落实，以能干求实效。空谈误企，实干兴业。

敢担当，是对公司使命负责，对岗位尽职履责，信守承诺。面对责任和问题不回避、不诿责、不诿过、不避重就轻。

（2）做事风格：用心做事、事在人为

用心做事：真心为企、用心实干；干就干得最好，做就要全力以赴。

事在人为：在作为上表真心，以目标实现论价值。

在能为上下功夫,以团队贡献论英雄。

在敢为上动真格,以个人价值论荣辱。

在有为上见成效,以有效管理论发展。

(八)发展理念:创新为先、三化为本

创新为先:思路决定出路,创新决定发展。卫星石化以创新为动力,不断推进机制创新、管理创新和技术创新。

三化为本:产业发展实现工业化、信息化、自动化。

管理发展实现标准化、制度化、流程化。

人才发展实现专业化、职业化、国际化。

(九)经营理念:奉献精品、创造美好生活

奉献精品:就是奉献和输出卫星石化精致的产品、服务、管理与文化。

创造美好生活:就是创造和改变员工、客户、社会的美好生活,实现化工让生活更美好。

(十)安全理念:安全比利润更重要

安全是企业最大的福祉,是发展的根本,是效益的保障。要时刻把员工的生命、健康放在心上,视员工如亲人,带着良心和真心抓安全。安全工作零容忍。人人都是安全员。

(十一)环保理念:把环保当成产品来做

只有合格的产品才能卖出去,合格的环保才能促使企业可持续发展。环境保护,只有起点,没有终点。

(十二)品质理念:品质改变世界

企业品质:上善若水,水利万物而不争。大巧在所不为,大智在所不虑。低调做企,务实发展,以身作则。

员工品质:是指人品、能力、智慧。卫星人的品质不仅要求德才兼备,还要有创新创优、不断革新的能力,也要拥有包容、感恩、低调为人的品性。

产品和服务品质:卫星石化产品和服务的品质必须成为世界行业的标杆。用卫星石化产品和服务改变世界对中国制造的看法,改变对中国工业品质的看法。

(十三)成本理念:开源节流、降本增效

一切以精细化管理为目标,一切以经济价值规律为办事原则,一切以经济实效为准则。

加强成本管理,打造资源集约型企业。赚一元钱很难,省一块钱就等于赚了一元钱。

(十四)人才理念:不唯学历重能力,不唯资历重贡献

学历、资历是评判人才的重要标准但并非唯一标准,卫星石化的人才必须德才兼备,公司量才录用。让能者上,平者让,庸者下。提倡"胜任岗位才是能力"的实效业绩能力。

(十五)领导班子德才标准

德:认同卫星文化;个人的追求融入公司的长远发展;以大局为重,从公司的根本利益考虑问题;勇于承担责任和自我批评;正气、公正、严于律己、诚以待人;作风正派,心怀坦荡;有自知之明,能正确看待自己和他人,不断向他人学习,易与他人合作,有吃亏忍让和妥协精神,能团结一帮人;言而有信,做事扎实可靠。

才:对"建班子、定战略、带队伍"三要素的深刻理解和运用,审时度势,规划协调;悟性强,善于总结与提高,能够给下属指导;具有适应公司发展的知识结构和自学能力。

案例使用说明:

一、教学目的与用途

1. 本案例主要适用于人力资源管理、企业管理、公共管理等专业本科生学习。
2. 本案例是一篇描述卫星石化企业文化的教学案例,其教学目的在于使学生对本土企业的文化建设具有感性的认识及深入的思考,通过分析本土企业的文化建设,学生找出本土企业文化建设的优点和存在的问题并能提出自己改进性的建议。

二、启发思考题

1. 你如何看待卫星石化的企业文化?
2. 你认为卫星石化的企业文化优点有哪些?
3. 你认为卫星石化的企业文化有哪些方面可以进一步提升?

三、分析思路

教师可以根据自己的教学目标(目的)来灵活使用本案例。

四、理论依据及分析

1. 企业文化的内容。
2. 核心价值观。

3. 企业精神。

五、关键要点

1. 企业文化的精髓。
2. 企业文化的内容。

六、建议课堂计划

本案例可以作为专门的案例讨论课来进行。如下是按照时间进度提供的课堂计划建议,仅供参考。

整个案例课的课堂时间控制在80~90分钟。

课前计划:提出启发思考题,请学生在课前完成阅读和初步思考。

课中计划:简要的课堂前言,明确主题(2~5分钟)

    分组讨论 (30分钟,告知发言要求)

    小组发言 (每组5分钟,控制在30分钟)

    引导全班进一步讨论,并归纳总结(15~20分钟)

课后计划:如有必要,请学生采用报告形式给出更加具体的解决方案,包括具体的职责分工,为后续章节内容做好铺垫。

走近HR视频

| 企业文化的培养和引导 | 测试题 | 测试题答案 | 案例面对面 |

第 17 章　五芳斋和赢天下的企业文化

📅 概念导读

企业文化的意义：

1. 企业文化能激发员工的使命感。

不管是什么企业都有它的责任和使命，企业使命感是全体员工工作的目标和方向，是企业不断发展或前进的动力之源。

2. 企业文化能凝聚员工的归属感。

企业文化的作用就是通过企业价值观的提炼和传播，让一群来自不同地方的人共同追求同一个梦想。

3. 企业文化能加强员工的责任感。

企业要通过大量的资料和文件宣传员工责任感的重要性，管理人员要给全体员工灌输责任意识、危机意识和团队意识，要让大家清楚地认识企业是全体员工共同的企业。

4. 企业文化能赋予员工的荣誉感。

每个人都要在自己的工作岗位和工作领域多做贡献，多出成绩，多追求荣誉感。

5. 企业文化能实现员工的成就感。

企业的繁荣昌盛关系到每个员工的生存，企业繁荣了，员工就会引以为豪，会更积极努力进取。荣耀越高，员工的成就感就越大越明显。

音频

企业文化的意义

📰 导入案例

摘　要：本案例以五芳斋集团公司（以下简称五芳斋）为背景，描述了该公司企业文化建设的过程及其核心内容。五芳斋在企业文化建设过程中，将中国传统文化核心价值观"和"中蕴含着的"家国天下、以和为贵、义利兼顾、尚荣知耻、追求至善"等博大精深的思想内容融入企业发展的各个环节，将"和"文化的思想精髓深深植根于企业的灵魂。五芳斋文化在传承传统文化的同时，开拓创新，以"和"图存，走出了一条"和平崛起"的和商之道，在"和商"理念的指导下，将"和商"文化的精髓——和商之道——理解为:道和、人和、业和,具体阐释到产品、员工、消费者、合作伙伴等多个方面,进一步提炼出了"产品和""服务和""市场和"等一系列经营理念,使"和"文化成为企业变革中的正能量,实现了企业发展过程中的不断跨越。

关键词:"和商";经营价值观;企业精神

> 1. 本案例由嘉兴学院的孔冬撰写,未经允许,本案例的所有部分都不能以任何方式与手段擅自复制或传播。
> 2. 由于企业保密的要求,在本案例中对有关名称、数据等做了必要的掩饰性处理。
> 3. 本案例只供课堂讨论之用,并无意暗示或说明某种管理行为是否有效。
> 4. 本案例资料由案例企业提供。

六七千年前,马家浜文化在嘉禾大地发祥,史前稻作文明开启了江南米食之源。

两千多年前,屈原、伍子胥留下不朽传奇,家国情怀演绎成端午食粽之习俗流传后世。六百多年前,"嘉湖细点"开创江南点心流派并闻名华夏,其中尤以粽子为代表,自清末起便盛行于嘉兴民间。

1921年,浙江兰溪籍商人张锦泉在嘉兴城内张家弄开设了首家粽子店,由三人合伙出资组成五股,故取名"五芳斋",寓意"五谷芳馨",由此开启了老字号的百年历程。

20世纪40年代,五芳斋粽子以"糯而不糊,肥而不腻,香糯可口、咸甜适中"的特色被誉为"粽子大王"。1956年公私合营,"荣记""合记""庆记"三家"五芳斋"与"香味斋"合为一家"嘉兴五芳斋粽子店"。又经历了半个世纪的变迁,五芳斋坚守品质之道,铸就了家喻户晓的金字招牌,也成为嘉兴的一张城市名片。

历经百年沧桑沉浮,凝聚几代人的心血努力,五芳斋走上了现代企业发展之路,现已经成为集食品、农业、餐饮等为一体的企业集团,总部位于浙江省嘉兴市,并在上海成立了营销总部,在中国香港设有食品进出口公司。

五芳斋崇尚"和商"的经营理念,以"打造中国米制品行业的领导品牌,打造中式快餐连锁的著名品牌"为战略目标,着力建设"从田间到餐桌"的食品产业链。公司现已经形成粽子、大米、米饭制品、卤味制品等产品系列,产业贯穿科研、原料采供、生产、物流、销售、餐饮服务、电子商务等领域。2008年以来,公司加快推进全国战略布局,建立了稻米、粽叶、猪肉三大原料基地,嘉兴、成都、广东三大食品加工和配送中心。公司销售网络遍及全国,拥有50个区域销售公司,并在长三角区域开设了近300家快餐连锁门店和600个早餐经营点,产品还销往港澳地区及美洲、澳大利亚等海外市场。

公司十分重视品牌的建设和发展,曾荣获"中国驰名商标""农业产业化国家级重点龙头企业""中华老字号""国家地理标志(原产地)""全国食品安全示范企业""全国食品制造业纳税百强""中国餐饮百强""中国特许经营连锁百强""浙江省诚信示范企业""浙江省文明单位"等国家级、省级荣誉百余项。2011年,五芳斋粽子制作技艺获批进入第三批国家级非物质文化遗产名录。

和,谐也,《书·尧典》上记载:"协和万邦",《易经·乾卦》中有"保和太合",在秦汉之际,天人相和就已经成为中国哲学的主流观点,宋、明几代,"和"的理念逐渐发展为全民族的共同追求,并构成中华传统文化的主要内容。

作为一家中华老字号企业,五芳斋将"和"的意识深深植根于企业的灵魂,在传承传统文化的同时,开拓创新,以"和"图存,走出了一条"和平崛起"的和商之道。

一、五芳斋企业文化内容

(一)产品和

和,乃和谐之美。五芳斋专注于食品行业,尊重传统技艺,善领风气之先,以精致原料结合现代科技,将食材之美转化为产品之大美,确保每一款产品带给消费者的均是无限美好的感受。

科技是先进生产力的集中体现与主要标志,五芳斋积极拥抱国内外前沿技术与科学成果,加快企业转型升级,与江南大学等知名高校深入合作,产学研合力,推动传统产业的技术革新,为未来发展积聚了强大的科技力量支撑。

在米制品领域,引进世界领先的日本米饭自动化生产线,日产量可达10吨,走进五芳斋产业园内的优米一家米饭车间,每一粒精选的优质大米,经洗涤、浸泡、线性火焰烧煮、焖烤、翻转、耙松等系列工序后进入专用保温箱,全部过程自动化完成,保证米饭品质稳定一致。

在"和商"理念的指导下,五芳斋以粽子为主体,创新发展,已经形成集米制品、传统糕点、肉制品等于一体的产品群。

(二)服务和

和,乃和气之道。五芳斋对所有消费者心存感激,对满足消费者需求莫不尽心竭力。五芳斋深知,消费者之于企业,犹如衣食父母,而食品更与消费者健康息息相关,只有心存敬爱、感恩,和气方能生财。

五芳斋始终不忘自己的历史使命,长期致力于端午文化的传播,秉承老字号的优秀传统,演绎传统文化的魅力。经营中,一手抓产品标准化,一手抓服务标准化,建立顾客数据库与评估体系,通过长期的市场调研与分析,针对不同消费群体,推出家常系列、礼品系列与出口系列等多元化产品,为更多消费者真诚服务,树立了值得消费者信赖的品牌形象。

(三)市场和

和,乃和谐发展。五芳斋谋求永续发展,誓走堂堂之正道。五芳斋深知,做企业如做人,人品乃安身立命之本,靠投机取巧或恶性竞争,只会带来行业品质的下降和企业的最终失落。只有尊重对手,善待自然,回报社会,光明正大,坚守底线,才能在现代市场的竞争中真正处于不败之地!

诚信是发展的基石,五芳斋坚持品质与诚信经营,将品质管控追溯到源头,采用产品主要原料自控模式,对粽子三大原材粽叶、大米、猪肉等有效管控,做到品质更佳。在战略层面,建立垂直品控管理机制,构筑起上至总经理、事业部,下到车间、分公司、门店的三级食品安全监督体系,聘请日本、中国台湾等地食品专家担任质量安全顾问,推行精益化生产管理项目。无论市场如何复杂多变,五芳斋始终全心全意在为消费者品质生活而努力。

(四)五芳斋经营理念:和商

《中庸》:"和者,天下之达道也。"五芳斋集团作为中华老字号企业,作为社会经济之一分子,秉承中华文化之根本,博采时代精神之气息,将"和商"文化作为企业安身立命的价值精髓。

和,乃和谐之美。五芳斋专注于食品,尊重历史传承,善领风气之先,以各种精致原料结合现代科技,将食材之美合成为产品之大美,确保每一产品均能带给消费者美好感受,没有优质的产品,五芳斋所有存在和发展的理由都将不复存在。

和,乃和气之道。五芳斋对于消费者心存感激,尽心尽力满足消费者需求。五芳斋深知,消费者犹如企业之衣食父母,而食品与消费者的健康生活息息相关,只有存敬爱之情,感恩之心,方能和气生财。

和,乃和衷共济。身居于现代市场,五芳斋每一步发展,莫不依赖于众多合作者的支持和鼓励。现代商业和社会发展的要诀在于精诚待人,合作共赢。五芳斋对于每一位合作者,都将以诚为本,互信互利,谋求共同发展之大同。

和,乃和而不同。五芳斋能够持续发展,得益于所有员工的辛勤付出。集团每一位成员,都是这个企业大厦的支柱和砖瓦。五芳斋鼓励每一位员工为集团发展建言献策,倡导开放倾听,为每一位员工提供实现个人价值的舞台。

和,乃和谐发展。五芳斋谋求永续发展,坚持走堂堂正道。五芳斋深知,做企业犹如做人,人品乃安身立命之本,靠投机取巧或恶性竞争,只会带来行业品质的下降和企业的衰落。只有尊重对手,善待自然,回报社会,光明正大,坚守底线,才会在现代市场的竞争中真正处于不败之地!

和,是五芳斋文化根本,商,是五芳斋发展之路,和商文化,是五芳斋集团一切行动的价值准则,是五芳斋集团企业经营的永恒理念。

(五)五芳斋企业精神:和谐、诚信、卓越、创新

和谐,是五芳斋集团的处事之道。五芳斋人将"和商"理念始终贯穿于做人做事的风格中,既要寻求与企业外部关联单位的和谐相处、互信互利,又要强调企业内部员工和衷共济,团结一致。尊重对手,善待自然,回报社会,光明正大,才能谋求和谐永续发展。

诚信,是五芳斋企业文化的基石。企业应对社会负责,对员工负责;员工应对事业忠诚,对企业忠诚。诚实守信,言行一致,是衡量每位五芳斋员工首要的道德标准。

卓越,是五芳斋人行动的标杆。从食品到其他产业领域,从现在到未来,从每一处细节做起,做卓越的产品,做卓越的服务,做卓越的人,用追求卓越的精神,激励五芳斋一步步迈向成功的巅峰。

创新,是五芳斋持续发展的动力。五芳斋既要传承百年经典,又要融入时代精神,与时俱进,开拓创新,不断超越,永葆百年品牌的青春活力,争当中国米制品产业的领导者。

二、五芳斋的文化之味

文化,无论之于品牌抑或之于企业,都是其核心最具灵魂、最具魅力的部分,而对于五芳斋而言,从江南小店到全产业链的行业龙头、从季节性传统美食到日常享受的生活美味、从张家弄口的小粽子店到销售额近30亿元的综合型食品集团……在近百年的岁月耕耘中,文化已然融入了五芳斋的每个发展印迹。

当然,文化究竟是什么,这的确是一个很难准确回答的问题。

但是,我们在每一个端午佳节的欢欣雀跃中寻觅着它,在每一口五芳斋粽子醇香的咀嚼、软糯的口感中品味着它,在一个个因为"分享幸福的味道"而获得帮助的弱势群体、贫困家庭的微笑中看到了它,在每一位五芳斋人最普通、最平凡的工作中细细体会着它,也许这就是属于五芳斋的独一无二的文化之味。

(一)呵护传统,传承千载粽子文化

"嘉兴人踏实放心的一天就是从一个个热腾腾的肉粽子开始的。太湖流域的嘉兴素以天下粮仓著称。如今,快节奏的生产和生活方式正使这个几千年来一直都具有礼仪节令气质的食物变成一种日常的主食。"这是2012年红极一时的纪录片《舌尖上的中国》的片段,里面提到的粽子正是"五芳斋"。

这些绽放于舌尖味蕾的美味,早已不是食物那么简单,它们承载的是一种传统的美食文化,更是一种动人的民族情感。而对于嘉兴这座江南小城的人们而言,五芳斋更成为日常生活的一个部分,家乡记忆的一个拼图,城市性格的一个层面。

粽子起源于南北朝时期,传说中阴历五月初五屈原投汨罗江而死,楚人为了纪念

屈原便用楝树叶包裹糯米,并用五彩丝捆缚投入江中,并且逐渐形成了赛龙舟、喝雄黄酒等民间习俗。在江南一带,端午节则是为了纪念春秋时吴国忠臣伍子胥,同样也有食粽的习俗。历经岁月的变迁,粽子开始作为一种美食深得民众的喜爱,其中五芳斋当属翘楚,被业内赞誉为"江南有粽,始推嘉兴;一品嘉兴粽,首推五芳斋"。

1921年,随着中国革命红船的起航,五芳斋也开启了历史篇章,谁能想到当年张家弄的一家小粽子店会成为今天富有传奇色彩的中华老字号,而且历经百年沧桑浮沉,一步步成长为如今家喻户晓的"五芳斋"金字招牌。

自创立起,五芳斋粽子传承了明清时期"嘉湖细点"精湛的制作工艺,博采各式点心之长,成就了百年不衰的经典味道,逐渐成为闻名江南的"粽子大王"。1956年,公私合营,当时三家同名的五芳斋老店与"香味斋"合并为"嘉兴五芳斋粽子店",并一直延续下来。历经多次变革,1992年嘉兴五芳斋粽子公司组建,1995年开设了全国首家粽子专业生产厂,1998年改制成立浙江五芳斋实业股份有限公司,2004年组建了五芳斋集团,2010年,五芳斋集团上海总部成立,标志着五芳斋已经从一个区域性的企业,发展为一个跨地区,面向全国发展的企业。

千载厚重的粽子文化,为五芳斋的发展奠定了坚实的基础,也因为五芳斋的成长,为延续千年的粽子文化注入了全新的活力。2011年,五芳斋粽子制作技艺被列入国家级非物质文化遗产保护名录。如今,五芳斋正向"中国米制品领导品牌"迈进,向着"百年百亿"的目标进发,续写新百年的传奇。

正如《舌尖上的中国》在拍摄五芳斋裹粽车间时所解说的那样:"在这个标准化的车间里,一只粽子36道工序,每个工作日会有100多万只粽子被生产出来。这种古老的主食,呈现出另一种时代风貌,但手工制作的魅力依然包裹在其中。这些来自中国各地的年轻技师,正在用手的温度,呵护着传统食品的生命力。"

(二)奉献卓越,倡导健康食品产业文化

如果说历史的厚度、情感的深度决定了品牌的高度,那么,这悠久的历史文化更需要坚实的产品品质作为支撑。五芳斋人深知:五芳斋粽子得以驰名天下,源自美味与绿色健康并重的品牌理念,源自对传统文化的无比尊重,以及对粽子的品质近乎苛刻的要求。

绿色健康的饮食文化在五芳斋不仅仅是一个口号,更是一种孜孜不倦的追求,一种实实在在的努力。五芳斋相关负责人表示,五芳斋在布局产业链之初,正是基于这样一个非常简单的企业理念,那就是如何让产品品质更好,并能做到持续稳定,最终让消费者享受到优质的美味。由此,五芳斋构建了基于上、中、下三个环节的产业链。首先是上游产业链。产品原料决定了产品的基本品质。为此,五芳斋采取产品主要原材料自控模式。粽叶选自国家级环保示范区江西靖安县,并组建了农业发展公司;稻米圈定中国东北黄金产粮带，在黑龙江五常、方正、宝清三地建立了五芳斋优质水稻种植和大米加工基地；粽馅来自国内一流的肉品供应商，专门为五芳斋粽子生产供应优质冷鲜肉。

其次是中游产业链。生产与物流也决定着产品品质。对此，一是在行业率先推动传统工艺的现代化改造，通过现代化技术与五芳斋独有的传统技艺相结合，让品质与产能实现双提速。二是先后在浙江嘉兴、四川成都和广东东莞建立了三个五芳斋食品制造和物流配送基地，使其能够快速供应全国各地的市场。

最后是下游产业链。下游是消费者接触产品的最后一道桥梁。为此，五芳斋采取了多种渠道模式。一是通过商超等布局传统渠道，二是构建星罗棋布的连锁店，三是推出五芳斋早餐网点，四是借助风行的电子商务。通过四点一线，五芳斋完全可以满足不同消费者的不同购买习惯。除了通过对上游、中游、下游产业链的精心选择与整合，确保产品安全和放心品质之外，五芳斋还努力提升质量安全管理水平。多年来，五芳斋聘请日本、中国台湾的食品专家担任食品质量安全顾问，推行精益化生产管理项目，将食品安全与品质管理系统地渗透到各个岗位、各道工序中。同时开展全员食品质量安全培训和奖励活动，激发全体员工关注品质，主动、持续改进产品质量。当然，维护食品安全是整个食品供应链的共同责任。对上游原辅料供应商，五芳斋以《食品安全保证协议》的形式明确了供需双方在保证食品安全方面的法律责任，从而有效带动整个产业链上的合作伙伴共同提升品质。

（三）分享幸福，传递"幸福家庭"公益文化

品牌文化之所以吸引人，不仅是因为其深刻而丰富的文化内涵，更重要的是消费者对品牌在精神上的高度认同，最终形成品牌信仰。

作为粽子行业的龙头企业，五芳斋并不仅仅将自身定位为食品生产企业，更重要的是挖掘传统美食文化中永恒的情感诉求，那就是通过美食所传递的"幸福"，就像他们倡导的那样："五芳斋是做给家人吃的食品，总会尽心奉上最好的！"

为此，2011年，五芳斋集团携手中国妇女发展基金会成立了"五芳斋幸福家庭基金"，以弘扬"关爱、美满、幸福、分享"为宗旨，致力于宣传幸福家庭理念、推进幸福家庭建设、促进幸福家庭和谐。对此，五芳斋相关负责人坦言：我们希望可以通过"五芳斋幸福家庭基金"的建立，以及五芳斋全国幸福家庭的征集活动，寻找幸福的真谛、分享幸福的味道，而这样的初衷正好与我们五芳斋所倡导的"和商"理念不谋而合。

五芳斋在公益活动中加入了大胆的创新，开启了一次多媒体、跨领域的公益传播活动——"分享幸福的味道"五芳斋全国幸福家庭征集活动，在全国范围内掀起了如火如荼的幸福热潮，并且得到了社会各阶层的广泛参与。中国妇女基金会相关领导曾对此次活动的成功举办给予了高度评价："这次活动内容积极向上，活动形式新颖，社会

公众参与度高,营造了良好的和谐家庭宣传氛围,是我国食品行业不可多得的经典品牌活动。"

同时,随着"五芳斋幸福家庭基金"的成立,五芳斋关爱家庭的公益重心日渐清晰,逐渐涵盖"家庭"概念所囊括的各个群体乃至幸福家庭经营层面……

针对学生群体的助学计划:除参与母亲邮包公益活动之外,五芳斋幸福家庭基金针对青少年群体,发起了"幸福传递助学计划",为嘉兴本地生活困难的青少年提供助学支持,希望通过对这些青少年的帮扶,给他们改变命运、实现梦想的机会,让他们背后的家庭更幸福。

弱势群体关爱计划:2011 年,五芳斋的志愿者、爱心家庭与全国妇联的相关基层组织代表,在北京、上海、武汉、成都、深圳五大城市,发起端午送爱心行动;2012 年端午节,"幸福传递计划"向全国包括嘉兴、北京、沈阳、西安、成都、广州等在内的十个城市传递幸福。为了带动更多的爱心人士参与公益活动,五芳斋还在端午期间联合中国妇女发展基金会、淘宝网、拉手网等发起爱心义卖、爱心团购等活动,进一步扩大爱心的外延。

这些以家庭为概念、传递幸福正能量的相关活动也获得了大众的普遍支持和喜爱,影响力也日渐提升,尤其 2012 年的"全家福·晒幸福"征集活动得到了广泛的关注,活动中推出的微电影《全家福》也赢得了广大网民的共鸣和好评。影片透视现代人和"家"的日渐疏离,从而引出当前时代背景下,"家"信仰的缺失和传统文化的没落与遗失。影片一经推出,就引起了强烈的社会反响,得到主流视频网站、门户网站的大力推荐,片中的主人公"四惠大爷"也一时之间成了名人,包括央视在内的全国各地几十家媒体纷纷点评和采访。这部小成本制作的影片还获得了中国国际公共关系协会颁发的"2012 最具公众影响力公益微电影大奖"。

从最初的"分享幸福味道"到"五芳斋幸福家庭基金"成立,在关爱家庭、倡导幸福价值观的理念上始终如一,由此展开针对家庭层面的各种公益活动,也让五芳斋以"家庭"为核心的幸福味道更加聚焦、深入人心,从而提升了品牌自身的内涵和价值。2012 年 12 月 18 日,全国妇联中国妇女发展基金会在北京人民大会堂召开"中国妇女慈善奖"表彰大会,五芳斋又荣获了"中国妇女慈善奖"。

(四)百年百亿,演绎"和商"文化精髓

无论是延续千载的粽子文化、精益求精的质量文化、绿色健康的饮食文化还是传递幸福的公益文化,都从不同侧面构成了五芳斋独一无二的品牌文化,这些品牌文化的传达又需要通过五芳斋集团这个实体实现,而企业文化的建设直接关系着整个企业的凝聚人心、团结力量、共同奋进。

一个企业的文化,是这个企业的价值观、信念和行为方式的体现,作为中华老字号企业,五芳斋秉承中华文化之根本,博采时代精神之气息,将"和商"文化作为企业安身立命的价值精髓。和,是五芳斋文化之根本,对外和睦相处,对内和衷共济,目的是要营造有利于企业可持续发展的内外部生态环境。五芳斋倡导"和谐、诚信、卓越、创新"的企业精神,不仅将此作为企业文化宣传口号张贴上墙,而且把这八个字纳入企业质量管理方针,成为五芳斋人一切行动的价值准则。

五芳斋人将"和商"文化的精髓(即和商之道)理解为:道和、人和、业和。具体阐释到产品、员工、消费者、合作伙伴等多个方面,面对发展中遭遇的各种挑战,五芳斋结合自身条件,利用产品与技术创新、产业化与产业链延伸、现代营销三驾马车实现了社会资本培育,使五芳斋老字号获得了重生。

同时,五芳斋的和商文化也为企业发展凝聚人心,营造良好发展环境。企业以制度保障与员工分享企业成长,为合作伙伴预留利润空间,为行业长远发展帮扶同行,为社会公众传播端午文化,营造良好的社会和市场环境。这为五芳斋培育了优质的社会资本,成为其凝聚各方力量、引领行业持续发展的法宝。

面对合作伙伴,五芳斋善于创造高效整合资源的条件,探索出了一系列富有成效的双赢合作模式;面对同行,五芳斋没有将自己的利益与同行的利益对立起来,而是着眼于共同做大市场、规范行业秩序,引领行业健康发展;面对社会,五芳斋没有将企业利益与社会责任对立起来,从每年向社会提供数百个就业岗位,到向国家上缴近2亿元的税金;从发展农业产业化经营,到开创"放心早餐工程"经营模式,真正做到了多方共赢。作为行业龙头,五芳斋还以自己品牌的影响力积极推动传统文化的传承和发扬,联合各界举办中国粽子文化节,每年参与中国嘉兴端午文化节,为中国传统文化深入人心奉献自己的力量。

此外,和商之道还体现在企业内部的管理上。五芳斋与员工共同成长,共同分享企业成果,逐步完善了劳动用工、社会保险、员工保障、员工救助、员工激励机制等。同时加大培训力度,关注员工职业发展,还广泛开展了形式多样的劳动竞赛,不断提升员工操作技能。为了丰富员工的业余文化生活,五芳斋又创办了"员工艺术节""员工体育节",组建了合唱团、舞蹈队、篮球队、龙舟队等,通过开展系列文体活动,加强了企业内部沟通,鼓舞了团队士气,让员工真正感受到幸福和谐的企业文化氛围。

现代市场经济为老字号企业发展壮大带来机遇的同时,也给产品单一、经营方式落后、观念陈旧的老字号品牌的发展提出了严峻挑战。而以"和商"文化为底蕴的五芳斋,在清晰的发展战略引领下,通过一次次变革注入了新的能量,在激烈的市场竞争中不断开拓进取,为企业转型升级实现"百年百亿"的宏伟蓝图奠定了坚实基础。

案例使用说明：

一、教学目的与用途

1. 本案例主要适用于人力资源管理、企业管理、公共管理等专业本科生学习。

2. 本案例是一篇描述五芳斋和赢天下的企业文化的教学案例，其教学目的在于使学生对本土企业的文化建设具有感性的认识及深入的思考，通过分析本土企业的文化建设，找出本土企业文化建设的优点和存在的问题并能提出自己的建议。

二、启发思考题

1. 你如何看待五芳斋和赢天下的企业文化？
2. 你认为五芳斋和赢天下的企业文化优点有哪些。
3. 你认为五芳斋和赢天下的企业文化有哪些方面可以进一步提升。

三、分析思路

教师可以根据自己的教学目标（目的）来灵活使用本案例。

四、理论依据及分析

1. 企业文化的内容。
2. 核心价值观。
3. 企业精神。

五、关键要点

1. 企业文化的精髓。
2. 企业文化的内容。

六、建议课堂计划

本案例可以作为专门的案例讨论课来进行。如下是按照时间进度提供的课堂计划建议，仅供参考。

整个案例课的课堂时间控制在 80～90 分钟。

课前计划：提出启发思考题，请学生在课前完成阅读和初步思考。

课中计划：简要的课堂前言，明确主题（2～5分钟）

分组讨论　　（30分钟,告知发言要求）

小组发言　　（每组5分钟,控制在30分钟）

引导全班进一步讨论,并归纳总结(15～20分钟)

课后计划:如有必要,请学生采用报告形式给出更加具体的解决方案,包括具体的职责分工,为后续章节内容做好铺垫。

测试题　　　　测试题答案　　　案例面对面